Greece 希臘

no.75

●雅典Athens

羅德島
Rhodes

伯羅奔尼薩半島
Peloponnese

地中海
Mediterranean Sea

克里特島
Crete

MOOK NEWAction

希臘Greece

MOOK NEWAction no.75

本書所提供的各項可能變動性資訊，如交通、時間、價格(含票價)、地址、電話、網址，係以2023年6月前所收集的為準；特別提醒的是，COVID-19疫情期間這類資訊的變動幅度較大，正確內容請以當地即時標示的資訊為主。
如果你在旅行中發現資訊已更動，或是有任何內文或地圖需要修正的地方，歡迎隨時指正和批評。你可以透過下列方式告訴我們：
寫信：台北市104中山區民生東路二段141號9樓MOOK編輯部收
傳真：02-25007796
E-mail：mook_service@hmg.com.tw
FB粉絲團「MOOK墨刻出版」www.facebook.com/travelmook

符號說明

電話	價格	所需時間	住宿
傳真	網址	距離	Facebook
地址	電子信箱	如何前往	Instagram
時間	注意事項	市區交通	Line
休日	特色	旅遊諮詢	

Welcome to Greece

歡迎來到希臘

此生必訪的國度，希臘絕對值得列入口袋名單中！

散落在愛琴海上的島嶼，就如同藍海上一顆顆發光的明珠，島上夢幻恬美的屋宇、教堂、沙灘，將為旅人串起一段段難忘的回憶。希臘同時也是歐洲文明的起源——米諾安文明、邁錫尼文明以及各地保存下來數千年的遺跡，諸如黃金王國邁錫尼、奧運發源地的奧林匹亞、醫神聖地埃皮道洛斯……令人目不暇給，是歷史文化控不能錯過之處！

即使歷經數千年，部分遺跡仍然完好地流傳下來。坐在埃皮道洛斯大劇場最高的座位

上，聆聽劇場中央眾人高歌，遙想西元前祭典的模樣，那種感動無以名狀。而傳頌千古的希臘神話，曲折又極具張力的故事內容，為歷史遺跡增添多一份趣味。

希臘人的熱情也為旅程加分不少，尤其未過度觀光化的伯羅奔尼薩，更多了些樸質的人情味。希臘曾出現蘇格拉底、柏拉圖、亞理斯多德等哲學家，當地有不少喜歡和遊客暢聊人生哲理的店家們；希臘精彩紛呈的自然風光、歷史建築及人文思想，相信旅人隨處都遇得到驚喜！

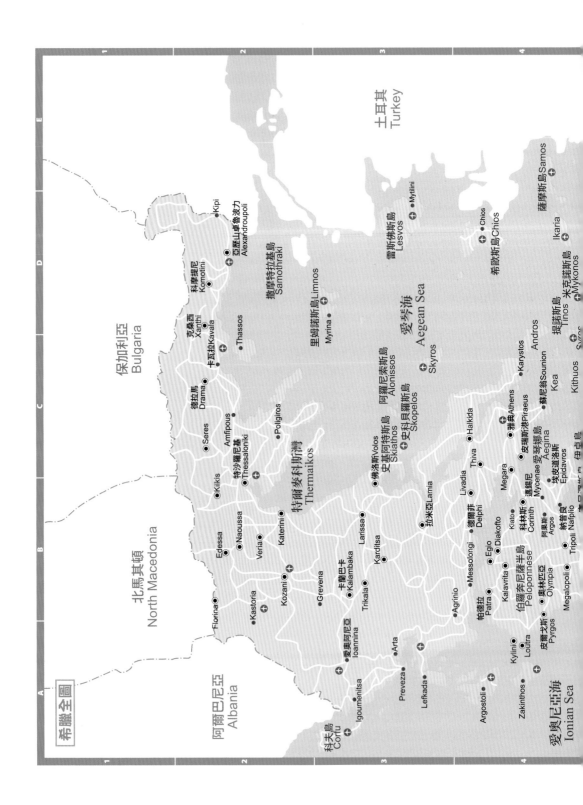

希臘全圖

阿爾巴尼亞
Albania

北馬其頓
North Macedonia

保加利亞
Bulgaria

土耳其
Turkey

愛奧尼亞海
Ionian Sea

愛琴海
Aegean Sea

特爾麥科斯灣
Thermaikos

科夫島
Corfu
Igoumenitsa
Preveza
Lefkada
Argostoli
Zakinthos
Arta
Ioannina
愛奧阿尼亞
Kylini
Loutra
Pyrgos
皮爾戈斯
奧林匹亞
Olympia
Megalopoli
Tripoli Nafplio
特里波利 納普良
帕特拉
Patra
Kalavrita
Diakofto
Egio
Messolongi
Agrinio
Grevena
Kozani
Kastoria
Florina
Edessa
Naoussa
Veria
Katerini
Trikala
卡蘭巴卡
Kalambaka
Larissa
Karditsa
拉米亞
Lamia
德爾菲
Delphi
Livadia
Thiva
Corinth
科林斯
Argos
阿果斯
Mycenae 愛琴娜島
邁錫尼 Aegina
埃皮道洛斯
Epidavros
Megara
雅典 Athens
皮瑞斯港Piraeus
蘇尼翁Sounion
蘇尼翁
Kea
Kithnos
Halkida
Karystos
Andros
提諾斯島
Tinos
米克諾斯島
Mykonos
希歐斯島 Chios
Ikaria
薩摩斯島 Samos
Chios 希歐斯島 Chios
雷斯佛斯島
Lesvos
Mytilini
亞歷山卓魯波力
Alexandroupoli
科摩提尼
Komotini
Kipi
克桑西
Xanthi
卡瓦拉Kavala
Thassos
德拉馬
Drama
Amfipous
Seres
Poligiros
Kilkis
特沙羅尼基
Thessaloniki
佛洛斯Volos
安基阿特斯島
史基亞托島
Skiathos
史科貝羅斯島
Skopelos
阿羅尼索斯島
阿羅尼索斯島
Alonissos
撒摩特拉基島
Samothraki
里姆諾斯島Limnos
Myrina
斯基羅斯島
Skyros
Kastoria
Ioannina

伯羅奔尼薩半島
Peloponnese

6

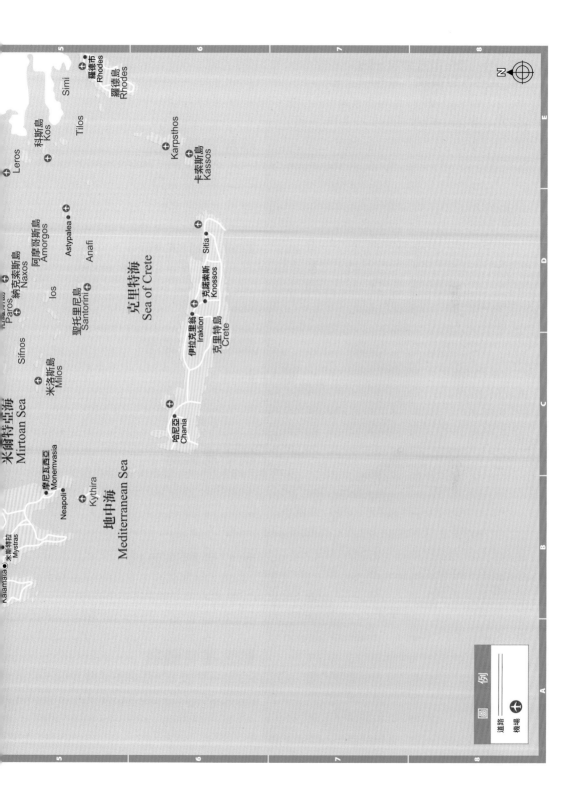

米爾特亞海
Mirtoan Sea

地中海
Mediterranean Sea

克里特海
Sea of Crete

Rhodes
羅德市 Rhodes

羅德島 Rhodes

科斯島 Kos

Leros

Simi

Tilos

Karpsthos

卡索斯島 Kassos

Astypalea

Anafi

Sitia

克諾索斯 Knossos

伊拉克里翁 Iraklion

克里特島 Crete

哈尼亞 Chania

Paros 帕羅斯島

納克索斯島 Naxos

阿摩哥斯島 Amorgos

Ios

聖托里尼島 Santorini

Sifnos

米洛斯島 Milos

摩尼瓦西亞 Monemvasia

Kythira

Neapoli

Kalamata

米斯特拉 Mystras

N

必去希臘理由

希臘眾神傳說

希臘諸神的傳說故事，道盡了世界起源、希臘島嶼由來及古希臘生活等，眾神間交織的複雜情感，極具戲劇張力，有些故事在後來出土的文物中，也證實其真實性，為遺跡增添可看性。

歐洲文明搖籃

希臘的民主政治、哲學思想、戲劇及奧林匹克運動競賽等，影響歐洲文明甚鉅，尤其愛琴海第一個重要文明米諾安的發現，更將從前的神話傳說，活生生地帶到人們眼前。

探祕盛世榮光

力抗波斯大軍的三百壯士故鄉斯巴達如今是何模樣？荷馬史詩中的黃金王國邁錫尼如何雄偉？聖約翰騎士軍團駐守的羅德島，及曾被譽為東方直布羅陀的摩尼瓦西亞，如今仍停駐在中世紀模樣；循著這些往昔遺跡，將重見希臘榮光。

地中海美味

希臘地中海料理，講究新鮮食材與簡單調味，尤其種類眾多的香料、品質極佳的橄欖油，再搭配茴香酒或是葡萄酒，風味迷人。而隨處可見的咖啡館，經濟實惠、風味濃郁的希臘咖啡更是不能錯過。

夢幻愛琴海島嶼

與世隔絕的愛琴海島嶼，藍白圓頂與白色建築綿延整座海島，其上點綴教堂、風車，夢境般恬美的景觀，吸引新人前來度蜜月或拍攝婚紗，更是不少人一生中必定要造訪的地方。

難忘獨特體驗

前往愛琴海島嶼必定會來一趟渡輪之旅，體驗難得的海上行程；再參加聖托里尼的火山行程，感受從船上直接跳入大海，悠游在海底溫泉的暢快中；或是造訪克里特島號稱歐洲最長的峽谷，及有天空之城稱呼的梅特歐拉，絕對都是難忘的體驗。

旅行計畫
Plan Your Trip

Top Highlights of Greece
希臘之最

雅典

雅典衛城Acropolis of Athens

　　西元前5世紀，雅典居民為了祭祀雅典娜女神，著手在市區的山丘上興建神殿。衛城的角色，除了是祭祀的聖地，也是政治與公共場所、防禦要塞，一座座以大理石打造的雄偉建築，其細部更是充份展現精湛的建築工藝，堪稱古希臘建築的經典之作。

　　衛城於1987年登錄為世界遺產，其中最引人注目的當然是希臘古建築經典代表作——巴特農神殿和以少女雕像石柱著稱的伊瑞克提翁神殿，而這兩座神殿上的雕刻裝飾大部分都收藏在新衛城博物館裡。衛城山腳下的海羅德斯阿提卡斯音樂廳是每年雅典藝術節的表演場地，每到夏季總是成為雅典最熱鬧的地方。(P.75)

最佳博物館
The Best Museums

新衛城博物館，雅典／
歐陸希臘
New Acropolis Museum,
Athens／
The Mainland Greece
(P.70)

國家考古博物館，雅典／
歐陸希臘
National Archeological
Museum, Athens／
The Mainland Greece
(P.86)

伊亞夕陽Sunset of Oia in Santorini

位於聖托里尼島北端的伊亞，號稱擁有全世界最美的夕陽，每到黃昏時分，大批遊客湧進伊亞小鎮，全是為了「日落愛琴海」的美麗景致而來。在這裡捕捉到的鏡頭，往往成了希臘的代表畫面。

除黃昏時分外，伊亞是個悠閒的小鎮，一幢幢穿鑿岩壁而成的岩洞小屋，依傍著山勢層疊分布，沿著曲折婉蜒的階梯散步其間，最能感受伊亞小鎮的獨特風情。(P.190)

聖托
里尼

納普良考古博物館，
納普良／伯羅奔尼薩半島
Archeological Museum
of Nafplio, Nafplio／
Peloponnese (P.134)

奧林匹亞考古博物館，
奧林匹亞／伯羅奔尼薩半島
Archeological Museum
of Olympia, Olympia／
Peloponnese (P.163)

伊拉克里翁考古博物館，
伊拉克里翁，克里特島／
愛琴海島嶼
Heraklion Archeological
Museum, Iraklion, Crete／
Aegean Islands (P.205)

奧運發源朝聖
Exploring Ancient Olympic Games

　　奧林匹亞是奧林匹克運動會的起源地，偌大的遺跡群最著名的是宙斯神殿及赫拉神殿，而當時競賽的競技場仍清晰可見，不少人特別前來此朝聖。此外，奧林匹亞博物館豐富的館藏，更是希臘重量級博物館之一，值得細細品賞。(P.160)

奧林
匹亞

最佳留念地
The Best Places to Take Photos

亞略巴古山丘，雅典／
歐陸希臘
Areopagus Hill, Athens
／The Mainland Greece
(P.75)

列奧尼達王雕像，斯巴達／
伯羅奔尼薩半島
Leonidas Statue, Sparta／
Peloponnese (P.147)

梅特
歐拉

天空之城Castles in the Sky

　　希臘中部有一片遼闊的山野，山野間穿插聳立著巨大的裸岩，草木不生的岩石彷彿平地拔起，仔細觀察的話，會發現在某些岩石的頂端藏著修道院，這些高高在上的修道院果然很像「漂浮在半空中」，因而被暱稱為「天空之城」。

　　梅特歐拉神奇的地貌和歷史發展過程，已在1988年被列入世界自然及文化遺產，目前仍在使用的6座修道院對外開放參觀，觀光客若想要一親芳澤，可以鄰近的小鎮卡蘭巴卡(Kalambaka)做為根據地。(P.120)

Psaropetra全景觀景點，
梅特歐拉／歐陸希臘
Psaropetra Panorama,
Meteora／The Mainland
Greece (P.122)

科林斯運河，科林斯／
伯羅奔尼薩半島
Corinth Canal, Corinth／
Peloponnese (P.130)

奧林匹亞考古遺跡，
奧林匹亞／伯羅奔尼薩半島
Archeological Site of
Olympia, Olympia／
Peloponnese (P.161)

沈醉夢幻島嶼
Visit Dream Island

米克諾斯島

像灑落在海上明珠般耀眼的米克諾斯島，是愛琴海標準的度假島嶼，彷彿一個湛藍與純白的夢幻世界，荷拉小鎮蜿蜒曲曲穿梭在房子之間的石板小路，就像一個錯綜複雜的白色迷宮，連「迷路」這件事也變得有趣、浪漫起來；其實完全不用擔心迷路問題，因為小鎮真的不大，終究還會回到起點，而且途中還很可能有意外收穫，例如和逛大街的鵜鶘不期而遇！島上5座風車是當地最著名的景觀，也是遊客最愛拍照的留戀之地。(P.172)

最佳海灘
The Best Beaches

天堂海灘，米克諾斯島，西克拉德斯群島／愛琴海島嶼 Paradise Beach, Mykonos, The Cyclades／Aegean Islands (P.181)

超級天堂海灘，米克諾斯島，西克拉德斯群島／愛琴海島嶼 Super Paradise Beach, Mykonos, The Cyclades／Aegean Islands (P.181)

摩尼瓦
西亞

遺世獨立的
拜占庭之城
The Byzantine
Legacy

只以一條堤道連接本島的摩尼瓦西亞舊城，彷彿遺世獨立的城鎮，仍保有中世紀要塞風情，厚實的城牆內遍布拜占庭教堂，一直往高踞山頂的城堡遺跡延伸。

從入口處一進來就是舊城最熱鬧的街道，兩旁林立手工藝品店及販售在地特產的商家，循狹窄蜿蜒的街道前進不久，一下是甜美靜謐的屋舍，一下又是裝飾精美的教堂，令人目不暇給。(P.156)

普拉迪斯亞羅斯海灘，米克諾斯島，西克拉德斯群島／愛琴海島嶼
Platys Gialos Beach, Mykonos, The Cyclades／Aegean Islands (P.181)

卡馬利海灘，聖托里尼島，西克拉德斯群島／愛琴海島嶼
Kamari Beach, Santorini, The Cyclades／Aegean Islands (P.187)

紅沙灘，聖托里尼島，西克拉德斯群島／愛琴海島嶼
Red Beach, Santorini, The Cyclades／Aegean Islands (P.188)

15

克諾索斯皇宮
Knossos

　　希臘神話中，一直都有關於米諾安王國、米諾斯和迷宮等傳說，不過由於過去很長一段時間，一直沒有相關證據可以證明。終於在1900年時，因英國考古學家亞瑟·伊文斯(Sir Arthur Evans)發現了克諾索斯遺跡，才填補了這段歷史上的空白。這座始建於2,000多年前的皇宮，規模之大、建築之精巧、年代之久遠，無不令人讚嘆，更證實了希臘最早的米諾安文明的存在。

(P.208)

克里特島

最佳露天遺址
The Best Outdoor Heritages

古市集，雅典／歐陸希臘
Ancient Agora, Athens ／The Mainland Greece (P.79)

阿波羅聖域，德爾菲／歐陸希臘
Sanctuary of Apollo, Delphi／The Mainland Greece (P.112)

邁錫尼

尋找失落黃金王國Discover Ancient Mycenae

荷馬史詩中提到的黃金王國邁錫尼，於1876年的時候挖掘出土，讓這個在西元前16~12世紀支配希臘本土及愛琴海島嶼霸權的古文明不再是個傳説，得以重現於世人眼前。邁錫尼文明的城堡自成一格，以巨石堆疊起來的圍牆最驚人，在伯羅奔尼薩半島、愛琴海上某些島嶼、希臘中南部甚至雅典，都曾發現邁錫尼式的建築，但以邁錫尼衛城最具規模，周圍環繞著一條長900公尺的圍牆，形成一層堅不可破的防護。

邁錫尼遺跡當中最精采的部分包括邁錫尼衛城的獅子門(Lion Gate)，不但石材體積、嶼數驚人，上方雕刻著兩頭威嚴的雄獅，象徵邁錫尼王國不可侵犯的地位。至於荷馬史詩中令考古學家心神嚮往的阿特留斯的寶庫(Treasury of Atreus)，雖已無實物蹤跡，但其宏偉建築依舊讓後人對其精密設計而讚嘆。(P.138)

乘船多過坐火車
Cruising more than Taking Trains

在歐洲絕大多數的國家陸路交通發達，坐火車南來北往非常方便，或是長途巴士無遠弗屆。到了希臘，島嶼眾多，又是觀光的重頭戲，所以搭船的機會反而比坐火車的機會高出許多。欣賞陸地風景和海上風光，自是不同的感受、體驗。(P.164)

愛琴海
島嶼

最佳市集
The Best Markets

蒙納斯提拉奇跳蚤市場，雅典／歐陸希臘
Monastiraki Flea Market, Athens／The Mainland Greece (P.82)

中央市場，雅典／歐陸希臘
Central Market, Athens／The Mainland Greece (P.93)

納普良

希臘的拿波里
Greek's Napolio

納普良曾是現代希臘的首座首都，希臘國王更曾將皇宮設於此處。後來因為奧圖一世決定遷都雅典而沒落，然而它優雅的氣息、美麗的海灣及保存完好的堅固要塞，讓它打從1980年代開始，便成為當地熱門的週末出遊景點。(P.131)

1866市場，伊拉克里翁，克里特島／愛琴海島嶼
1866 Market, Iraklion, Crete／Aegean Islands
(P.206)

市立市場，哈尼亞，克里特島／愛琴海島嶼
Municipal Market, Chania, Crete／Aegean Islands
(P.214)

Skridlof路，哈尼亞，克里特島／愛琴海島嶼
Skridlof Street, Chania, Crete／Aegean Islands
(P.215)

希臘精選行程
Top Itineraries of Greece

雅典暨天空之城6天

●行程特色

　　雅典是希臘神話中智慧女神雅典娜的領地、早期西方文明的重要核心、城邦與民主政治的孕育處，更是近代希臘的首都，儘管近年來因為歐洲經濟的蕭條而受到波及，使得國家財政陷入危險邊緣，依舊讓世界各國的遊客趨之若騖。親至衛城，遙想昔日如何從貴族政治走向民主；深入布拉卡區，感受紊亂卻趣味橫生的巷弄風情；流連於各大博物館，追憶古希臘文明的繁榮與輝煌；或甚至登上利卡維多斯山丘，只為欣賞這座城市蜿蜒起伏的美景。

　　位於歐陸希臘中央的梅特歐拉，在神話裡是暴怒的宙斯從天界丟下石頭所造成的地貌，加上歷史文化的演變，宛如「天空之城」，整體景觀令人讚嘆。

●行程內容

Day1-2：探索雅典(Athens)

Day3：前往蘇尼翁(Sounion)或達芙妮修道院(Daphni Monastery)

Day4：從雅典抵達卡蘭巴卡(Kalambaka)

Day5：探索梅特歐拉(Meteora)

Day6：回雅典

伯羅奔尼薩半島7天

●行程特色

　　伯羅奔尼薩半島擁有多山起伏的地勢和深入內陸的海岸，在古希臘的歷史中扮演舉足輕重的角色。聳立著希臘第二古老神殿的古科林斯、以黃金王國流傳千古的邁錫尼遺跡、幾乎完整保持圓形的埃皮道洛斯古劇場、奧林匹亞運動會的發源地以及保留重要拜占庭遺跡的米斯特拉等，都以各自獨特的面貌吸引著遊客。遊伯羅奔尼薩的大眾運輸交通以巴士為主，行程易受班次及轉車影響，比較便捷的方式是租車遊伯羅奔尼薩，6天的行程要遊完以下重要遺跡只能開車，若是搭巴士則時間要再拉長。

●行程內容

Day1：科林斯運河(Corinth Canal)、古科林斯(Ancient Corinth)、埃皮道洛斯遺跡(Epidavros)

Day2：納普良(Nafplio)

Day3：提林斯(Tiryns)、邁錫尼(Mycenae)

Day4：米斯特拉(Mystras)、斯巴達(Sparta)

Day5：斯巴達前往摩尼瓦西亞(Monemvasia)

Day6：摩尼瓦西亞前往奧林匹亞(Olympia)

Day7：奧林匹亞

薩羅尼克群島3天

● 行程特色

　迷你海島行程對時間緊迫的人來說最適合。如果你將旅遊希臘的行程重點放在歐陸或伯羅奔尼薩半島，建議可以撥一點時間享受薩羅尼克灣的海島風情。這三座島濃縮的一日遊行程相當受歡迎，可以在雅典的旅行社或旅館報名參加。

● 行程內容

Day1：愛琴娜島(Aegina)

Day2：波羅斯島(Poros)

Day3：伊卓島(Hydra)

羅德島&克里特島6天

● 行程特色

　克里特島與羅德島都是距離雅典9~15小時航程的島嶼，通常光是來回交通時間就需要2天，但是這兩座島嶼面積較大，又有非常獨特的文化，與西克拉德斯群島純粹度假享樂的氣氛不同，非常值得停留細細體會。結束這兩座島嶼後，若想要續行其他島嶼，則自伊拉克里翁啟程，有較哈尼亞多的船班可選。

● 行程內容

Day1：雅典前往羅德島(Rhodes)

Day2：羅德島

Day3：羅德島前往克里特島伊拉克里翁(Iraklion)

Day4：伊拉克里翁

Day5：伊拉克里翁前往哈尼亞(Chania)

Day6：哈尼亞

西克拉德斯群島7天

●行程特色

　　島嶼眾多且密集的西克拉德斯群島，其中最著名的就是米克諾斯島和聖托里尼島。由於每天都有從皮瑞斯港前往米克諾斯島及聖托里尼的船班，不用花太多精神去安排日期。不過夏天米克諾斯島湧進大批觀光客，消費高且往往一房難求；建議你也花1~2天的時間在附近狄洛斯島或納克索斯島。聖托里尼島面積較大，精彩的地方很多，非常適合住2晚以上。

●行程內容

Day1：米克諾斯島(Mykonos)

Day2：米克諾斯島往返狄洛斯島(Delos)

Day3：米克諾斯島前往納克索斯島(Naxos)

Day4：納克索斯島

Day5：納克索斯島前往聖托里尼島(Santorini)

Day6-7：聖托里尼島

愛琴海全覽13天

●行程特色

　　如果能有10日以上的時間在愛琴海上旅行，將會讓你的行程非常豐富。你可以先前往較遠的克里特島開始往回走，利用渡輪晚上的時間航行來節省時間，若對睡眠環境較要求，最好預定渡輪的房間而非一般座位區。遊完克里特島主要城市之後，再前往西克拉德斯群島。由於各島嶼間的航行時刻會依淡旺季變動，尤其淡季船班大幅減少，最好先查清楚出發日期，若時間無法搭配，可選擇改搭飛機。

●行程內容

Day1：雅典前往克里特島哈尼亞(Chania)

Day2：哈尼亞

Day3：前往克里特島伊拉克里翁(Iraklion)

Day4：伊拉克里翁

Day5：從伊拉克里翁前往聖托里尼島(Santorini)

Day6：聖托里尼島

Day7：聖托里尼島

Day8：從聖托里尼前往納克索斯島(Naxos)

Day9：納克索斯島

Day10：從納克索斯島前往米克諾斯島(Mykonos)

Day11：米克諾斯島

Day12：米克諾斯島往返狄洛斯島(Delos)

Day13：回雅典

When to go
最佳旅行時刻

希臘位於歐洲東南隅的巴爾幹半島南端，北面由西到東分別與阿爾巴尼亞、北馬其頓和保加利亞接壤，東面隔愛琴海與土耳其相望，西面則隔愛奧尼亞海(Ionian Sea)遠眺義大利。國土主要分布於歐陸南端和伯羅奔尼薩半島，其餘領土還包括愛琴海上的多座群島，使得它擁有全長高達14,880公里的海岸線。

最好的旅遊季節是4~10月，其中又以7~8月最為舒適，此時歐美度假客多，到處都是人潮，若不是參加旅行團，或事先安排好住宿地點，將會花很多時間尋找落腳處。比較起來，大旺季前後的小旺季，如5~6月及9~10月，氣候宜人，不過度壅塞，會是比較舒服的旅遊季節。

歐陸希臘The Mainland Greece

由於愛琴海島嶼給人的強烈印象，讓許多人誤以為希臘一年四季如夏，其實希臘不但四季分明，就連溫差也大。夏乾熱、冬雨溫，春天4~5月開始雨量減少，各地野花盛開，是希臘最美的季節，雅典最高溫約20℃，最低12℃；花季結束，進入乾燥、晴空萬里的夏天，7~8月日照強盛，注意防曬；9月起天氣漸涼，早晚溫差大且陰天漸多；冬天氣候溫和，但山區通常被雪覆蓋。

愛琴海島嶼Aegean Islands

同為地中海型氣候，夏季炎熱乾燥、蒸發旺盛，海水表層溫度達24℃；冬季溫和多雨，海水溫度在10℃上下。盛行北風，但每年9月開始逐漸刮起西南風，風強不利航行，所以島上飯店、餐廳、商店等多半歇業，等待來年4月再開始迎接賓客。

愛琴海
Aegean Sea

雅典Athens

羅德島
Rhodes

伯羅奔尼薩半島
Peloponnese

地中海
Mediterranean Sea

克里特島
Crete

伯羅奔尼薩半島Peloponnese

與希臘本島以一條地峽相連，同為地中海型氣候，全年有超過300天艷陽高照。夏季炎熱乾燥，中午到下午3點之間尤其需注意防曬；冬季多雨且會刮風。5~6月及9~10月屬最佳旅遊季節。

希臘旅行日曆

日期	節慶名稱	備註
1月1日	元旦New Year's Day	希臘的耶誕老人名為Agios Vassilis，希臘人會吃一種叫做Vassilopita的麵包，裡面藏有一枚硬幣，找到的人將幸運一整年；這天也是送耶誕禮物給孩子們的日子。
1月6日	主顯節Epiphany	紀念耶穌洗禮，當天希臘正教的主教會朝著大海、湖泊或河川丟擲木製十字架，沿海城市停靠在港灣的船隻會一起鳴笛；皮瑞斯港的活動尤其盛大。
2~3月	嘉年華狂歡節Apokries	復活節前48天開始，持續3週的嘉年華會，在帕德拉(Patra)、雷西姆農(Rethymno)、科夫島(Corfu)等地都有盛大的遊行。
3月25日	獨立紀念日 Independence Day	希臘各大城小鎮皆會有閱兵活動。
4月初	復活節Easter	每年3月21日起或過了3月21日的月圓之後的第一個週日，為期一週。
4月23日	聖喬治節 The Feast of Agios Georgios	紀念屠龍的聖喬治，在德爾菲郊外的阿拉和瓦(Arachova)會舉辦為期3天的盛大慶典。聖喬治也是阿拉和瓦的主保聖人。
5月1日	勞動節兼百花節 Labor Day & Protomagia	城市人通常會去踏青；左派政黨通常也會舉辦大規模的示威活動。
6~8月	希臘藝術節 Athens Epidaurus Festival	每年大致於6月展開，為期約3個月，希臘本國與來自世界各地的藝術團體，連番於雅典與埃皮道洛斯登場演出，節目內容含括音樂、舞蹈、戲劇等。
8月15日	聖母升天日Assumption	各地教堂會舉辦特別的禮拜及活動。
9月底	斯巴達超級馬拉松 Spartathlon	36個小時之內從雅典到斯巴達之間250公里的超級長跑競賽。
10月28日	國家紀念日 National Anniversary	第二次世界大戰，希臘在1940年這天拒絕與義大利、德國簽訂聯盟協定。這天會有閱兵活動。
11月初	雅典馬拉松 Athens Classic Marathon	從馬拉松到雅典之間的歷史路線競跑。
12月25日	耶誕節Christmas	和其它西方國家一樣，以裝飾耶誕樹、唱聖歌等慶祝耶穌的生日。

Best Taste in Greece
希臘好味

雖然身為歐洲熱門的旅遊度假勝地，不同於法國以鵝肝和功夫鴨、西班牙以小菜和海鮮飯、義大利以披薩和義大利麵等美食聞名，希臘除了菲塔乳酪和希臘沙拉之外，似乎沒有什麼特別讓人直接產生聯想的名菜。不過這並不代表希臘的傳統食物沒有驚人之處，事實上，因為長期受到鄂圖曼土耳其帝國的統治，因此在飲食方面也深受影響，很多料理吃起來有濃濃的東方味，頗適合亞洲人的口味。

希臘料理調味簡單，食材新鮮最重要！

相較於希臘悠遠且豐富的歷史與藝術，希臘人的飲食文化的確偏向簡單：沒有複雜的烹飪過程，僅以最簡單的烘烤、油炸或是燉煮的方式；也沒有過多的調味，僅以當地盛產的橄欖油和大蒜加上檸檬或鹽巴。然而這一切並不代表希臘人不重視飲食，相反地，希臘人的嘴可是很挑剔的，他們在乎的是食材是否新鮮！因為唯有最新鮮的食材，才能在即使以最簡單的料理方式下，產生美妙的滋味。

而希臘就是這麼得天獨厚，溫和且日照充足的地中海氣候帶來色彩繽紛且甜美的蔬果，四周環繞的海岸提供多樣的海鮮，山林中則培育著牛羊等農畜⋯⋯來到這樣的地方，誰需要濃稠重味的醬汁或是繁瑣的烹調過程，畢竟陽光和大自然已經為所有人創造了最美味的元素！

橄欖&橄欖油
Olive & Olive Oil

橄欖構成希臘人的基本生活，除了製造成肥皂、乳液等日常用品外，更是希臘料理的核心，餐桌上少不了醃漬的橄欖、橄欖油、橄欖醬，其中橄欖油又大有學問，除了用來加熱煎、炸食物的橄欖油之外，還有直接淋在沙拉上的調味橄欖油，有的是味道香濃的純橄欖油，有些還會加入各種不同的香料、辣椒等，產生數十種不同的味道。

菲塔乳酪 Feta Cheese

希臘生活中另一項少不了的基本食材就是乳酪，一到超市或傳統市場裡，會看到各式各樣的乳酪，讓人幾乎無從選擇，其中又以菲塔乳酪最受歡迎。這種鹹乳酪在當地的傳統料理中幾乎天天都會吃到，無論是拌上橄欖油直接食用，或是加入沙拉中，甚至於加以油炸，都是它常見的食用方式。

希臘沙拉 Greek Salad

希臘沙拉是當地曝光度最高的食物，以切片番茄、小黃瓜、青椒、紅洋蔥、醃漬橄欖等大量蔬果加上菲塔乳酪，並以胡椒、鹽和橄欖油調味，幾乎可說是希臘的「國菜」，新鮮蔬果飽足吸滿陽光，口感香脆鮮甜，而不同於印象中的沙拉，希臘沙拉中沒有出現任何葉狀蔬菜。

慕沙卡 Moussaka

一種廣泛出現於地中海和中東一帶的料理，希臘式慕沙卡以絞肉、馬鈴薯、茄子等為材料，由下往上層層堆疊，送入烤爐中烘烤。外觀看起來很像義大利的千層麵，差別在於以馬鈴薯和茄子取代麵皮，常切成方塊狀上桌，口味相當不錯。

炸烤花枝或章魚
Fried or Grill Calamari, Octopus

由於環繞著漫長的海岸線，海鮮幾乎可說是希臘料理中的重頭戲，無論是各種大小的魚隻、蝦子、花枝和章魚等，都是菜單上必備的菜色，也因為食材新鮮，因此當地幾乎只以簡單的燒烤或油炸方式料理，簡單撒上一些鹽巴後，隨檸檬一同上桌，雖然作法「簡樸」，不過滋味卻也最真實。

農夫沙拉 Peasant Salad

希臘特有的沙拉之一。有的農夫沙拉會在希臘沙拉名稱後面加標「Peasant」這個字，有的則直接以英文標示Peasant Salad，而它完全顛覆我們對西方人沙拉生吃的印象，而是以大把的菠菜或其它綠葉野菜燙熟後，淋上大量的橄欖油，上桌時還散發著些許熱氣，令人聯想起台灣的燙青菜。

各式沙拉泥

由於希臘沙拉給人的印象太強烈，以至於人們都忽略了希臘其他種類的沙拉，其實當地還有一種以不同蔬菜或乳酪打成泥狀或優格狀、用來搭配麵包食用的沙拉泥。比較常見的沙拉泥包括以大蒜和小黃瓜打成的Tzatziki (Τζατζίκι)、辣乳酪打成的Tirokafteri (Τυροκαυτερ)、茄子打成的Melitzanosalata (或稱為Eggplant Dip／Μελιτζανοσαλάτα)，以及以馬鈴薯和大蒜打成的Skordalia (Σκορδαλι)。

基洛斯 Gyros

由於希臘長期受到鄂圖曼土耳其帝國的統治，因此在飲食方面也深受影響，土耳其式烤肉可說是希臘街頭最常見的主要食物，其中台灣一度流行的「沙威瑪」，在希臘叫做「基洛斯(Gyros)」，從旋轉烤肉架上切下的牛、羊、豬或其它肉類薄片，搭配或夾在皮塔餅(Pita)裡食用，非常飽足。

皮塔餅是一種圓形的口袋狀麵餅，「口袋」是由於麵餅受熱後膨脹、冷卻後又收縮，於是形成中空的袋狀，在希臘、土耳其、巴爾幹半島、阿拉伯半島等地都是常見的主食。

Kebab

還有一種在希臘各地同樣普遍的土耳其式烤肉，是把牛、羊或豬肉等做成長條型的絞肉串，在希臘叫做Kebab，烤熟後同樣搭配皮塔餅一起盛盤，簡單、飽腹又好吃。

肉丸 Stewed Meatball

把絞肉做成丸子，臺灣人固然很熟悉，也是希臘人的家常菜之一。除了直接放進爐子烤之外，還有和番茄醬汁一同燉煮的口味；或者加進節瓜做成節瓜肉球，增添爽脆的口感。

番茄鑲飯 Gemista

由於希臘人頗以他們盛產新鮮、碩大的蔬果為傲，所以很懂得善加利用。希臘語裡的「Γεμιστ (Gemista)」是「填充」的意思，所以番茄鑲飯、青椒鑲飯、茄子鑲飯等都屬於Gemista，其中又以番茄鑲飯最為常見。在番茄裡塞入以米飯、洋蔥、大蒜等做成的內餡再烤熟，有主食又可獲自蔬果的營養。

啤酒 Beer

除了葡萄酒、茴香酒外，在希臘當然也可以喝到當地釀製的啤酒。希臘啤酒的品牌相當多，其中以Mythos最為常見，此外還有Alpha、Hellas、Pils、Fix等，口味都以清爽見長。

希臘式乳酪甜品 Greek Cheese

希臘式早餐和其它國家的早餐最大的不同處，在於通常都可以吃到一道乳酪甜品，這道甜品的主角是安索提洛乳酪 (Anthotyro)，這是一種希臘特有的、以羊乳製作的、白色的乳酪，本身不具甜味，帶點微酸的檸檬味，再搭配蜂蜜或果醬就很好吃。在克里特島，它也是很普遍的飯後甜點，有些餐廳會在餐後直接免費招待。

Greek Coffee
希臘咖啡

在希臘，無論是咖啡館或是餐廳，在菜單上都可以看到希臘咖啡(Elliniko kafe)。這杯濃郁的黑咖啡，用特製的小咖啡杯裝盛，喝一口，濃、苦及甜在口中同時化開，風味強烈令人印象深刻。隨著時代改變，當地年輕人多選擇加了牛奶的冰咖啡，以傳統方式沖煮的希臘咖啡，似乎成了觀光客融入當地傳統文化的方式。

就煮法及風味來說，希臘咖啡及土耳其咖啡兩者非常相似，一般普遍認為希臘咖啡其實源自土耳其咖啡，然而當地人會告訴你這兩者還是有不相同之處。無論如何，希臘人在咖啡的消費力每年持續增長，在全世界已是排行第15名，可見希臘人對咖啡的熱愛程度。

希臘咖啡館

希臘咖啡館可以分為兩種，一種叫Kafeteria，另一種叫Kafenio。前者和到處可見的咖啡館一樣，是大多數年輕人的聚會場地，除了供應咖啡和其他飲料，也會提供一些簡餐。有些Kafeteria只有白天營業，有些到了傍晚會以酒吧的形式營業。

至於Kafenio是希臘傳統咖啡館，名稱取自於土耳其語「kahvehane」，幾乎在每個希臘的城市、小鎮都可以找得到，有幾家的歷史還可以追溯到200年前，形成當地文化的一部分。Kafenio主要提供咖啡和酒精飲料，吃的方面只有下酒菜和小吃類。

Kafenio一直以來都是男人們喝咖啡、打牌、聊政治的地方，可以說是小鎮上的社交中心。早期女性顧客不常見，甚至不受歡迎（也有一種說法是女人都討厭這裡，因為丈夫都不幫忙家務反而跑來這裡消磨時間），如今隨著時代的改變，Kafenio已沒有這項不成文規定，所以別因為kafenio裡坐著的都是高談闊論的希臘大叔而卻步，不妨走進去享用一杯希臘咖啡，他們會非常樂意接待你，讓你體驗一下當地的生活風情。

咖啡哪裡買

Brazita

Brazita是專賣希臘咖啡的品牌，店內的希臘咖啡共3款：淺焙、深焙及土耳其式咖啡，店員表示，土耳其式咖啡與希臘咖啡最大不同在於烘焙度，希臘咖啡較為淺焙。店內咖啡以秤重計價，有一、兩公斤大包裝及小包裝的選擇，另外也售有希臘咖啡專用杯組。

🚇搭1號地鐵在Kato Patissia站下車後，步行約2分鐘可達 📍Leof. Ionias 166 ☎210-2020212 🕐週一至週五08:00~21:00，週六08:00~18:00 ❌週日

咖啡怎麼煮

磨成細粉的希臘咖啡是當地伴手禮之一，在雅典還設有專賣店，由於每家咖啡館的風味及濃度不盡相同，購買時記得請教服務生。

Step1 取一杯希臘咖啡杯的水量，加上一匙咖啡粉(約為10克)及適量糖放入壺內。

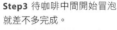

Step2 放置於火爐上煮，並用湯匙攪拌均勻。

Step3 待咖啡中間開始冒泡就差不多完成。

Step4 最後倒入專用咖啡杯中。

💡 **不小心做出來的人氣飲料？！**

法拉沛咖啡是由雀巢咖啡(Nescafé)的職員Dimitris Vakondios於1957年不小心發明的飲料，當時雀巢咖啡正在貿易展覽會上推出用搖酒器混合的巧克力飲料，Dimitris休息期間想泡咖啡時找不到熱水，就仿效製作巧克力飲料的方式，將咖啡、冷水和冰塊放入搖酒器裡，人氣飲料就這樣產生了！

咖啡怎麼喝

希臘咖啡很濃，所以當服務員送上咖啡時，也會給你一杯開水。由於希臘咖啡煮好後是不過濾的，因此咖啡送上後不要馬上享用，稍等咖啡渣沉澱到杯底再飲用，最後留下的咖啡渣還可以進行咖啡占卜(Kafemanteia)。吃貨們注意，咖啡渣是不能吃的！

希臘咖啡裝在小小的杯子裡，並不是讓你一飲而盡，而是一邊啜飲一邊看報紙或和鄰座聊天，因此希臘的coffee break一般都很長(用1.5~2小時喝咖啡很正常！)。如果聽到有人大聲地喝咖啡，也不用感到意外，因為那是咖啡很好喝的意思，而且對希臘人來說，希臘咖啡就是要這樣喝。

另外喝希臘咖啡時，也會搭配一些餅乾或土耳其軟糖(Loukoumi)的小點心。

甜度

和台灣的飲料店一樣，希臘咖啡也可以調整甜度，怕苦或怕甜的人趕快做筆記，讓你挑到一杯適合你的希臘咖啡！

Skétos：**1**匙咖啡粉

Métrios：**1**匙咖啡粉＋**1**匙糖

Glykós：**1**匙咖啡粉＋**1.5~2**匙糖

Vari-glykós：**2**匙咖啡粉＋**2~3**匙糖

如果不習慣喝濃咖啡的，可以試試半匙咖啡粉的 Elafris；喜歡超濃咖啡的則可以點點看2匙咖啡粉的Varis。

種類

希臘咖啡後來延伸出很多不同的製作方式和種類，其中最受年輕人歡迎的就是法拉沛咖啡(frapés或frappé)。法拉沛咖啡是將即溶咖啡、水、冰塊和糖(或者冰淇淋)放入攪拌器或搖酒器做成的飲料，由於咖啡在攪拌的過程中產生奶泡般的泡沫，因此也被稱為「泡沫咖啡」。而甜度有3種選擇：Glykós(2匙咖啡粉＋4匙糖)、Métrios(2 匙咖啡粉＋2匙糖)、Skétos(2 匙咖啡粉)。

繼60年代出現的法拉沛咖啡之後，90年代又流行起希臘style的義式濃縮(Espresso)和卡布其諾(Cappuccino)——Freddo Espresso和Freddo Cappuccino，其實就是在冰的義式濃縮和卡布其諾上鋪上一層厚厚的奶泡(afrogala)。據說在Freddo裡加入香草冰淇淋或酒，別有一番風味喔！

Best Buy in Greece
希臘好買

和歐洲其它國家比較起來，希臘國際知名的品牌雖然不多，但是具有歷史淵源或文化特色的紀念品倒是不少，對喜愛異國文化的人來說別具意義。

皮製涼鞋與皮件

在希臘，設計多樣的皮製涼鞋更是選擇眾多，不但款式五花八門，橫跨古希臘風格到今日潮流，這些價格合理的手工平底涼鞋，更以好穿著稱，看看當地起起伏伏的地形和興建於高山上的衛城或碉堡，希臘皮製涼鞋的舒適度，想必早已經過長時間的歷史考驗。此外，皮包、皮夾或是各種皮製裝飾品，也是當地必買的紀念品，價格同樣合理，主要依皮的種類、上色和手工而定。

天然海綿

有了橄欖製成的沐浴用品，如果能搭配當地的天然海綿洗澡，就更有希臘的Fu了！由於三面臨海，希臘深受海洋的照顧，尤其愛琴海一帶因為寒暖流的交會，使得當地得以生產非常優質的海綿。海綿其實是一種多細胞動物，表面有許多突起與小洞，藉由小洞將海水注入後，以其中微小生物為糧食。一般潛水夫將它採集後會先在海邊將它埋在坑中，等剩下它的骨骼、也就是纖維體後，就成了我們所說的天然海綿。

海綿依照不同的型狀分成不同等級，球型品質最為優良，通常會保持原形和原色彩(褐色)出售，價格也居高不下。此外，依照纖毛的質地不同也有不同的功用：蜂巢狀清潔力最強、海羊毛適合深層潔淨毛孔、絲綢海綿則適合寶寶和臉等較細緻的肌膚部位。

陶製杯壺

在課本裡讀到關於希臘文化，一些古樸卻繪飾典雅的陶製杯壺令人印象深刻；參觀希臘各地的考古博物館，眾多杯壺、酒器都是重要的文物。雖然不能把真品帶回家，買一些仿古的陶器做紀念也不錯。

橄欖美妝用品

在雅典還沒稱為雅典以前，智慧女神雅典娜和海神波塞頓爭相角逐成為這座城市的守護神，雅典娜以橄欖樹作宣傳，因而贏過以三叉戟敲地產生海水之泉的波塞頓，可見橄欖在古希臘人的心目中，就已經因為它的功用而深受喜愛。時至今日，橄欖更成為希臘人日常生活不可或缺的東西，除了食用之外，橄欖油製成的天然香皂、洗髮精、保養品都是希臘人保持健康的秘訣，其中特別是以橄欖油製成的香皂，沒有添加任何化學用品，不但具有非常高的保濕性，而且使用起來非常清爽，希臘各地景點更以當地特色，將它包裝得俏皮可愛，因而成為炙手可熱的伴手禮。

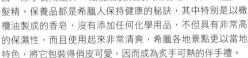

Folli Follie

Folli Follie無疑是國際上知名度最高的希臘精品品牌。這個由Koutsolioutsos夫婦1982年創立於雅典的品牌，專門設計和生產珠寶飾品、手表等，並於1995年時大舉進軍世界，以純銀威尼斯琉璃珠寶系列打響名號，之後陸續以色彩繽紛的半寶石和彩鑽鑲嵌走出自己的特色。如今Folli Follie不只鑽研首飾，更積極開發皮件、太陽眼鏡等相關配件。

乾果

堅果是聊天時的好零食，許多堅果還具有抗衰老的高營養價值。由於地中海沿岸氣候乾燥，適合生產花生、核桃、杏仁果、開心果等各種堅果，因此在市集中或是特產店裡，常常可以看見各種乾果或是相關產品，不妨買些來嚐嚐，貼近希臘人的日常生活。

蜂蜜

具有清熱、解毒、潤燥等功效的蜂蜜，可能是人類最早出現的甜點，而它早在幾千年以前開始，就密切使用於希臘的飲食和文化之中，希臘人不但將它添加於藥品裡，也做成美容聖品。希臘蜂蜜因為獨特的香氣和濃郁的味道使它揚名國際，這一切和當地怡人的氣候和大量的陽光有關，該氣候因素不但使各類鮮花生長得欣欣向榮，也讓蜂蜜中的含水量降低，因此無論濃度和甜度都很高。此外，由於希臘盛產多項乾果，因此當地許多蜂蜜中還加入核桃、杏仁等增加香味，選擇更加多元。

眾神雕像

希臘神話是西方文明的重要起源，反映了古希臘人對於天、地、海等大自然現象的看法。希臘眾神和東方人心目中的神明不太一樣，他們除了具有超乎人類可及的神力外，卻也具有強烈的人性，並非完全真、善、美，也有貪婪、忌妒、自私等卑劣的一面，因此更栩栩如生。宙斯、阿波羅、雅典娜、波賽頓等都是形象鮮明的希臘神祇，他們的雕像也成為頗具代表性的旅遊紀念品。

烏佐酒

在眾多酒類之中，烏佐酒(Ouzo)可說是希臘最具代表性的酒，堪稱國酒。這種經蒸餾而成的高濃度開胃酒，呈開水般的透明狀，一般希臘人喝時，以小杯方式飲用，飲用前先將水倒入使它變成混濁的白色，然後再小口小口淺酌，搭配乾麵包、醃橄欖、酸黃瓜、菲塔乳酪等下酒菜，非常爽口。

拉奇酒

拉奇酒(Raki)也是一種茴香味的蒸餾酒，可說是土耳其的國酒，不過也出現在希臘，尤其在克里特島更為普遍。

拉奇的釀造起源是利用製造葡萄酒剩下的果渣再進行兩次蒸餾，後來也有利用無花果、梅子、香蕉、石榴、草莓、橘子、杏桃等其它種水果來製作，最後再使用茴香籽調味。嗆辣的程度和烏佐酒差不多。

葡萄酒

喜好狂歡的希臘人，經常派對到天亮，而酒更是其中最重要的催化劑。根據出土的文物顯示，希臘是栽種葡萄樹歷史最為悠久的國家，境內擁有眾多酒莊，其中尤其是聖托里尼和克里特島。聖托里尼所產的葡萄酒，價格和品質在希臘全國都獲得最高評價。

香料及香草

想要把希臘美味的料理帶回家，買香料是最好的方式，希臘香料種類豐富，最常見的有羅勒、茴香、迷迭香、肉桂、奧勒岡葉及香薄荷等，而世界上最珍貴的香料番紅花，自希臘古文明即被使用並視為珍寶，當地所產的品質極佳。

此外，有些香草植物也被曬乾後用來泡茶，這些香料及香草在大型超市、零售商店及紀念品店都買得到，有些包裝外頭還會特別寫上適合的料理方式。

Transportation in Greece
希臘交通攻略

© flickr Phil Richards

國內航空

希臘幅員廣大，國內陸地和人氣島嶼皆設有機場，空中交通是最快捷、方便的管道。例如從雅典到克里特島，乘船需要花掉6~9個小時，但是搭飛機卻不到1個鐘頭即可抵達，所以如果交通預算較寬鬆，不妨考慮以金錢換取時間。此外，遇淡季時，往來海島的船班將減少，此時就更建議改搭內陸飛機，以免影響行程。

航空公司有時會推出特惠價，有機會撿到便宜，不見得比搭船貴多少。不過要特別注意的是飛機的行李限重。

◎愛琴海航空Aegean Airlines
ᴩen.aegeanair.com
◎奧林匹克航空Olympic Air
ᴩwww.olympicair.com/en
◎阿斯特拉航空Astra Airlines
ᴩwww.astra-airlines.gr
◎天空快捷航空Sky Express
ᴩwww.skyexpress.gr/en

鐵路系統

希臘火車路線分布不算密集，主要行駛於雅典和希臘北部的特沙羅尼基(Thessaloniki)及亞歷山卓魯波力(Alexandroupoli)，再加上除了卡蘭巴卡(Kalambaka)外，並未前往主要的風景區或景點；在伯羅奔尼薩半島方面，火車也只行駛到Kiato，少數城市有短程火車往來，因此遊客使用的機會並不多。除非是搭乘火車往來於歐陸其他國家和希臘之間，這些火車大多必須在特沙羅尼基換車，它們在雅典停靠的火車站，是位於市區西北方的拉里薩火車站，由此可搭乘地鐵、巴士或計程車前往各地。希臘火車由希臘國家鐵路局(OSE)營運，遊客可事先上網查詢火車時刻表，以利行程規畫。

如果其中有多日會使用火車，可在台灣先買歐洲火車通行證，分單國及多國火車通行證，在有效期內可不限次數搭乘希臘國家鐵路局營運路線，車種包括InterCity、郊區火車以及景觀火車The Rack Railway。購票及詳細資訊可洽詢台灣歐鐵總代理「飛達旅遊」或各大旅行社。

◎希臘國家鐵路局
🌐 www.hellenictrain.gr/en
◎歐洲鐵路
🌐 www.eurail.com
◎飛達旅遊
📍台北市中山區南京東路三段168號10樓之6
📞(02) 8161-3456分機2
🔵線上客服：@gobytrain
🌐 www.gobytrain.com.tw
◎如何退換票？

　　火車通行證只要處於「未啟用」或「完全未使用」的狀態，才能夠辦理退票。

　　若是向飛達旅遊購買歐洲火車通行證，會免費提供用票上的教學文件，也可以透過LINE或視訊等方式，取得真人客服諮詢。

長途巴士

　　搭乘大眾交通工具往來於希臘主要城市和景點，最方便的方式就是搭乘長途巴士。當地的巴士由各地區的私營巴士公司組成綿密的交通網，通稱為KTEL，遊客可以藉由轉車，深入希臘的大城小鎮。

　　由於雅典是希臘的主要門戶，因此每日均有多班巴士前往卡蘭巴卡、德爾菲、科林斯、納普良、埃皮道洛斯遺跡等地，又從納普良有較多班次前往鄰近景點如邁錫尼、埃皮道洛斯遺跡等，當地飯店選擇多，且設有旅客服務中心，是旅遊伯羅奔尼薩半島不錯的中轉站。KTEL在各地區都設有網站可查詢巴士時刻表，由於發車時刻受到淡旺季影響，甚至連抵達地點

都會變動，行前最好事先確認。

　　另一點值得注意的是：雅典的兩處主要巴士站都位於郊區，Kifissos巴士站主要停靠往來於雅典和伯羅奔尼薩之間的巴士，須從歐摩尼亞廣場附近搭乘51號巴士前往，從歐摩尼亞廣場前往約需20分鐘的車程；至於Liossion巴士站停靠往來於雅典和德爾菲等中部希臘之間的巴士，須從歐摩尼亞廣場附近搭乘24號巴士前往，從歐摩尼亞廣場前往約需10分鐘的車程。
🌐 www.ktelbus.com

自駕租車

汽車

在希臘旅行，尤其是前往離島或是淡季時前往伯羅奔尼薩半島觀光，最方便的移動方式自然是租車，如此一來不必穿梭伯羅奔尼薩半島的重要古蹟之際，還必須回到大城鎮以尋求更多的巴士班次搭乘選擇，或是耗費時間等待以及遷就巴士時刻。尤其淡季巴士班次減少、遇週日停駛或是回程趕不上末班車，則必需搭乘計程車或變更計劃，都將使得行程受到影響。

海島也是同樣情況，有時前往島上景點的巴士一日才三班，或是欣賞完伊亞著名日落後，要跟全部的觀光客一同擠上最後一班回程的巴士，不如租車悠遊島上來得自在。

◎在哪裡租車

機場都有租車公司櫃檯進駐，雖然在機場租車會比在市區小型服務據點要來得貴，但租、還車都比較方便。在雅典一出機場，即可見租車櫃台，Hertz櫃台更是24小時營業。

由於歐洲多為手排車，如果到了當地才臨櫃辦理，經常租不到自排車，建議先在網路上預約，不但可以好整以暇地挑選車型，還能仔細閱讀價格計算方式及保險相關規定，租起來比較安心，也不需擔心語言溝通問題。

歐洲租車和買機票一樣，越早訂車越便宜，即使是同一車款，不同租車公司也會有不同優惠方案，所以貨比三家絕不吃虧。此外，租車時若沒有特別說明要自排車款，很可能會租到手排車，尤其在多山地勢的克里特島，當地人多以手排車為主，自排車款較少且價格也較手排車昂貴。

大型租車公司多有提供甲租乙還的服務，但需另外加價，如果選擇當地租賃業者，可能就無法提供此服務。需注意的是，有些便宜的優惠方案，會限制每日行駛的里程數，超出里程需加收額外費用，如果知道自己的移動距離較遠，記得選擇不限里程的方案。

有些租車公司會與航空公司共同推出優惠，預訂租車時需輸入航空公司的折扣代碼(CDP#)即可享有折扣，同時輸入航空公司會員卡號碼，才可累計會員里程，在取車櫃檯需出示航空公司會員卡。或直接上Hertz的網站搜尋租車優惠方案。

也不必擔心英文介面問題，Hertz網站已提供中文介面，可直接上網預訂。在出發24小時以前完成預訂可獲得較優惠的價格並確保取得所希望駕駛的車隊。Hertz在台灣由大登旅行社代理，有任何租車問題亦可電洽。

◎**Hertz**
ⓤwww.hertz.com.tw
◎**Avis**
ⓤwww.avis-taiwan.com
◎**Europcar**
ⓤwww.europcar.com
◎**Budget**
ⓤwww.budget.com
◎臨櫃辦理

每家公司標準不太一樣，一般規定年滿21~25歲之間可租車。若事先已於網路上預約，需要準備以下證件臨櫃取車，需特別注意護照、駕照及信用卡上的英文姓名需一致。

- 英文版租車預約確認單
- 國際駕照
- 台灣駕照（一年以上駕駛經歷）
- 網路預約時作為擔保之用的信用卡
- 護照

◎保險

　租車的保險都是以日計價，租得愈久，保費愈貴。在保險部分比較需要考慮的有碰撞損毀免責險(CDW)、竊盜損失險(TP)、人身意外保險(PAI)、個人財產險(PEC)、超值車損險(SUPER COVER)，可視個人國內保險的狀況決定是否加保。

　雖然交通意外不常發生，但在人生地不熟的地方開車，不小心刮傷時有所聞，因此建議CDW一定要保。希望獲得全面保障的話，則可直接投保全險(Full Protection)，也就是所有險種一次保齊。若是駕駛不只一位，第二位駕駛也要備齊所有證件，與主駕駛在取車櫃檯辦理登記，否則會影響到保險理賠。

◎出發上路

　拿到鑰匙後，記得先檢查車體有無損傷，以免還車時產生糾紛。發動引擎，檢查油箱是否加滿。接著調整好座椅與照後鏡，弄清楚每個按鍵的位置，並詢問該加哪一種油，然後就可以出發上路。

◎時速限制

希臘的時速限制如下：
・高速公路：130km/h
・一般道路：90~110km/h
・市區：50km/h

◎還車

　還車時會有服務人員立即檢查確認，若是在雅典機場還車，有些租車公司的還車處與取車處不相同，最好事先確認清楚位置。務必在還車前先把油加到取車時的位置，因為若不足的話，會被收取缺少的油資，而租車公司的油價絕對比石油公司高很多。

◎注意事項

　希臘和台灣一樣都是靠右行駛的左駕，不過當地占地廣闊，有些地區又多岔路及高低起伏的山路，夜間駕駛尤其要特別小心，建議同時租用GPS，或是在當地租用3G行動上網，並開啟導航模式，以下幾點須多加注意：

・務必禮讓行人和腳踏車。
・圓環一律是逆時針方向單行，圓環內的車輛有優先行駛權，出圓環記得打方向燈。
加油時禁止使用手機。
・下車時千萬不要把貴重物品留在車上。
務必遵守交通規則，所有違規的罰款需自付。

◎加油

　在希臘加油站都有加油員幫忙服務，十分便利，不過由於希臘占地廣闊，最好不要等到油箱快沒油了，才開始找加油站。

◎道路救援

　道路上如果發生拋錨、爆胎、電瓶或汽油耗盡等狀況時，請立即聯絡道路救援並通知租車公司(拋錨停在路肩時，別忘了在車後100公尺放置三角警示牌)。若是具有責任歸屬的交通事故，除了通知租車公司外，也必須報警處理，並在警察前來勘驗前，保留事故現場。

◎停車

　停車場會有P的標誌，請將車子停在合格的停車處，尤其是雅典市區，以免受罰。離開雅典有些著名古蹟如伯羅奔尼薩半島，停車多是免費的，若是需付費則有專人前來收費。

◎過路費

　希臘高速公路需要收費，費用依哩程計算，每個收費站費用皆不同，由人工收費，可提供找零服務。若不想付過路費，可以選擇其他替代道路。

摩托車Scooter

　在卡蘭巴卡等偏遠鄉鎮，以及米克諾斯、納克索斯、聖托里尼等島上，雖然有公共巴士系統，但是班次並不密集，如果想更有效率地到處趴趴走，不妨多利用摩托車，租金行情價1天€15~20不等，視款式、淡旺季、租賃天數而有不同。記得出國前要辦好國際駕照，並同時攜帶台灣仍在有效期的駕照備查。

海上渡輪Ferries

　　愛琴海上數千個島嶼，像珍珠一樣散落在海面上，這些島嶼不同的生活樣貌，是所有前往希臘旅行的人最嚮往的風光。

　　前往島嶼最便宜的方法就是搭船，也因此每到夏季，來自世界各地的旅人紛紛從雅典出發，搭上渡輪漂流於一座座島嶼間，至於要如何安排行程、從哪查詢航班、以及又有哪些注意事項？只要掌握以下這些基本技巧，就能輕輕鬆鬆暢遊愛琴海。

船班查詢實用網站

◎希臘旅遊網

　　可查詢希臘國內渡輪航班、住宿和景點資訊。

ⓊⒷwww.gtp.gr

◎希臘渡輪網

　　可查詢所有希臘渡輪公司的航班與票價，除了往來於希臘國內愛琴海群島的渡輪外，還包括希臘與義大利、法國、土耳其等跨國航班資訊，並提供網上預約服務。

ⓊⒷwww.ferries.gr

◎義大利希臘渡輪網

　　可查詢義大利─希臘間渡輪以及希臘海島間渡輪的航班資訊、票價以及網上預約。

ⓊⒷwww.greekferries.gr

❶在查詢船班時刻表的時候，通常都必須填上港口名稱而不是島嶼的名稱，以下是常用的港口名稱：皮瑞斯港PIRAEUS、米克諾斯MYKONOS、聖托里尼SANTORINI (THIRA)、納克索斯NAXOS、帕羅斯PAROS。至於克里特島有2個主要港口：伊拉克里翁HERAKLION、哈尼亞CHANIA (XANIA)。

認識船公司

◎**Blue Star Ferries, Hellenic Seaways**

　　同屬於**Attica**集團，提供前往西克拉德斯群島、克里特島和羅德島的渡輪。

ⓊⒷwww.bluestarferries.gr；www.hellenicseaways.gr

皮瑞斯港售票處：

‧Gelasakis Shipping & Travel

◍6 Aristidou str.

☏210-4222440

‧Giovanti

◍26 Akti Possidonos str.

☏210-4119313

‧Ticket Sales Point for SARONIC islands

◍Port Gate E8, Piraeus

☎210-4190200；210-4121830
◎ANEK Lines
　提供前往克里特島、西克拉德斯群島以及伯羅奔尼薩半島的渡輪。
📍24, Akti Kondili str.
☎210-4197470
🌐www.anek.gr
◎Seajets
　提供前往西克拉德斯群島、克里特島的渡輪。
📍2, Astiggos & Akti Tzelepi
☎210-7107710
🌐www.seajets.gr/en
◎Minoan Lines
　提供前往西克拉德斯群島、克里特島和義大利的渡輪。
🌐www.minoan.gr/en
皮瑞斯港售票處：
・往西克拉德斯群島
📍Port Gate E7
☎210-4080028
・往克里特島
📍Port Gate E2
☎210- 4080028

乘船注意事項

◎船票確認
　購買船票的時候，要確認：船公司名稱、開船時間與日期、出發與抵達港口的名稱，然後向旅行社詢問港口位置，最好請他們在地圖上指出明確的位置。此外，在船公司官網或是跟希臘旅行社訂購船票，價格都是相同的，旅行社不會另外收取手續費。

◎提早到達港口
　希臘的船班開船時間都很準時，一定要提早到港口

搭船也要看運氣！

如遇海上風浪大時，前往愛琴海諸島的船班經常取消，有時甚至長達好幾天。

等，特別是從雅典出發到皮瑞斯港車站，搭乘地鐵需要25分鐘左右，而從車站走到乘船的地點至少要花20~45分鐘，有時候必需搭乘一段巴士。因為皮瑞斯港實在太大，不同船公司從不同的港口出發，距離非常遠，如果你不清楚自己的船在哪一個港口，要花上更多時間尋找。提早到港口絕對不會錯，否則錯過了不但金錢損失，整個旅行計劃也會延誤。

◎準備點心
　搭乘遠距離的船班可在船上用餐，船上有賣餐點，但都在固定時間內營業。上船前可以自己準備麵包、三明治等清淡一點的食物以備不時之需。

◎做好防止暈船措施
　各島嶼之間的船程不一，有的1~2個小時即達，有的則長達7~8個鐘頭。以皮瑞斯港到米克諾斯島為例，看起來不太遠，也要5個半鐘頭的航行時間，夏天還算風平浪靜，10月中開始風勢逐漸強勁，即使平常不太暈船的人也有可能經不起考驗，所以如果沒有十足把握，記得準備暈船藥。

◎個人財物
　夜間航班通常船艙都可以上鎖，若是與其他客人共用房間，為了方便進出，在入夜就寢前船艙通常都保持開放，所以要將自己的行李靠置床頭，重要物品則最好放在枕頭旁邊，小心為上。

希臘百科
Encyclopedia of Greece

History of Greece
希臘歷史

愛琴海、希臘向來被視為現代歐洲文明的搖籃，舉凡民主政府、西方哲學思想、希臘戲劇、神殿建築，以及至今仍然每4年舉行一次的奧林匹克運動會，都發源自此。

最早的愛琴海文明是西元前2200年克里特島的米諾安文明，接著由希臘本土的邁錫尼接手；西元前800年，以雅典為發展重心的城邦勢力崛起，直到西元前4世紀，馬其頓王亞歷山大大帝統一整個希臘地區，並進而征服埃及、美索不達米亞、中亞、印度，把希臘文化進一步向外擴散。

而如今無數遊人踏上這塊古文明之地，除了感受藍與白的夢幻景致外，更為了一睹古老文明的雄偉遺跡。

米諾安文明
◎西元前2200年

愛琴海上的第一個重要文明由克里特島(Crete)的米諾安人所創，在西元前2200~1400年之間達到文明的高峰，屬於青銅器時代。

在克里特島的皇宮遺址被發現之前，米諾安文明僅止於神話傳說。神話描述，創造米諾安文明的國王，由宙斯和歐羅巴所生；古代作家記載這位國王是個睿智的立法者，也是一位海洋指揮者；荷馬稱他是「宙斯在人間的王座」，並把克里特島描述為富裕且人口稠密之地；希臘史學家修斯提底斯(Thucydides)則說米諾安以他的船隊支配愛琴海域，控制西克拉底斯群島，海軍稱雄海上。

考古證據顯示，失傳的米諾安世界與傳說和史載相互呼應。米諾安文明留下來的證據以王宮建築最引人矚目，第一批王宮大約在西元前2200年開始興建，各個王宮以克諾索斯最大，不僅是王族居所，同時也是經濟和宗教中心。

米諾安人的藝術天分表現在王宮裡寫實生動的壁畫、精美的珠寶、石印章、彩陶和青銅器。從裝飾陶器的航海主題來看，米諾安人是相當出色的水手。

◎西元前1500~1400年

由於沒有神廟遺址，所以目前對米諾安人的宗教信仰所知甚少。大約西元前1500年，大規模的地震和火山爆發摧毀了米諾安的大多數宮殿，儘管克諾索斯王宮曾被修復，西元前1400年左右，米諾安人被邁錫尼人征服，文明發展轉移到希臘本土。

邁錫尼文明
◎西元前1450年

西元前1450年左右，邁錫尼人取代米諾安人成為愛琴海地區的強權，這是來自希臘本土的強大力量，他們以設置護城碉堡的城市，統治大部分的希臘半島，其中最重要的城市，當屬伯羅奔尼薩半島的邁錫尼城。

荷馬史詩中提到的黃金王國邁錫尼，於西元1876年時挖掘出土，讓這個曾經在西元前16~12世紀支配希臘本土及愛琴海島嶼霸權的古文明，得以重現在世人眼前。

邁錫尼文明以「巨石工程」著稱，從邁錫尼衛城堅實的城牆可以得到證明。巨石工程(Cyclopean)這個字眼源自希臘神話裡，獨眼巨人塞克羅普斯(Cyclops)為邁錫尼築城的傳說，後來希臘人就將以大石塊砌成的建築稱為「塞克羅普斯式」。

在邁錫尼墓塚所發現的大量黃金和其他貴重物品，也印證了荷馬所提到的「阿特留斯的寶庫」(The Treasury of Atreus)。儘管許多價值連城的陪葬品早被盜墓者洗劫一空，仍然可以從其武器、高大骨骸遺留物，說明邁錫尼是個以戰士為菁英階級的社會。

◎西元前12世紀

然而到了西元前12世紀，邁錫尼所有王宮和城鎮都遭到破壞和遺棄，這個文明結束得突然，直到西元前8世紀希臘城邦興起前，整個希臘走進了歷時300~400年猶如迷霧般的黑暗時代。

希臘古典時期
◎西元前8~6世紀(荷馬時代)

西元前8世紀，希臘地區走出黑暗，出現了以城邦為單位的社會和政治結構。

從西元前8~6世紀，這段期間被稱為「荷馬時代」，文化上重要的發展以神話和史詩為主。希臘神話是古希臘人對自己周遭環境、自然變化所作的觀察和解釋，以口傳方式在各部族、城邦間流傳，眾所周知的「荷馬」將這些故事編寫成《伊里亞德》(Iliás)和《奧德賽》(Odýsseia)兩部龐大的史詩，成為西方文化最早的文學作品。

◎西元前6~4世紀

希臘文化的古典時代則在西元前6~4世紀之間發展，希臘人在社會制度、政治、經濟、哲學、美學、建築、雕刻、戲劇以及科學，都有驚人的成績。

整個古典時期，希臘城邦或稱為「波利斯」

(Polis，政治「Politics」一詞即由此而來)成為最主要的發展單位，每個城邦包括一座城牆環繞的城鎮中心，四周為農田，公民有權參與各自城邦的法律和政治事物。雅典的興起，是此時期最重要的大事，在這裡，民主的發展開花結果，公民大會是當時最高的權力機構，所有公民都有在此投票的權力。除了政治發展，建築藝術也達到顛峰，以衛城山丘上的巴特農神殿為代表。

至於戲劇發展也以雅典為中心，當時的戲劇不只屬於文學和藝術的範疇，也是城邦公民一項重要的社會活動。古希臘的哲學分為「唯心」和「唯物」兩種基本思想體系，蘇格拉底、柏拉圖、亞里斯多德都是古典時期誕生的哲學家，對西方思想影響深遠。

希臘化時期
◎西元前334年~2世紀

西元前334年，馬其頓人亞歷山大崛起，他以希臘城邦共主的身分，揮軍東征。11年期間，征服了小亞細亞、埃及、近東、波斯、中亞、印度，沿途建立了十餘座亞歷山大城，希臘文化在這些地方發光發熱，留下可觀的建築、戲劇、雕刻和科學成就。

所謂的希臘化時期，是亞歷山大於西元前323年死後，帝國迅速崩解之後開始的。希臘化(Hellenistic)世界持續了3個世紀之久，直到被羅馬帝國和安息帝國併吞為止。儘管希臘文化廣泛傳播，不過各地被征服民族接受希臘文化的程度不同，一般而言，愈接近地中海，影響就愈大。

其中在埃及的托勒密王朝重視學術、建立圖書館、整理古籍；在中亞及印度半島，希臘文化對犍陀羅藝術產生些許影響；在小亞細亞(今天的土耳其)，希臘文化更是開花生根，帕加瑪(Pergama)這座壯麗的城市，所建立的圖書館足堪與埃及的亞歷山卓城媲美。還有名列古代七大奇蹟的羅德島巨像、法羅斯島燈塔是這個時期的代表作。

但總體來說，這時希臘的城邦體制式微，文化上也漸趨沒落。

羅馬時期
◎西元前146年~西元395年

西元前146年羅馬攻陷科林斯，希臘成為羅馬的省分。西元前31年，羅馬城市戰爭結束。

西元54年聖保羅向希臘傳播基督教；323年時君士坦丁大帝成為羅馬獨裁君王，建都君士坦丁堡。到了395年，羅馬分裂為東、西兩國。

拜占庭時期
◎395~1210年

529年亞里斯多德與柏拉圖的哲學學院，因思想受天主教、回教排擠而關閉。841年時，巴特農神殿改建成教堂。

1204年君士坦丁堡被攻陷，拜占庭帝國崩毀，由法蘭克人與威尼斯人占領。

威尼斯與鄂圖曼土耳其時期
◎1210~1821年

1210年，威尼斯人統治克里特島，後來更統治希臘本土與愛琴海各島嶼。到了1450年，土耳其人的勢力在希臘本土擴張，6年後鄂圖曼土耳其帝國進一步占領雅典，也征服了整個希臘。

儘管1522年時，聖約翰騎士軍團進駐羅德島對抗鄂圖曼帝國，不過鄂圖曼土耳其的統治，卻一直持續到1821年希臘人宣布獨立為止。在這段漫長的歲月中，1684年時，威尼斯人占領伯羅奔尼薩半島；1687年時，巴特農神殿更在威尼斯人攻擊土耳其倉庫時遭到炸毀。

近代希臘
◎1821~1947年

1821年 3月25日，希臘獨立，邁入近代歷史。不過希臘獨立戰爭卻延續到1828年才正式結束，隔年建立了君主政權。從這段時間到第二次世界大戰以前，希臘不斷以吸納昔日鄂圖曼帝國境內希臘族群的方式擴充領土，今日希臘的版圖大致底定於1947年。

◎1947年~至今

第二次世界大戰後，希臘分別於1949年陷入另一場內戰和1967年歷經一場軍人叛變，此後，國王遭到廢黜，終於在1975年時制定新共和國憲法，並建立民主共和國。1981年時，希臘成為今日歐盟前身——歐洲共同體(EC)的會員，並於2001年時加入歐元的行列。

World Heritage Sites of Greece
希臘世界遺產

希臘擁有18項世界遺產，皆為希臘聖地或盛世代表之處。除了這些過往的榮耀，希臘人還將古蹟賦予新生命，藉由每年舉行的慶典以及4年一度的奧林匹克運動會，將古代精神延續下去。

①雅典衛城
Akropolis, Athens

登錄時間：1987年　遺產類型：**文化遺產**

　　西元前5世紀前後是雅典最鼎盛的時期，雅典人從此時開始於山丘上建立衛城的神殿、劇場等。所謂「衛城」──高地上的城邦，由「高地」(Akro)和「城邦」(Polis)兩字組成，共有兩種意義：一是祭祀的聖地，興建有雄偉的神殿；同時也是都市國家的防衛要塞。

　　在希臘各地擁有多座衛城，其中又以雅典衛城最為精采，起源回溯到最初興建於山丘上的雅典娜神殿，在如今聳立於山丘上的大理石建築群中，又以巴特農神殿、伊瑞克提翁神殿和南面的戴奧尼索斯劇場、海羅德斯阿提卡斯音樂廳最為精彩。

②德爾菲遺跡
Archaeological Site of Delphi

登錄時間：1987年　遺產類型：**文化遺產**

　　德爾菲是古希臘最重要的宗教聖地，古希臘人認為這裡是世界的中心。有個鐘型的大理石遺跡，象徵「大地的肚臍」，也正因為它特殊的地理位置，傳說阿波羅神會在此顯示祂的預言。

　　希臘王必須藉由祭司在此卜卦祭祀才能得知阿波羅的神預言，無論是個人或國家的命運，都必須先在這裡卜卦，得到神諭之後才能決定。因此，在與世隔絕的山上，建造了許多神殿、祭壇、劇場及收藏朝聖者獻禮的寶庫，每年都有來自各地的信徒到此地朝聖。

　　位在海拔2,000公尺左右的德爾菲遺跡，包括阿波羅神殿、雅典人寶庫、劇場等建築都是參觀的重點。雖然交通不方便，但德爾菲特殊的環境景觀和保存完整的遺跡，成為僅次於雅典衛城最熱門的遺跡。

希臘世界遺產

腓立比考古遺跡
Archaeological Site of Philippi ⑱

特沙羅尼基的初期基督教與拜占庭式建築群
Paleochristian and Byzantine ⑪
Monuments of Thessalonika

維吉納遺跡 ⑥
Archaeological Site of Aigai

阿斯特山 ⑯
Mount Athos

科夫老城 ⑰
Old Town of Corfu

梅特歐拉 ⑮
Meteora

愛琴海
Aegean Sea

奧林匹亞考古遺跡
Archaeological
Site of Olympia

德爾菲遺跡
Archaeological Site
of Delphi ②

達芙妮修道院、荷西歐斯‧魯卡斯修道院及
希歐斯島的尼亞‧摩尼修道院
Monasteries of Daphni,Hossios Luckas
and Nea Moni of Chios

雅典衛城 ①
Akropolis, Athens ⑩

薩摩斯島的皮拉哥利
歐與赫拉神殿
Pythagoreion and
Heraion of Samos ⑫

巴塞的阿波羅神殿
Temple of Apollo
Epicurius at Bassae ④⑭

米斯特拉 ⑬
Mystras

⑤
埃皮道洛斯遺跡 ③
Sanctuary of
Asklepios at Epidaurus

狄洛斯島
Delos
⑦

⑧

帕特摩島的聖約翰修道院與啟示錄洞窟的歷史區
Historic Centre (Chor) with the Monastery of
Saint John "the Theologian" and
the Cave of the Apocalypse on
the Island of Pátmos

⑨

愛奧尼亞海
Ionian Sea

邁錫尼與提林斯遺跡
Archaeological Sites of
Mycenae and Tiryns

克里特海
Sea of Crete

羅德島中世紀都市
Medieval City of Rhodes

N

地中海
Mediterranean Sea

③埃皮道洛斯遺跡
Sanctuary of Asklepios at Epidaurus

登錄時間：1988年

遺產類型：文化遺產

從西元前4世紀開始,埃皮道洛斯成為祭祀醫神阿斯克列亞斯(Asklepios)的聖地,同時也是希臘著名的醫療聖地,許多公共澡堂、醫院和療養院等在此設立,不過如今已不復見昔日規模,反而剩下一些為祭祀而建的設施。

在埃皮道洛斯遺跡中最精采的就是可以容納14,000人的大劇場,號稱音響效果最好的建築,以精密的計算設計而成,站在劇場中央丟一個錢幣,敲擊地板的聲音可以傳到最高的座位去。過去這裡是為慶祝兩年一次的祭神儀式而舉辦的戲劇表演場地,如今每年的埃皮道洛斯慶典都在此上演一齣齣流傳千年的希臘戲劇。

④ 奧林匹亞考古遺跡
Archaeological Site of Olympia

登錄時間：1989年　遺產類型：文化遺產

　　這裡是奧林匹克運動會的發源地，希臘人為表現他們對眾神的崇敬，而舉行各種祭神慶典。希臘人多半同時舉辦體育競技和文藝表演，這些競技中，就以奧林匹亞最為知名，因為這是為眾神之王宙斯所舉行的。

　　奧林匹亞與宙斯密不可分，從遺跡的布局便可瞧出端倪，興建於西元前5世紀的宙斯神殿坐落於中央，儘管已經頹圮，然而散落一地如巨輪般的多利克式石柱依舊震撼人心。除了工程浩大的神殿之外，還有一座足以容納45,000名觀眾的運動場和面積更大的賽馬場，是當年舉行競技活動的場地。

⑤ 邁錫尼與提林斯遺跡
Archaeological Sites of Mycenae and Tiryns

登錄時間：1999年　遺產類型：文化遺產

　　邁錫尼和提林斯兩大希臘古文明遺址和文物的出土，解開了邁錫尼文明之謎，也讓荷馬史詩中提到的黃金王國，有了證據確鑿的歷史。1876年時德國考古學家施里曼發現邁錫尼，讓這個在西元前16~12世紀支配希臘本土及愛琴海島嶼霸權的古文明，重現在我們眼前。

　　邁錫尼遺跡當中最精采的部分包括邁錫尼衛城的獅子門(Lion Gate)、阿特留斯的寶庫(Treasury of Atreus)等。而出土的文物黃金面具、酒器和各項裝飾品展現了邁錫尼文化的精髓，如今收藏於雅典的國家考古博物館中。

⑥ 維吉納遺跡
Archaeological Site of Aigai

登錄時間：1996年　遺產類型：文化遺產

　　19世紀被發現的城市艾蓋(Aigai)，是馬其頓王國最初的首都，靠近希臘的維吉納。這裡最重要的發現就是亞歷山大大帝的父親菲利浦二世的墳墓，他征服了所有希臘城市，為亞歷山大及希臘世界奠定了擴張基礎。

⑦狄洛斯島

Delos

登錄時間：1990年　**遺產類型**：**文化遺產**

　狄洛斯島位在西克拉德斯群島的中央，因為地理位置特殊，狄洛斯島自古就是戰略要塞，到了羅馬人統治時代，這裡更成為愛琴海的海上貿易中心，來自敍利亞、埃及等商隊都曾在島上留下遺跡。除了經濟發達之外，狄洛斯島傳說是太陽神阿波羅的出生地，因此自西元前700年開始就被視為祭祀的聖地，至今留下許多神廟遺跡。

⑧帕特摩島的聖約翰修道院與啟示錄洞窟的歷史區

Historic Centre (Chorá) with the Monastery of Saint John "the Theologian" and the Cave of the Apocalypse on the Island of Pátmos

登錄時間：1999年　**遺產類型**：**文化遺產**

　帕特摩島是神學家聖約翰執筆寫下《福音書》(Gospel)和《啟示錄》(Apocalypse)之地，島上的宗教建築不少，10世紀末期這裡建造了一座修道院，成為希臘東正教的學習地及朝聖地。

⑨羅德島中世紀都市

Medieval City of Rhodes

登錄時間：1988年　遺產類型：**文化遺產**

位於羅德島北邊的羅德古城最早的建城時間可追溯到西元前408年。1309~1523年間，自耶路撒冷撤退的聖約翰騎士軍團駐守於此，對抗東方的回教勢力，在騎士軍團的統治之下，羅德古城成為一座固若金湯的岩石城：石塊築起的城牆，最寬達12公尺，整個將羅德舊城包圍起來，必須通過城門才能進入舊城區，充分展現戰時防禦功能；舊城內的街道狹窄曲折，房舍呈現中世紀的古典風格。現在的羅德舊城風貌，主要是14世紀時，由聖約翰騎士軍團所建的樣貌。

除了騎士軍團之外，威尼斯人和土耳其人也曾統治此地，因此整座城市呈現多樣景觀，上城以大教堂和騎士團長宮殿為主，下城則混合了土耳其澡堂、清真寺甚至猶太會堂等。

⑩達芙妮修道院、荷西歐斯・魯卡斯修道院及希歐斯島的尼亞・摩尼修道院

Monasteries of Daphni, Hossios Luckas and Nea Moni of Chios

登錄時間：1990年

遺產類型：**文化遺產**

這3座修道院雖然相隔有一段距離，但其美學特色相仿。興建於廣場之中的教堂皆為十字型，大圓頂由內角拱支撐，呈八邊形結構。金色背景裝飾著華麗的大理石，為拜占庭藝術第二個黃金時期的象徵。

⑪特沙羅尼基的初期基督教與拜占庭式建築群

Paleochristian and Byzantine Monuments of Thessalonika

登錄時間：1988年　遺產類型：**文化遺產**

特沙羅尼基被發現於西元前315年，是最早的基督教傳播地之一。這些精緻的基督教建築，經由4~15世紀不斷的修建，而呈現出不同時期的建築特色，這點也影響了拜占庭世界。聖德米特和聖大衛教堂的馬賽克藝術可說是早期基督教藝術的偉大作品。

⑫薩摩斯島的皮拉哥利歐與赫拉神殿

Pythagoreion and Heraion of Samos

登錄時間：1992年

遺產類型：**文化遺產**

　　薩摩斯這個愛琴海的島嶼，地理位置十分靠近小亞細亞，從西元前3000年前便已發展出自己的文明。在皮拉哥利歐(Pythagoreion)這個堡壘狀的港口中，可發現希臘及羅馬的歷史遺跡，而赫拉神殿至今仍可見其壯觀的建築規模。

⑬米斯特拉

Mystras

登錄時間：1989年

遺產類型：**文化遺產**

　　米斯特拉於1249年由希臘阿該亞(Achaia)地區的王子William of Villehardouin所建，在當時盛極一時，先後被拜占庭人、土耳其人及威尼斯人所統治。1832年整座城被遺棄後，目前殘留著令人屏息的中世紀遺跡，矗立於美麗的景觀中。

⑭巴塞的阿波羅神殿
Temple of Apollo Epicurius at Bassae

登錄時間：1986年　遺產類型：**文化遺產**

　　這個著名的神殿是為祭祀太陽神阿波羅以及醫神阿斯克列皮亞斯(Asklepios)，興建於西元前5世紀，在希臘建築的三大柱式——多利克式(Doric)、愛奧尼克式(Ionic)和科林斯式(Corinthian)中，是目前發現最早的科林斯柱式建築。大膽的建築風格，獨立座落在阿卡迪雅群山間。

⑮梅特歐拉
Meteora

登錄時間：1988年　遺產類型：**綜合遺產**

　　梅特歐拉自從登錄為世界遺產之後，每天都有無數的朝聖者與觀光客湧入。最主要的參觀重點是位於高起岩塊上的修道院，大部分建於14世紀，在修道院裡的生活十分簡陋，直到距今100年之前，修道士所需的食物和水都仰賴繩纜索運輸。現在總共有6座修道院開放參觀，院內的聖像畫非常精細，是另一個吸引人的地方。

⑯阿斯特山
Mount Athos

登錄時間：1988年　遺產類型：**綜合遺產**

　　阿斯特山是希臘東正教的聖山，嚴禁女性及小孩入山，自1054年起即是希臘東正教的精神中心。這座拜占庭藝術的寶庫，擁有20座修道院及約1400名修道士，其設計影響遠至俄羅斯，而學校的繪畫則影響了東正教的藝術。

⑰科夫老城
Old Town of Corfu

登錄時間：2007年　遺產類型：**文化遺產**

　　科夫是位於艾奧尼亞海的希臘小島，同時也掌控了亞得里亞海的出入口，極具戰略價值。在古希臘時代，科夫就已經在希臘神話中出現。海洋之神波塞頓(Poseidon)迷戀上大河之神的女兒Korkyara，並把她擄來這座島嶼而結為夫妻。威尼斯強盛的時代，威尼斯人在這裡興建了三座碉堡，以防止鄂圖曼帝國的入侵。

⑱腓立比考古遺跡
Archaeological Site of Philippi

登錄時間：2016年　遺產類型：**文化遺產**

　　位於希臘東北方、古代連接歐洲與亞洲的路線上，由馬其頓國王菲利浦二世建立於西元前4世紀。腓立比戰役過後，在羅馬帝國的影響下，這裡的發展有如一座小羅馬。這座希臘化的城市，仍可見城牆、大門、劇場及廟宇，此外也有著古羅馬公眾建築如集會廣場等。後來使徒保羅來此地傳福音後，這裡便成為基督教信仰中心。

Greek Gods
希臘眾神

古希臘人藉由一則則傳說，解釋世界的起源、眾
神的生活、英雄的冒險、甚至對當時物種的特殊
看法。這些看似天馬行空的故事中，某些卻因為
考古出土文物與遺址，證實其真實性，特洛伊圍
城就是其中最具代表性的例子。希臘神話除了對
今日西方世界的藝術、文學甚至語言等各方面帶
來深遠的影響，更是探訪這座眾神傳說起源之國
不可或缺的踏腳石。

從神話起源到奧林匹斯眾神

　　根據古希臘詩人赫西俄德（Hesiod）的《神譜》（Theogony），宇宙誕生之初原是一片混沌（Chaos），後來陸續誕生了大地（Gaia）、愛（Eros）和地獄（Tartaros），以及黑暗（Erebus）和黑夜（Nyx）。黑暗與黑夜結合後誕生了白晝（Hemera）和太空（Aether）等神；大地則分裂出天空（Uranus），並與天空先後生下了6男6女的泰坦族（Titans）、3位獨眼巨人（Cyclops）以及3位百臂巨人（Hekatonkheires）。

　　由於天空對於後來出生的6位畸形巨人感到害怕與不安，於是硬將他們關到地獄裡；感到痛苦萬分的大地，找來了泰坦族老么克洛諾斯（Cronus）替她報仇。克洛諾斯將父親去勢後，成了世界的主宰，卻因為「他將被自己孩子打敗」的預言而吞掉每個親生骨肉。妻子瑞亞（Rhea）忍無可忍，在大地和天空的保護下，躲在克里特島的洞穴中生下宙斯（Zeus）。

　　長大後的宙斯帶領其兄弟姐妹展開與克洛諾斯與泰坦族長達10年的混戰，最後將泰坦族關押在地獄，而宙斯也因此成為眾神之父，以奧林匹斯山為住所，並與其他神祇組成奧林匹斯12主神（12 Olympians）。

↑ 宙斯Zeus

　　眾神之王宙斯被整個希臘世界尊崇為最高神祇，藝術家根據荷馬時代的遊唱詩人的描述，塑造出宙斯的形象。在希臘神殿之中，宙斯是唯一無所不能，各種神的威力與功能都集於祂一身。宙斯掌管天空，手中的雷電杖能摧毀一切敵人；他也常拿著權杖，象徵統治權。

　　儘管宙斯擁有偉大的神性，在希臘神話裡，卻也常常具有種種卑劣的性格，例如多情、風流、暴戾等，雖然很怕老婆赫拉，但還是到處拈花惹草，與許多神祇、凡人生下不少天神和英雄，與「萬能的天父」形成強烈對比。希臘的宙斯到了羅馬世界則成了朱比特（Jupiter），羅馬大將都要朝拜朱比特神廟。

↓ 赫拉Hera

　　赫拉是宙斯的姐姐和妻子，掌管婦女的生活，尤其是婚姻和生育，希臘人尊奉祂為婚姻生活的庇護神。赫拉在希臘本土受到廣泛的崇拜，形象是一位頭戴王冠的女神，希臘的第一座神殿，就是為赫拉建造的（西元前8世紀建於薩摩斯島）。

　　不過，赫拉在自己的婚姻生活中也有陰暗的一面，相較於宙斯的風流情史，荷馬則把赫拉刻畫成一個善妒、愛報復的女神，祂絕不放過任何被宙斯征服的女神和凡間女子，甚至她們的後代。希臘的赫拉到了羅馬世界則成了朱諾（Juno）。

宙斯三兄弟的標誌性武器從哪來的？

　　宙斯為了打贏與泰坦族的戰爭，在祖母大地的指示下，釋放了被克洛諾斯關押的獨眼和百臂巨人。作為答謝，前者分別給宙斯、波塞頓和黑帝斯送了閃電、三叉戟與隱形頭盔；而後者在戰場上幫奧林匹斯眾神打敗泰坦族。

↙ 波賽頓Poseidon

　　海神波賽頓是宙斯的哥哥，對四面環海的希臘而言，海神無疑享有崇高的地位，當宙斯成為希臘諸神之王時，波賽頓是唯一能與之抗衡的神祇，祂的形象、威力都與宙斯有許多相似之處。

　　祂憑著一柄三叉戟，就能神通廣大地興起大浪或平息風浪，像大海一樣脾氣難以捉摸，漁民或水手在航海前都要先向波賽頓禱告，祈求平安。希臘的波賽頓就是羅馬世界的聶普頓（Neptune）。

↓ 阿波羅Apollo

太陽神阿波羅該是希臘神祇中最為知名的明星，舉凡藝術、音樂、詩歌，還是智慧、年輕、貌美，各種美好的事物全都聚在阿波羅身上。

阿波羅與阿特米斯這一對孿生兄妹，是萬神之父宙斯與外遇對象列托(Leto)的私生子。在希臘人的心目中，阿波羅占有極重要的地位，祂具有多重神格，包括門神、牧神、醫神、農神，直到荷馬時代，才正式成為太陽神，代表光明。阿波羅也是預言之神，祂的神諭有其女祭司皮西亞(Pythia)傳達，也就是所謂的德爾菲神諭。

阿波羅一直以年輕的面貌出現，祂的造型經常是在月桂樹下，手拿弓箭和七弦琴，最能反映希臘民族正統的形象。

希臘神話 VS 羅馬神話？

咦？天神宙斯為什麼也叫朱比特？阿芙羅黛蒂和維納斯是同一個身？原來這都是因為希臘神話跟羅馬神話其實有點不一樣啊！

古希臘人怎麼說：「我們以人本主義為主，眾神其實和我們一樣有缺點、有慾望，我們寫的這些神祇、英雄及奇幻生物的神話故事，反映了宗教、政治與整個古希臘文明。」

古羅馬人怎麼說：「我們沒有神話故事，是在羅馬佔領希臘後接收了希臘文化才發展出來的。我們比較在乎神與神或是神與人間的關係，以及宗教祭祀儀式，所以融合了希臘神話與羅馬原始信仰。」

羅馬人將原本的羅馬神找到對應屬性的希臘神，漸漸形成所謂希臘羅馬神話的內容，並隨著強大的羅馬帝國傳播到各地，而原本的希臘神祇或以諸神命名的天體、星座也都被改成羅馬名字了。

← 雅典娜Athena

雅典娜也是宙斯之女，據說是從父親腦袋上蹦出來的，被封為智慧女神。在希臘諸神中有三位處女神——雅典娜、赫斯提亞、阿特米斯，分別掌管城市、狩獵以及家庭。

雅典娜一出生就頭戴戰盔，身披戰袍，是一位少女形象的女戰神，但總能不靠武力而以其智慧取勝，祂的發明包括了笛子、鼓、陶器、犁、馬車、船，是古希臘文明進步的象徵。

↙ 阿芙羅黛蒂 Aphrodite

愛情女神阿芙羅黛蒂具有絕對的權力來左右神和人類的感情，而愛情力量的產生都是透過祂兒子厄洛斯(Eros)手上弓箭射向人或神的心臟來決定。阿芙羅黛蒂與阿特米斯為同父異母姊妹，被視為肉慾、美貌和愛情的化身，是主宰性慾和生育的女神，所以新娘都要向祂奉獻祭品。

希臘時代的阿芙羅黛蒂到了羅馬世界就變成眾所周知的維納斯(Venus)，祂的兒子厄洛斯就是著名的愛神丘比特(Cupid)。

↑ 阿特米斯Artemis

阿特米斯是原野及豐饒女神，主宰狩獵事宜。祂是阿波羅的孿生兄妹，和阿波羅一樣，手持弓箭，隨時能致人於死，也能保護人們。祂後來和月亮女神合而為一，亦即後來羅馬世界的黛安娜(Diana)，額頭總是頂著彎月，身著短衣，佩帶弓箭。

在以弗所(今天土耳其境內)，阿特米斯特別受到崇敬，祂被塑造成一個多乳頭的乳房形象，名列古代七大奇蹟的阿特米斯神殿，就是以阿特米斯為主要的供奉神祇，其雕像上竟有一百多個乳房，的確非常豐饒。

↓ 阿瑞斯Ares

戰神阿瑞斯是宙斯和赫拉的兒子，主管軍事和戰爭，祂粗野莽撞，有勇無謀，是一名百戰不厭的武士，因此在文明的希臘人心中，是野蠻的象徵。

儘管在希臘諸神中阿瑞斯占有一席之地，卻很少受到崇拜，因為祂所代表的戰爭精神與阿波羅和雅典娜所象徵的文明進步，彼此之間相互違背。希臘的阿瑞斯就是羅馬世界的馬爾斯(Mars)，地位顯著提高。

↓ 狄米特Demeter

身為農業女神，狄米特很受古希臘人景仰，祂專司農業，尤其是穀物，因而其象徵是一籃子穀穗。有的說狄米特是宙斯的姊姊，但在荷馬史詩中又很少提到祂；關於狄米特最著名的故事就是，其女兒波瑟芬(Persephone)被冥王黑帝斯擄走後，過於難過的狄米特無心工作而讓大地荒蕪。

← 荷米斯Hermes

眾神信使荷米斯屬於小一輩的神祇，看似平平無奇，卻很能幹。祂為眾神傳達訊息，替宙斯下達指令，因此是唯一可以自由穿越邊界的神祇。

荷米斯是宙斯和邁亞的愛情結晶，與阿波羅同父異母。祂的重要職責之一就是把亡者的靈魂送到地府，也許因為年輕，常被塑造成一個反傳統、喜好惡作劇的神祇。荷米斯到了羅馬世界成為墨丘利(Mercury)，源自拉丁文merx，即商人、商業的意思。

↑ 赫克力士Hercules

在神話故事裡，赫克力士為半人半神，由風流的宙斯和民間女子所生，從小力氣奇大無比，出生沒多久就捏死了赫拉派到搖籃裡的兩條毒蛇；後來在名師的傳授下，學會各種武藝；19歲時制伏了山裡的猛獸，剝了獅皮、披在身上，然後用那張開口的獅子頭做為頭盔。在神的指示下，他必須完成國王交付的12個任務才能升格為神，最後他果然成為奧林匹亞山上的神祇，並娶青春女神為妻。

在古希臘，祂是最受崇拜的英雄，成為古代人類征服自然力量的象徵，通常祂的造型是披著獅子皮，手執弓箭棍棒，人稱大力神。

↑戴奧尼索斯
Dionysos

　　酒神戴奧尼索斯在古希臘非常受到歡迎，是種植葡萄、釀酒的保護神，對希臘人來說，祂是一個外來神祇，但在被希臘人廣泛接受後，成為與「阿波羅精神」相抗衡的另一種宗教精神代表。

　　希臘悲劇的源起與祭祀酒神有很密切的關係。約在西元前6世紀前後，希臘各城邦開始舉行酒神祭典，不同於其他神聖莊嚴的典禮儀式，酒神祭典效法的是酒神的行跡，信眾瘋狂放縱地狂歡、醉酒，希臘悲劇的雛形便從其中誕生了。

→阿斯克列皮亞斯
Asklepios

　　在神話中，阿斯克列皮亞斯是太陽神阿波羅與克隆妮絲(Coronis)的兒子，不過當克隆妮絲即將生產的時候，阿波羅卻聽信讒言，懷疑克隆妮絲的忠貞，於是將懷有身孕的她丟入燃燒烈焰的柴火中。後來阿波羅深感懊悔，奮力搶救孩子，從子宮中切下阿斯克列皮亞斯，使祂獲得這個原意為「切開」的名字。阿斯克列皮亞斯長大之後成了著名的醫神，其標誌就是纏繞著蛇的手杖，至今也是象徵醫療的標誌。

↓赫菲斯托斯
Hephaestus

　　希臘神話中的火神，祂是宙斯和赫拉之子，愛情女神阿芙羅黛蒂的丈夫。在荷馬筆下，祂被說成是殘廢、醜陋的，與希臘人完美天神的形象相違背。但祂憑藉其鍛冶工藝技術，製造了許多神奇的物件，例如特洛伊中阿基里斯的盾，被尊奉為工匠的保護神，而在天庭中占有一席之地。

Land of Greek Legends
傳說起源之地

歷經3,000年的時光，眾神的愛恨情仇與古希臘人的生活或許早已灰飛煙滅，然而流傳下來的神話，卻依舊生動地勾勒出希臘這塊土地的血脈與風情。即使今日早已物換星移，然而曾經上演過的情節，卻依舊以遺跡、秘儀、甚至巨岩等大自然面貌，向遊人訴說一段段永不褪色的傳奇！

米克諾斯島
Mykonos

德爾菲Delphi
艾雷烏西斯Eleusis ● ●雅典Athens
邁錫尼 ●
Mycenae　●埃皮道洛斯
　　　　Epidavros

伊卡里亞島
Ikaria

狄洛斯島
Delos

羅德島
Rhodes

克里特島
Crete

雅典 Athens

以希臘女神雅典娜為名的雅典，是世界上最古老的城市之一。據說某次希臘眾神爭相成為各地守護神的行動中，雅典娜和海神——同時也是自己舅舅的波賽頓同時看上了雅典，為求民眾支持，以橄欖樹作宣傳的雅典娜，贏過以三叉戟敲地產生海水之泉的波賽頓，因為對於這些臨海的居民來說，海水既不特殊也無特別用途，自此以後，雅典娜就成為雅典當地的守護神。

艾雷烏西斯 Eleusis

農業女神狄米特非常寵愛祂的女兒波塞芬妮(Persephone)，沒想到冥王黑底斯(Hades)卻拐走了祂的女兒。為了尋訪愛女，她離開奧林匹斯山四處流浪，在艾雷烏西斯受到當地國王Celeus的款待，深受感動的狄米特於是當起國王剛出生長子Triptolemus的保姆，原本想以火烤方式讓這位孩子成為不死之身，然而卻遭到不知祂來歷的王妃制止，於是祂揭露了自己的女神身分，並且賜予小麥於當地。艾雷烏西斯居民不但在山丘上興建獻給狄米特的神殿，同時也發展出一套神秘儀式，由於洩漏秘儀將會被處以死刑，也因此至今無人能得知其儀式內容，但一般推測和「再生與復活」有關。

至於繼續踏上旅程的狄米特終於得知女兒的消息，由於祂的無心工作使得大地一片荒蕪，於是宙斯只得要求黑底斯將祂女兒歸還給祂，不過吃下冥界石榴的波塞芬妮無法一直待在人間，因此每年有4個月份必須返回冥府，據說這段時間狄米特總是唉聲嘆氣且不事生產，因此成為冬天的由來。

狄洛斯島 Delos

阿波羅與阿特米斯這一對孿生兄妹，是萬神之父宙斯與外遇對象列托(Leto)的私生子。由於天后赫拉聽說列托所生的子女會比任何神祇都還要優秀且漂亮，出於忌妒因而下令不准有任何一塊土地讓列托生產。於是宙斯就從海底提起一塊漂島，並以4根黃金柱加以固定，作為列托生產孩子的地方，而這座名稱原意為「閃耀」的島嶼，就是今日的狄洛斯島，也是全希臘的聖地。

克里特島 Crete

這座希臘最大的島嶼，同時也是希臘文明的發源地，它的起源和腓尼基公主歐羅巴 (Europa)有著密切的關係。

話說宙斯看上了歐羅巴，於是利用她喜愛動物的癖好，將自己變成一頭漂亮的公牛，哄騙歐羅巴騎上自己後，將公主載往克里特島。最後公主替祂生下了3個兒子，其中最有野心的米諾斯向海神許願成為國王，於是波賽頓答應在眾人面前送他一隻從海中出現的牛，條件是必須將這隻牛獻祭給祂。但是米諾斯最後卻將這隻漂亮的公牛占為己有，海神憤怒下施咒讓米諾斯的妻子愛上公牛，並生下了一個半人半牛的小孩米諾特(Minotaur)。米諾斯感到非常害怕，最後依神諭興建了一座迷宮，將米諾特終生囚禁，此迷宮就位於伊拉克里翁的諾克索斯皇宮中。

羅德島 Rhodes

除了我們熟知的太陽神阿波羅之外，希臘神話中還有另一位太陽神Helios，儘管後人有將祂們合而為一的傾向，但在荷馬史詩中，他們卻是兩位完全不相同的神祇：Helios頭頂金色光環，每日駕駛祂的太陽馬車穿行天空；阿波羅則手持銀弓，頭頂四周並沒有金色光環。

據說當初宙斯將希臘諸島分給眾神當作領地時，恰巧Helios並不在，於是祂要求宙斯將之後新生的島嶼分給祂，於是羅德島誕生後，順理成章成為Helios的領地。至於其名稱由來，有人說和祂愛上住在此島的海神女兒羅德有關，也有人認為來自於玫瑰(Rose)。

邁錫尼 Mycenae

邁錫尼創立於宙斯之子、同時也是殺死蛇髮女妖梅杜莎的英雄柏修斯(Perseus)之手，後來傳給了阿特留斯(Atreus)家族。儘管邁錫尼曾經擁有非常輝煌的歷史，卻發生多場近親相殘的悲劇，一切起因於邁錫尼國王阿伽門農(Agamemnon)。

阿伽門農為了稱霸愛琴海，借弟媳海倫(Helen)被特洛伊王子巴利斯(Paris)拐騙為理由，率軍攻打特洛伊，不過他因為獵殺阿特米斯女神的聖鹿而觸怒女神，只好殺死自己的女兒Iphigenia謝罪，卻引發了妻子克呂泰涅斯特拉(Clytemnestra)的怨恨。從特洛伊凱旋而歸的阿伽門農，卻被妻子和妻子的情夫Aegisthus聯手謀殺。阿伽門農次女Electra擔心弟弟Orestes年幼遇害，於是將他送往他處，兩兄妹忍辱負重多年，最後終於殺死母親和她的情夫。

埃皮道洛斯 Epidaurus

雖然阿波羅經常以美男子之姿出現，不過在希臘神話中祂的感情並不順遂，直到遇見克隆妮絲(Coronis)為止。然而祂卻聽信讒言，懷疑克隆妮絲的忠貞，於是將懷有身孕的她丟入燃燒烈焰的柴火中。阿波羅事後深感懊悔，奮力搶救孩子，從子宮中切下阿斯克列皮亞斯(Asklepios)。

據說阿斯克列皮亞斯誕生於埃皮道洛斯，祂在半人半馬的Kheiron教育下，成為日後的名醫，但也因跨越了唯有神才能定人生死的界線，最後被宙斯以雷電所殺。不過阿斯克列皮亞斯後來也成為醫藥之神，蛇則是祂的神聖標記，如今在埃皮道洛斯可以看見祂的神殿遺址。

德爾菲 Delphi

德爾菲是古希臘世界中最重要的神諭之地，它原本的主人是大地的兒子Python，後者保衛著這處「大地的肚臍」。某日阿波羅行經此地，被它起伏的地勢與景觀所吸引，於是祂射殺Python取而代之，從此，德爾菲就成為阿波羅的聖地。

在當地的神諭中，要屬弒父娶母的伊底帕斯(Oedipus，原意為「腳腫」)傳說最為著名：底比斯國王Laius從德爾菲神諭中得知將會被自己兒子殺死，於是將自己剛出生的兒子雙腳釘上鐵釘並丟棄於鄉間，卻被牧羊人收養並命名為伊底帕斯。伊底帕斯長大後對自己的身世起疑，沒想到詢問神諭後竟得到「弒父娶母」的答案，心情不好的他和一位回德爾菲的老人起了口角，並錯手殺死對方，沒想到老人正是他的父親。由於當時底比斯深受人面獅身Sphinx騷擾，許多人死於無法回答怪物的問題，恰巧經過的伊底帕斯因解謎而被推上王位，並娶了王妃、同時也是自己的母親為妻。雙雙應驗的神諭，讓德爾菲被視為希臘聖域。

伊卡里亞島 Ikaria

伊卡里亞島是一座位於米克諾斯島和土耳其之間的小島，該島的起源和一則非常著名的希臘神話有關。話說天才工匠Daedalus在出於忌妒而殺死自己的徒弟Talos後逃到了克里特島，他替米諾斯國王興建了諾克索斯皇宮裡那座傑出的迷宮，不過米諾斯卻拒絕讓他離開因而加以囚禁。

於是他想出以蠟製造人工翅膀的方式，幫助他和兒子Ikaros飛出岩石間的監獄，不料Ikaros太過興奮，一時間忘記父親不要飛太高的警告，結果翅膀不敵太陽熱度而融化，Ikaros因而跌到了這座今日以他命名的小島上。

分區導覽
Area Guide

歐陸希臘

歐陸希臘

The Mainland Greece

面積廣達131,957平方公里的希臘，領土橫跨銜接保加利亞、北馬其頓和阿爾巴尼亞的歐洲大陸、延伸歐洲大陸的伯羅奔尼薩半島，以及分散於愛琴海、愛奧尼亞海和地中海上的諸島，其中位於歐陸的部分，占希臘國土的大半。

雅典是歐陸希臘的旅遊重心，也是一般遊客前往該國的首站，這處雅典娜女神的聖地，建城於西元前8世紀，因為保留著宏偉的衛城遺跡而聞名。此外，國家考古博物館更因為收藏了大量希臘古文明中珍貴的遺產，而讓人趨之若鶩。

除了雅典以外，在這座首都所在的阿提卡地區(Attica)，還有不少值得探訪的地方，像是蘇尼翁以海神殿為前景的美麗海岸風光，或是裝飾著珍貴馬賽克鑲嵌畫的達芙妮修道院，希臘中部的德爾菲和梅特歐拉等，都是極受歡迎的旅遊目的地。

卡蘭巴卡Kalambaka、
梅特歐拉Meteora

德爾菲Delphi
皮瑞斯港
Piraeus
雅典Athens
蘇尼翁Sounion

米克諾斯島
Mykonos

狄洛斯島Delos

納克索斯島Naxos

聖托里尼島Santorini

歐陸希臘之最Top Highlights of Mainland Greece

國家考古博物館National Archaeological Museum
收藏了希臘所有古代遺跡精華的博物館，是前往雅典絕對不能錯過的景點，出土自邁錫尼、西克拉迪等文明遺跡的各種寶藏都在這裡展出，可以看見西方世界數千年歷史演進的痕跡。(P.86)

梅特歐拉Meteora
散落的石頭群傳說是憤怒的宙斯從天界丟下來的石頭，沿著岩石之上建立的修道院群與世隔絕，宛如「天空之城」。(P.118)

雅典衛城Acropolis
坐落於150公尺丘頂上的衛城是雅典的地標，戴奧尼索斯劇場、海羅德斯阿提卡斯音樂廳、巴特農神殿……都是古時榮光的最佳見證。(P.75)

無名戰士紀念碑Tomb of the Unknown Soldier
身高超過190公分的衛兵們英俊挺拔、動作整齊劃一，雅典無名戰士紀念碑的衛兵交接儀式，精彩程度不輸倫敦白金漢宮。(P.71)

德爾菲Delphi
傳說這裡是太陽神阿波羅的神諭之地，德爾菲更被認為是「大地的肚臍」，至今依舊可從神殿遺跡窺見昔日繁盛之情。(P.111)

雅典
Athens(Athina) / Αθήνα

雅典是希臘的首都，同時也是歷史悠久的文化古都。在希臘神話中，海神波賽頓與智慧女神雅典娜為了成為這座城市的守護神而相互競爭，最後由贈予市民橄欖樹的雅典娜贏得勝利，使得這座城市因而取名雅典。

打從西元前8世紀開始，雅典就是座發展極具規模的城邦，西元前6世紀時，為預防獨裁者的出現，因而從貴族統治發展成市民投票制，從而奠定了民主制度，也正因此，如今來到雅典，在現代化市街中，仍散布著昔日的衛城、神殿、廣場市集等建設遺跡，新舊交錯的風景，成為雅典特有的城市個性。

坐落於150公尺丘頂上的衛城，是雅典的地標，從殘留的遺跡仍能想見昔日的城市規模，氣勢磅礡的神殿、精雕細琢的裝飾，都是古時榮光的最佳見證。

雅典市區以憲法廣場(Syntagma)為中心，不僅是政府機關所在，也是繁忙的交通要站；憲法廣場以南、衛城山腳下的區域，稱為布拉卡(Plaka)，這一區旅館、餐廳、咖啡館與紀念品店雲集，也有古代遺跡錯落，是雅典的觀光精華所在，在這裡儘管放鬆心情、放慢腳步，便能感受雅典的城市魅力。

INFO

基本資訊

人口：官方數據雅典市約66萬，包括郊區的大都會區共約380萬。

面積：2,928平方公里

區域號碼：(210)

時區：冬季比台灣慢6小時，夏令時間(自3月之後的最後一個週日，到10月最後一個週日)比台灣慢5小時。

如何到達——航空

　　希臘算是台灣的熱門旅遊目的地，不過截至目前為止並沒有航空公司提供直飛航班，相對地有許多國際航空公司都提供在第三地轉飛雅典的班機，例如可搭乘泰航從曼谷轉機，或搭乘土耳其航空、阿聯酋航空、荷航等從歐洲其它都市轉抵雅典。

　　雅典國際機場正式名稱為艾雷夫瑟里歐斯‧威尼塞羅機場(Eleftherios Venizelos Airport)，位於希臘市區東南方約33公里處，該機場共分為兩層，下層供入境、上層供出境使用，旺季時該機場還提供飛往海島的班機，因此除是座國際機場外，也當作國內機場使用。

　　國際機場內附設24小時的旅館訂房櫃台、匯兌中心、租車公司櫃檯，以及能提供非常多協助的希臘國家觀光局旅遊服務中心，旅遊服務中心還免費提供雅典及其他城市的地圖。

🔗 www.aia.gr

◎ 巴士 City Bus

　　機場提供非常方便的大眾交通工具前往市區，其中搭乘巴士是最方便且便宜的方式。從機場到市區的巴士主要有4班，且24小時運行：

X93號巴士：前往郊區巴士總站Kifissos和Liossion，車程約65分鐘。

X95號巴士：前往雅典市中心的憲法廣場(Syntagma Square)，可轉乘地鐵2號線和3號線，車程約50~60分鐘。

X96號巴士：經Glyfadha和沿海郊區抵達皮瑞斯港(Piraeus)，可轉乘地鐵1號線，車程約90分鐘。

X97號巴士：前往Elliniko地鐵站(地鐵2號線)，車程約45分鐘。

💲 單程票全票€5.50，半票€2.70；可以在巴士站旁的售票亭購買車票，購票後將車票放入巴士內的打票機戳時生效。

雅典市運輸機構

Athens Urban Transport Organisation, OASA

📍 Metsovou 15, Athens

☎ 210-8200999

🔗 www.oasa.gr/en

◎ 地鐵

　　從機場前往雅典市中心最快速的方式是搭乘地鐵，地鐵3號線和郊區火車共用車站「Airport Eleftherios Venizelos」，可以直接從機場抵達市中心的憲法廣場，或轉搭其他線地鐵前往各處，從機場前往憲法廣場約需45分鐘。

⏰ 6:30~23:30，平均每30分鐘一班。

💲 單程票全票€9、半票€4.50，來回票€16；車票限打票後90分鐘內有效，也可搭乘郊區火車。

雅典地鐵營運公司

Attiko Metro Operation Company S.A.

🔗 www.ametro.gr

雅典城市交通公司Urban Rail Transport S.A.

🔗 www.stasy.gr/en

◎ 火車

　　從機場也可以搭乘郊區火車前往位於雅典市區

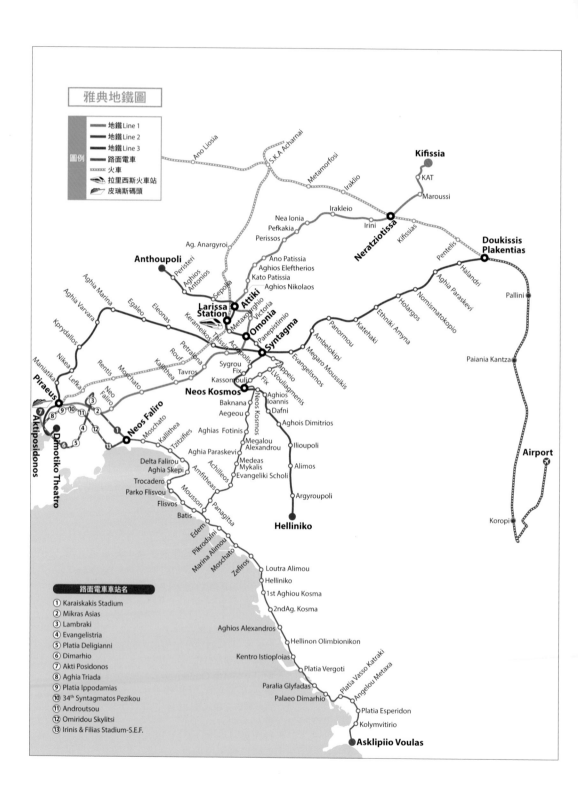

雅典地鐵圖

圖例
- ▬▬ 地鐵Line 1
- ▬▬ 地鐵Line 2
- ▬▬ 地鐵Line 3
- ▬▬ 路面電車
- ┅┅ 火車
- 拉里西斯火車站
- 皮瑞斯碼頭

Kifissia
KAT
Maroussi
Ano Liosia
S.K.A Acharnai
Metamorfosi
Iraklio
Irakleio
Nea Ionia
Pefkakia
Perissos
Irini
Neratziotissa
Kifissias
Pentelis
Doukissis Plakentias
Halandri
Pallini
Aghia Paraskevi
Nomismatokopio
Ethniki Amyna
Holargos
Katehaki
Panormou
Paiania Kantza
Ambelokipi
Megaro Moussikis
Evangelismos
Syntagma
Panepistimio
Omonia
Victoria
Metaxourghio
Attiki
Ano Patissia
Aghios Eleftherios
Kato Patissia
Aghios Nikolaos
Sepolia
Aghios Antonios
Peristeri
Anthoupoli
Aghia Marina
Aghia Varvara
Egaleo
Eleonas
Kerameikos
Thissio
Akropolis
Larissa Station
Kprydallos
Nikea
Lefka
Maniatika
Rentis
Moschato
Kallithea
Petralona
Rouf
Tavros
Piraeus
Aktiposidonos
Dimotiko Theatro
Neos Faliro
Moschato
Kallithea
Tatzifies
Aghias Fotinis
Aghia Paraskevi
Achilleos
Amfitheas
Mousson
Panagitsa
Neos Faliro
Sygrou Fix
Kassompouli
Fix
Neos Kosmos
Baknana
Aegeou
LVouliagmenis
Zappeio
Aghios Ioannis
Dafni
Aghois Dimitrios
Ilioupoli
Alimos
Argyroupoli
Megalou Alexandrou
Medeas Mykalis
Evangeliki Scholi
Helliniko
Delta Falirou
Aghia Skepi
Trocadero
Parko Flisvou
Flisvos
Batis
Edem
Pikrodafni
Marina Alimou
Moschato
Zefiros
Loutra Alimou
Helliniko
1st Aghiou Kosma
2ndAg. Kosma
Aghios Alexandros
Hellinon Olimbionikon
Kentro Istioploias
Platia Vergoti
Platia Vasso Katraki
Paralia Glyfadas
Angelou Metaxa
Palaeo Dimarhio
Platia Esperidon
Kolymvitirio
Asklipiio Voulas
Airport
Koropi

路面電車車站名
① Karaiskakis Stadium
② Mikras Asias
③ Lambraki
④ Evangelistria
⑤ Platia Deligianni
⑥ Dimarhio
⑦ Akti Posidonos
⑧ Aghia Triada
⑨ Platia Ippodamias
⑩ 34th Syntagmatos Pezikou
⑪ Androutsou
⑫ Omiridou Skylitsi
⑬ Irinis & Filias Stadium-S.E.F.

機場如何前往地鐵站

Step①
從機場前往地鐵站，可以循著「To Trains」的指標前進。

Step②
出機場再搭手扶梯上天橋。

Step③
過天橋依指標前進即抵入口大廳。

Step④
入口處有售票窗口及自動售票機，進入前在這裡購票。

Step⑤
購票完成後，在進去地鐵前記得要將票卡在機器前掃描一下。

西北方的拉里西斯火車站(Larissis Station)，可由此再轉搭地鐵前往市區各區，火車營運時間為5:52~23:08，時刻依路線而有不同。另外也有部分火車前往皮瑞斯，以及前往伯羅奔尼薩半島的科林斯，詳情可上網查詢。

💲單程票全票€9、半票€4.50，來回票€16；車票限打票後90分鐘內有效，也可搭乘地鐵。

🌐www.hellenictrain.gr/en

◎計程車

從機場搭乘計程車前往市區並不會特別快，尤其遇到尖峰時刻，可能會需要將近90分鐘的時間才能從機場抵達市中心，不塞車的時間大約也需要45分鐘。雅典機場的計程車站位於入境大廳3號出口附近，從機場前往雅典市區，計程車費用約€40，若是半夜~05:00前往市區約€55。

如何到達——火車

雅典市區只有一個火車站，即拉里西斯火車站，位於歐摩尼亞廣場的西北方可轉乘地鐵2號線前往雅典各地。

如何到達——長途巴士

雅典有兩處主要巴士站，都位於郊區，KTEL Kifissos巴士站一般又稱為A巴士總站，而KTEL Liossion巴士站則稱為B巴士總站。

往來於國際間的巴士都停靠於Kifissos巴士站或火車站旁，另外往來於雅典和伯羅奔尼薩之間的巴士，也大都停靠Kifissos巴士站，由此可搭乘51號巴士前往歐摩尼亞廣場附近，再轉搭巴士或地鐵前往雅典各地。至於往來中部及北部希臘如雅典和德爾菲等之間的巴士，則停靠Liossion巴士站，由此可搭乘24號巴士前往市區。

KTEL Companies
📞210-5225656
🌐www.ktelbus.com

KTEL Kifissos巴士站
📍100 Kifissos Str.
📞210-5124910

KTEL Liossion巴士站
📍260 Liossion Str.
📞210-8317186

市區交通

大眾交通票券

雅典的大眾交通工具(地鐵、巴士、電車、郊區火車)共用同一種票券，成人市區單程每趟€1.20，可在90分鐘內無限轉乘所有大眾交通工具，另外也有1日券(Daily Ticket)和5日券(5-Day Ticket)，費用各為€4.10和€8.20，必須注意的是，這些票券均不可以搭乘前往機場的地鐵或巴士；3日觀光券(3-Day Tourist Ticket)費用為€20，其中包含可搭乘市區到機場來回的地鐵或巴士。

車票可在地鐵、路面電車車站的自動售票機購買，或是站牌旁的售票亭購買。上車或進地鐵站都要記得到打票機自行打票生效，以免遇到查票員被處罰高額的逃票罰鍰。

雅典地鐵營運公司
Attiko Metro Operation Company S.A.
🚇www.ametro.gr
雅典城市交通公司Urban Rail Transport S.A.
🚇www.stasy.gr/en

地鐵

雅典地鐵對遊客來說無疑是往來城市間最方便的大眾交通工具，地鐵以數字畫分為3條線，各以不同顏色區分。其中串聯起機場－雅典－皮瑞斯的3號線與1號線，經常為觀光客使用，不但可以從機場前往雅典市區，沿途經過博物館林立的Vassilissis Sofias大道、憲法廣場、以及位於古市集旁的Monastiraki站，此外更能直達皮瑞斯，展開前往離島的行程。至於紅色的2號線，則串連起拉里西斯火車站、歐摩尼亞廣場以及憲法廣場，是雅典前往其他城市的重要轉運點。

🕐1號線(綠線)5:30~1:00；2號線(紅線)與3號線(藍線)5:30~0:20，週五及週六行駛到1:30。

巴士與電車

雅典市區景點大體上還算密集，不過由於地處多座丘陵，上上下下的地勢有時也讓人走起路來吃不消，尤其是前往郊區的巴士總站必須搭乘巴士前往，因此常常必須換乘地鐵與巴士，不過如果能夠熟悉幾條巴士和電車路線，則可以省去換乘交通工具的麻煩或少走些冤枉路。

連接機場和憲法廣場的X95號巴士24小時運行，在市區行走於Vassilissis Sofias大道上，因此對於想參觀沿途博物館的人來說不妨多加利用。至於電車方面，往來於衛城、憲法廣場、歐摩尼亞廣場和拉里西斯火車站的1號電車，往來於Vassilissis Sofias大道、憲法廣場、歐摩尼亞廣場和國家考古博物館附近的3號電車，還有往來於憲法廣場、歐摩尼亞廣場和國家考古博物館附近的5號電車等等，都能讓遊客在雅典旅行時更為方便。此外，雅典市區也有巴士前往近郊的皮瑞斯、蘇尼翁岬以及達芙妮修道院。

🕐5:00~24:00

計程車

雅典景點與景點之間大多相距不遠，因此使用計程車的機率實在不高。雅典的計程車都是黃色的，起跳價格因白天和夜間以及市區與郊區不同，此外起／迄點為機場、港口或火車／巴士站者，需另外支付不等的費用，以無線電叫車以及超過10公斤的行李也會另外計費。搭乘前最好先詢問旅館或飯店大致的費用，以免遇到某些不良司機時車資遭到灌水。

Enotita
☎18388
Hellas
☎18180
Kosmos
☎18300

旅遊諮詢

◎希臘國家觀光局總局——雅典遊客服務中心
The Greek National Tourism Organization (GNTO)
🔵Dionysiou Areopagitou 18
🔽週一至週五9:00~19:00，週六10:00~16:00
🔵週日
☎210-3310392
🔵www.visitgreece.gr
◎**This is Athens**
🔵www.thisisathens.org
憲法廣場Info Point
🔽平日9:00~20:00，週末9:00~17:00
機場櫃檯
🔵入境大廳
🔽8:00~20:00
☎210-3530390

購買SIM卡

　　在希臘有3家電信業者售有上網及打電話的SIM卡，分別是Vodafone、Cosmote及Wind，費率各家不同，並且淡旺季的優惠組合也不相同，以希臘在地的電信業Cosmote來說，合併上網及通話組合費用約在€5~10。

　　在雅典機場沒有電信櫃台，購買需至熱門的地鐵路口附近，可見穿著電信公司背心的銷售人員，包括憲法廣場、歐摩尼亞地鐵站等，可直接向他們購買，並且還會幫忙設定。需特別注意的是通常週日不營業。

城市概略City Guideline

　　和巴黎、倫敦等歐洲知名大城市比較起來，雅典的市區顯得小巧許多，目前只有3條地鐵線貫穿，而且旅遊勝景相當集中在憲法廣場、蒙納斯提拉奇廣場、衛城周圍的布拉卡區、歐摩尼亞廣場一帶，是個非常適合一步一腳印慢慢探索的城市。

　　喜歡走路的人，如果以憲法廣場為出發點，向西只要十來分鐘即可輕鬆走到蒙納斯提拉奇廣場，向南也只要十來分鐘走到衛城或哈德良拱門；如果想省點腳力，彼此間搭配一、兩站地鐵即可輕鬆串連。至於稍遠些的科羅納基廣場周邊，也只要再借重地鐵或巴士即可。

雅典行程建議Itineraries in Athens

如果你有3天

　　昔日的古希臘文化、政治、經濟中心雅典，以衛城為中心，四周分散著集會、購物兼議事場所——古市集；隨著時代的發展與延伸，從古羅馬時期橫越土耳其統治到希臘獨立，此核心不斷擴充，逐漸出現古羅馬市集、奧林匹亞宙斯神殿和哈德良拱門，甚至近代的憲法廣場以及無名戰士紀念碑。

　　第一天，循著「雅典散步路線」走訪一圈，快則2~3個鐘頭，如果每個景點都有興趣入內參觀，再偶爾逛逛紀念品店、吃吃美食的話，應該會花掉一整天的時間。

　　第二天，強烈建議前往國家考古博物館，這些出土自邁錫尼、西克拉迪等文明遺跡的各種寶藏，可以看見西方世界數千年歷史演進的痕跡。之後再走訪有「三胞胎」建築之稱的雅典學院、雅典大學、國家圖書館。

　　第三天，前往利卡維多斯山丘，從另一個角度俯瞰雅典市區；對歷史、人文有興趣的人，不要錯過Vassilissis Sofias Ave.附近的眾多博物館。

如果你有5~7天

　　雅典城市不大，不過如果能在此多待上幾天，可以擁有更充裕的時間好好深入了解這座城市，甚至前往位於近郊的名勝古蹟。

　　著迷於拜占庭絕美宗教藝術的人，位於近郊的達芙妮修道院是不錯的選擇；心動於地中海自然美景的人，更是不能錯過蘇尼翁岬海神殿的夕陽；號稱「天空之城」的梅特歐拉路途雖然有點遠，但是因為景觀獨特，值得花3天2夜特地前往。

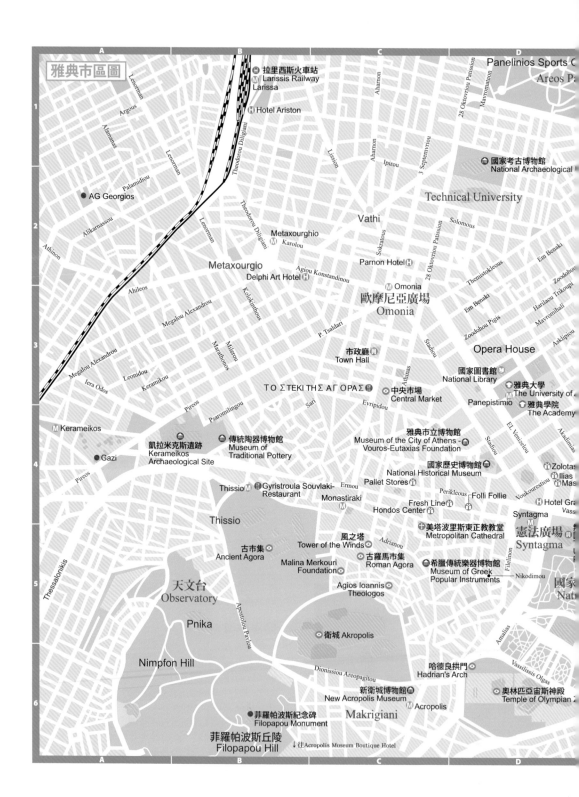

雅典市區圖

拉里西斯火車站
Larissis Railway
Larissa

Hotel Ariston

AG Georgios

Panelinios Sports C

Areos P:

國家考古博物館
National Archaeological

Technical University

Vathi

Metaxourghio
Karolou

Metaxourgio
Delphi Art Hotel

Parnon Hotel

歐摩尼亞廣場
Omonia

Omonia

Opera House

市政廳
Town Hall

國家圖書館
National Library

雅典大學
The University of

TO ΣTEKI THΣ AΓOPAΣ

中央市場
Central Market

Panepistimio

雅典學院
The Academy

Kerameikos

Gazi

凱拉米克斯遺跡
Kerameikos
Archaeological Site

傳統陶器博物館
Museum of
Traditional Pottery

雅典市立博物館
Museum of the City of Athens -
Vouros-Eutaxias Foundation

Zolotas

Ilias

Mas

Thissio

Gyristroula Souvlaki-
Restaurant

國家歷史博物館
National Historical Museum
Pallet Stores

Monastiraki

Fresh Line
Hondos Center

Folli Follie

Hotel Gr

Syntagma

Vass

Thissio

古市集
Ancient Agora

風之塔
Tower of the Winds

Malina Merkouri
Foundation

Adrianou

古羅馬市集
Roman Agora

美塔波里斯東正教教堂
Metropolitan Cathedral

希臘傳統樂器博物館
Museum of Greek
Popular Instruments

憲法廣場
Syntagma

Nikodimou

天文台
Observatory

Agios Ioannis
Theologos

國家
Nat

Pnika

衛城 Akropolis

哈德良拱門
Hadrian's Arch

Nimpfon Hill

Dionissiou Areopagitou

新衛城博物館
New Acropolis Museum

Acropolis

奧林匹亞宙斯神殿
Temple of Olympian

菲羅帕波斯紀念碑
Filopapou Monument

Makrigiani

菲羅帕波斯丘陵
Filopapou Hill

↓往 Acropolis Museum Boutique Hotel

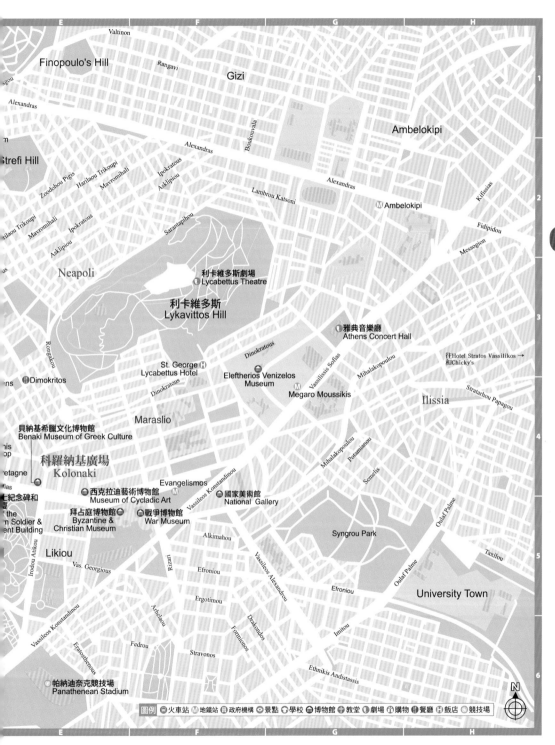

Finopoulo's Hill

Gizi

Valtinon

Rangavi

Alexandras

Boukouvala

Ambelokipi

Strefi Hill

Alexandras

Alexandras

Zoodohou Pigis

Harilaou Trikoupi

Mavromihali

Ipokratous

Asklipiou

Lambrou Katsoni

Ambelokipi Ⓜ

Kifissias

Harilaou Trikoupi

Mavromihali

Ipokratous

Asklipiou

Sarantapihou

Fidipidou

Messogion

Neapoli

利卡維多斯劇場
Ⓛ Lycabettus Theatre

利卡維多斯
Lykavittos Hill

雅典音樂廳
Ⓛ Athens Concert Hall

Dinokratous

Ronzakou

往Hotel Stratos Vassilikos →
和Chicky's

Dimokritos 🏛

St. George Ⓗ
Lycabettus Hotel

Eleftherios Venizelos
Museum

Vassilissis Sofias

Mihalakopoulou

Stratarhou Papagou

Dinokratous

Megaro Moussikis Ⓜ

Ilissia

Maraslio

貝納基希臘文化博物館
Benaki Museum of Greek Culture

Mihalakopoulou

Potamianou

Semelis

科羅納基廣場
Kolonaki

Evangelismos

Oulaf Palme

Bretagne

西克拉迪藝術博物館 🏛
Museum of Cycladic Art

Vassileos Konstandinou

國家美術館
National Gallery

the
n Soldier &
nt Building

拜占庭博物館 🏛
Byzantine &
Christian Museum

戰爭博物館 🏛
War Museum

Syngrou Park

Taxilou

Likiou

Alkimahou

Vas. Georgious

Rizari

Vassileos Alexandrou

Efroniou

Efroniou

University Town

Vassileos Konstandinou

Ergotimou

Archelaou

Drakondos

Formionos

Imitou

Eratosthenous

Fedrou

Stravonos

帕納迪奈克競技場 🏟
Panathenean Stadium

Ethnikis Andistassis

N

圖例 🚉火車站 Ⓜ地鐵站 🏛政府機構 ◉景點 ◐學校 🏛博物館 ✚教堂 🎭劇場 🛍購物 🍴餐廳 Ⓗ飯店 🏟競技場

雅典散步路線
Walking Route in Athens

①奧林匹亞宙斯神殿Temple of Olympian Zeus→②哈德良拱門Hadrian's Arch→③新衛城博物館New Acropolis Museum→④衛城Acropolis→⑤古市集 Ancient Agora→⑥風之塔Tower of the Winds→⑦布拉卡區Plaka→⑧美塔波里斯東正教教堂Metropolitan Cathedral→⑨憲法廣場Syntagma→⑩無名戰士紀念和國會大廈Tomb of the Unknown Soldier & Parliament Building

距離：約3公里
所需時間：約2～3小時

雅典分布於多座高低起伏的山丘上，循著這條路線，便能清楚體會當地豐富的地貌，同時將這座城市甚至希臘的發展歷史囊括其中。

行程先自奧林匹亞宙斯神殿開始，一旁的哈德良拱門位於雅典市中心最重要的大馬路Amalias上，這是以科林斯圓柱支撐起的古羅馬遺跡，隨著路旁的車水

馬龍和遠處的衛城，給人時空錯亂的感受。

接著前往設計現代新穎的新衛城博物館，因昔日衛城博物館不敷使用取而代之，偌大的空間中，包括考古遺跡以及從衛城中出土的所有陶器、雕像以及浮雕，相當值得一看。至於高地的城邦衛城，不只是祭祀的聖地，同時也是政治與公共場所、防禦要塞，大理石打造的巴特農神殿、伊瑞克提翁神殿以及兩座劇場，見證著它輝煌的過往。由於衛城是雅典最重要景點，總是擠滿觀光人潮，若想避開擁擠人群，可以一早先安排前往衛城，再接續其他景點。

成形於西元前6世紀的古市集與不遠處的古羅馬市集，象徵著權力的交替，前者是古希臘時期市民購物、討論政治、交換新聞的場所，卻在後者於古羅馬時期興起後，成為住宅區；而古羅馬市集如今僅剩結構較完整的風之塔供後人追憶。布拉卡區將舊建築改建成餐廳、咖啡館和商店，石板地和狹窄巷弄吸引遊客流連忘返，走逛其中也別錯過裝飾得美輪美奐的美塔波里斯東正教教堂。

走向憲法廣場的同時，也邁向希臘的現代歷史，這座廣場因頒布希臘憲法而得名，也是市區目前最繁忙的交通中心。而面對憲法廣場的國會大廈，前身為奧圖國王的皇宮，前方的無名戰士紀念碑，每逢整點舉行衛兵交接儀式，最是吸睛。

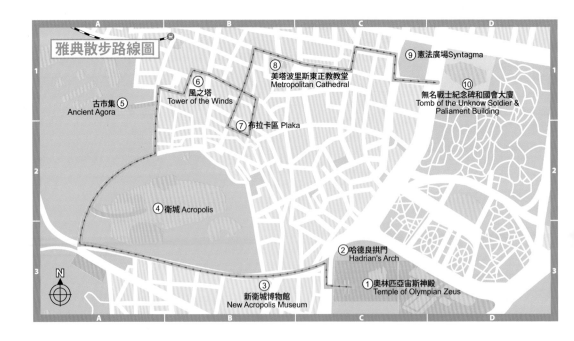

雅典散步路線圖

⑨ 憲法廣場Syntagma

⑧ 美塔波里斯東正教教堂
Metropolitan Cathedral

⑥ 風之塔
Tower of the Winds

⑤ 古市集
Ancient Agora

⑩ 無名戰士紀念碑和國會大廈
Tomb of the Unknow Soldier &
Paliament Building

⑦ 布拉卡區 Plaka

④ 衛城 Acropolis

② 哈德良拱門
Hadrian's Arch

N

① 奧林匹亞宙斯神殿
Temple of Olympian Zeus

③
新衛城博物館
New Acropolis Museum

中心區和布拉卡區
Centre & Plaka / Κέντρο & Πλάκα

雅典是座古今交錯的城市，坐落在國會大廈下方的憲法廣場可說是雅典的心臟，也是現代化雅典的代表地標。這一帶不但是車輛、地鐵線南來北往的交通樞紐，從憲法廣場貫穿到蒙納斯提拉奇(Monastiraki)廣場的行人徒步區Ermou路，更是商店雲集，隨時都擠滿了觀光客。

憲法廣場以南、衛城山腳下的布拉卡區，則呈現了這座首都19世紀的風貌，區內歷史超過數十年的建築，經重新裝修之後，成為餐廳、咖啡館和商店，這些利用舊建築展現的雅典新格局，成為此區吸引觀光客的原因，散步其中，可以體驗雅典新市區不存在的石板地和狹窄巷弄，沿途隨著地勢延伸的舊住宅各具特色，甚至有些老房子還改建成迷你博物館對外開放。此外，數不盡的商店將希臘各地的特產全都集中在一起，大開眼界之餘更能享受購物的樂趣。

中心區和布拉卡區

美塔波里斯東正教教堂 Metropolitan Cathedral
Karageorgi Servias
無名戰士紀念碑和國會大廈 Tomb of the Unknown Soldier & Paliament Building
Pallet Stores
蒙納斯提拉奇廣場 Monastiraki
Kalogirou Kedima
Voulis
Folli Follie Moschoutis Aristokratikon
Syntagma
Ermou
蒙納斯提拉奇地鐵站 Monastiraki
Bairaktaris Tavern
Electra Hotel
憲法廣場 Syntagma
往機場公車站
Ifestou(跳蚤市場街)
Thanasis
Mitropoleos
Adrianou
Pandrossou
Dosirak
聖三一教堂 Church of the Holy Trinity
哈德良圖書館 Hadrian's Library
Pepe Yoyo
Cafe Metropol
Hermes Hotel
Olive Wood
國家花園 National Garden
海菲斯塔斯神殿 Temple of Hephaestus
衛城酒館 Taverna Acropolis
希臘傳統樂器博物館 Museum of Greek Popular Instruments
Electra Palace Hotel
Filotilou
古羅馬市集 Roman Agora
古市集 Ancient Agora
風之塔 Tower of the winds
Psaras Tavern
Acropolis House
Voulis
Hotel Adonis
Vassilisis Amalias Av.
Hotel Nefeli
Nikodhimou
Mitssikleous
Pritaniou
Adrianou
Kekropos
美塔摩佛斯教堂 Church of Metamorphosis
Scholarnio
Tripodon
亞略巴古山丘 Areopagus Hill
衛城 Acropolis
Apostolou Pavlou
Kidathineon
依瑞克提翁神殿 Erechtheion
巴特農神殿 Parthenon
Olgas
阿迪庫斯音樂廳 Odeon of Herodes Atticus
戴奧尼索斯劇場 Theater of Dionysus
哈德良拱門 Hadrian's Arch
奧林匹亞宙斯神殿 Temple of Olympian Zeus
Dionissiou Areopagitou
N
圖例 遺跡 景點 餐廳 博物館 地鐵站 飯店 教堂 劇院 購物 圖書館 巴士站
新衛城博物館 New Acropolis Museum Acropolis
Acropolis

衛城真蹟

原本裝飾伊瑞克提翁神殿的原件少女像石柱，收藏於2樓的西側區域，少女像將一隻腳略往前伸且呈彎曲姿態，以分散原本建築屋頂的重量，透過近距離接觸，至今仍可清晰看見少女衣飾栩栩如生的皺摺，以及美麗的捲曲長髮和髮辮。

此外，衛城博物館在1樓及2樓前半部皆禁止拍照，少女像是難得可以拍照的展品，也因此總是擠滿拍照人潮。

MAP ▶ P.69C3

新衛城博物館

MOOK Choice

New Acropolis Museum／Νέου Μουσείου Ακρόπολης

珍藏衛城藝術真品

🚇搭乘2號地鐵在Akropoli站下車後，步行約2分鐘可達 🏠Dionysiou Areopagitou 15 ☎210-9000900 ⏰11~3月週一至週四9:00~17:00、週五9:00~22:00、週六至週日9:00~20:00；4~10月週一9:00~17:00、週二至週日9:00~20:00(週五至22:00) ❌1/1、5/1、12/25~12/26，遇節慶前夕營業時間不同，請上官網查詢 💲11~3月全票€10、半票€5；4~10月全票€15、半票€10；3/6、3/25、5/18、10/28免費 🌐www.theacropolismuseum.gr

隨著出土文物的日益增多，原本位於衛城內的博物館已不敷使用，於是2001年開始萌生了新衛城博物館的規畫。2003年時，新衛城博物館於衛城南坡靠近戴奧尼索斯劇場旁的空地上破土，一棟嶄新現代的玻璃建築由Bernard Tschumi領導的紐約／巴黎建築事務所，在雅典的建築師Michael Photiadis的輔助下，落成於2007年，而後歷經約2年的籌備與布置，終於在2009年6月20日，這座採用大量自然採光、3D立體動線規畫的博物館正式對外開放。

新衛城博物館擁有將近14,000平方公尺的

展覽空間，主要區分為下、中、上三層。位於最下層的部分，為目前仍持續進行考古工程的挖掘區域，一根根廊柱撐起保護，讓參觀者得以透過地面透明玻璃或半開放的空間，了解考古人員如何進行古蹟出土和修復的作業。中層是高達兩層的挑高樓面，裡頭坐落著多間以現代棋盤狀街道規畫而成的展覽廳，陳列著從古希臘到羅馬帝國時期的文物。位於最上層的部分，則呈現規則的方型展場設計，巴特農展覽廳(The Parthenon Gallery)圍繞著一座內部天井，四面展出巴特農神殿各面帶狀裝飾的大理石浮雕，讓人遊走一圈，不但能近身清楚欣賞上方裝飾，更彷彿親身踏上昔日的巴特農神殿一般。此外，該展覽廳以大片玻璃採納自然光，更擁有觀賞衛城盤踞山頭的絕佳視野。

除了巴特農展覽廳為新衛城博物館的特色外，也別錯過位於中層的古代展覽廳(The Archaic Gallery)，位於1樓的它收藏了西元前7世紀到波斯戰爭結束(約西元前480年)長達約200年的雕刻作品，透過一尊尊騎馬者(the Hippeis)、女性柱像(the Kore)、雅典娜雕像……得以了解這個從貴族統治邁向民主政治的過程中，經濟、藝術以及智力生活的發展。

MAP ▶ P.69D1

憲法廣場

Syntagma Square/Πλατεία Συντάγματος

遊覽雅典最佳起點

🚇 搭乘2、3號地鐵在Syntagma站下車後出站即達 🏠 Vasilissis Amalias Av. ⏰ 24小時 💲免費

「Syntagma」是憲法的意思，1843年，希臘最初的憲法在此頒布，因而得名。此處是雅典最重要的地標，往來機場、港口的交通都是從這裡出發，捷運的紅線、藍線在此交會，堪稱雅典市區的交通樞紐；此外，憲法廣場也是當地居民的重要休閒空間，大理石地板鋪成的廣場上，散置著許多長椅，常有民眾在此散步、休憩。廣場也不定期有裝置藝術在此展出。

MAP ▶ P.69D1

無名戰士紀念碑和國會大廈

MOOK Choice

Tomb of the Unknown Soldier & Parliament Building/Μνημείο του Αγνώστου Στρατιώτη, Βουλή των Ελλήνων

挺拔衛兵整點交接儀式

🚇 搭乘2、3號地鐵在Syntagma站下車後，步行約1分鐘可達 🏠 Leoforos Vasilissis Sofias Av. & Vasilissis Amalias Av. ☎ 210-3707000 🌐 www.hellenicparliament.gr 💡國會大廈不對外開放；無名戰士紀念碑前每整點舉行一次衛兵交接儀式

和憲法廣場隔著Amalias大道對望的宏偉建築，就是希臘的國會大廈，樓高3層的它為新古典主義風格，多利克式柱聳立於前、後立面，更增添該建築對稱的線條。興建於1836~1840年間，來自巴伐利亞的建築師Friedrich von Gärtner替希臘第一位國王奧圖一世設計了這座皇宮，儘管後來皇室夫婦搬到了新皇宮居住，不過直到1924年公投決意取消君主政治後，皇室成員才完全搬離此處，而在1929年決定將它當成議會大樓使用前，這裡還一度改設成醫院和博物館。

在國會大廈前方，有一座巨大的橫向石碑，讓人遠看猶如鑲嵌於建築立面上，事實上，它是憲法廣場周邊最熱門的景點無名戰士紀念碑。希臘在獨立的過程中備嘗艱辛，歷經土耳其人長達將近400年的統治，在多次的戰役中許多犧牲的戰士至今依舊無法確認其遺骸，而為了紀念他們對於國家的奉獻與犧牲，希臘政府特別在1929年時修建該紀念碑。

紀念碑上刻畫著多位橫躺在地的士兵浮雕，兩旁並寫下古希臘歷史學家的名言，碑前由身著希臘傳統服飾的總統侍衛Evzones看守。無名戰士之墓的衛兵交接儀式，是雅典最吸引人的參觀活動，每30分鐘左右交換位置，每小時輪換衛兵，最精采的是在週日11:00的大規模交接儀式，總擠滿欣賞的人潮。你知道為什麼Evzones要大力地踏步嗎？據說這樣是為了告訴沉睡在地下的無名英雄知道他們並不孤單，Evzones一直都在崗位上留守。

MAP ▶ P.69D2

國家花園
National Garden/Εθνικός Κήπος

市中心遼闊綠地

🚇 搭乘2、3號地鐵在Syntagma站下車後，步行約3分鐘可達
🏠 Leof. Vasilisis Amalias 1 🕐 日出到日落 💲 免費

在國會大廈後方，有一片蒼翠綠意，這裡是國家花園，也是雅典市區裡少有的休憩綠地。19世紀時，奧圖國王與阿瑪莉亞皇后眼見雅典因城市開發，樹林已被砍伐殆盡，因此萌生成立花園的概念。

原本阿瑪莉亞皇后立意引進外國樹種，將這裡建構成一座稀有植物花園，但這些國外的樹種終究因為氣候差異而無法存活，最後還是將重心放在希臘本土植物的培育。目前國家花園內的植物種類相當多樣，希臘本土的植物就有百餘種，外來的也有400多種，園內也有小池塘、小型動物園，每到下午，常有當地居民帶著小朋友到這裡遊玩休憩。

另外，在國家花園南邊出口有一棟引人注目的半圓形新古典主義建築占皮歐宮(Zappeion)，出自丹麥設計師Hansen之手，由捐贈者Evangelos Zappas兄弟資助興建的它，昔日是希臘國家廣播電台總部，如今則當作國際展覽館使用，經常舉辦多項活動。

衛兵鞋子上的大絨球是幹嘛的？

千挑萬選的總統侍衛Evzones除了身高、顏值都很夠看外(要至少187公分才可以擔任)，風格獨具又時尚的傳統制服也是無數遊客朝聖的重點，這套制服起源於希臘獨立戰爭期間反抗土耳其佔領軍的「山匪」服裝，每個部分都有其獨特的意義。

帽子的紅色代表了戰士的血。

長長的黑色流蘇則代表了戰士的眼淚。

藍白色的富斯塔內拉(fustnella)圍裙有四百褶象徵著鄂圖曼土耳其帝國四百年的統治。

黑色大絨球據說以前是用來擦槍的呢！也有另一說法是黑色絨球可以暖腳，甚至在裡面藏有對付敵人的利器。

每雙鞋子(tsarouchia)各約3.5公斤，鞋底裝了60枚釘子。

聖三一教堂

Church of the Holy Trinity/Ναός Αγίας Τριάδος

11世紀拜占庭風格東正教教堂

🚇搭乘2、3號地鐵在Syntagma站下車後，步行約5分鐘可達
🏠21 Filellinon 💲免費 🌐www.iaath.gr/index.php

聖三一教堂也被稱為俄羅斯教堂(Russian Church)或Soteira Lykodimou，11世紀時的雅典近入繁榮時期，區內擁有多達10位主教和約140間的教堂，而這座聖三一教的十字圓頂教堂也是其中之一，落成於1045年，洋溢著拜占庭建築風格。

18世紀初受到一場大地震的波及，1780年時又遭到土耳其人的破壞，終於使得這間曾是雅典境內最大的教堂遭到棄置。1845年時，俄國沙皇將其買下，並由畫家Ludwig Thiersch重新裝飾內部，在它重新獻給聖尼古拉之後，就成為一座俄羅斯東正教教堂。教堂內部相當漂亮，經常可見信徒誠心禱告，教堂外還有一座裝飾著馬蹄拱的鐘樓，樓內依舊保存著沙皇亞歷山大二世所捐贈的大鐘。

雅典遺跡參觀攻略

雅典遺跡套票

票券有5天效期，包含了衛城、古市集、古羅馬市集、哈德良圖書館、奧林匹亞宙斯神殿、凱拉米克斯遺跡及亞里斯多德學院(Lykeion)的門票，每個景點只限參觀1次。

網路訂票很簡單，系統上的「region」點選「Attica & Central Greece」、在「site」任選景點，然後選擇日期和時間(時間只為統計用途，並非參觀時間)，接著就可以挑選單一景點門票或套票了。

💲全票€30 🌐etickets.tap.gr

免費參觀日

3/6、4/18、5/18、10/28、9月最後一個週末、11~3月第一個週日

哈德良圖書館

MOOK Choice

Hadrian's Library/Βιβλιοθήκη του Αδριανού

遠古的公共閱覽天地

🚇搭乘1、3號地鐵在Monastiraki站下車後，步行約2分鐘可達 🏠Areos Str. ☎210-3249350 ⏰8:00~20:00，最後入場19:30 休1/1、5/1、12/25~12/26 全票€6、半票€3；11~3月一律€3 🌐odysseus.culture.gr/h/3/eh355.jsp?obj_id=2370 ❗另可購買雅典遺跡套票

132年時，在羅馬皇帝哈德良(Hadrian)的命令下，於衛城的北側興建了這座延續傳統古羅馬議事亭廣場建築風格的圖書館。該建築僅擁有一道入口，四周環繞著高大的牆壁，內部中庭並環繞著柱廊，於中央點綴著一座水池，水池後方曾聳立著出現於5世紀時的教堂。雖然這片占地不小的面積整體稱之為圖書館，但真正用來存放書卷的部分僅占一小部分，為位於東側的長方形建築，兩旁附屬的大廳則當作閱讀室使用。

不過267年時，因為遊牧民族Heruli的入侵而遭到大舉破壞，儘管5世紀時一度修復，且在拜占庭時期興建過3座教堂，然而如今保留下較完整的部分，只剩下依舊聳立著科林斯式柱的大門。

古羅馬市集與風之塔

Roman Agora & Tower of the Winds/
Ρώμηικη Αγορά, Αέρηδες

古代市集廣場遺址

🚇搭乘1、3號地鐵在Monastiraki站下車後，步行約5分鐘可達 🏠Pelopida & Eolou Str. ☎210-3245220 ⏰8:00~20:00，最後入場19:30 ⓧ1/1、3/25、5/1、12/25~12/26 💲全票€8、半票€4；11~3月一律€4 🌐odysseus.culture.gr/h/3/eh355.jsp?obj_id=2402 ❗另可購買雅典遺跡套票(P.73)

距離古希臘市集不遠處的古羅馬市集，又稱為凱薩和奧古斯都市集，它和前者之間以一條鋪石街道相連接，中央大道可直達雅典衛城。

根據該遺跡西側的主要入口統治者雅典娜之門(Gate of Athena Archegetis)上的銘文記載，古羅馬市集始建於西元前1世紀，由一座四周圍繞著廊柱的寬廣露天庭院組成，這座羅馬時期的遺跡最早是市民的集會場所兼市場，東面林立著商店和次要入口，南面則是一處噴泉，次要入口通往公廁和風之塔。

儘管古羅馬市集逐漸取代了古希臘市集的功能，成為雅典的商業中心，不過隨著時光流逝，如今只剩下部分基座和殘柱聳立於黃土上，唯獨

向風之塔致敬的建築

風之塔經典的八角造型啟發了無數建築設計師，受希臘文化影響甚鉅的歐洲各國自然也紛紛仿照它興建類似的塔，像是位於英國牛津的雷德克里夫天文台(Radcliffe Observatory)以及希臘國家圖書館創立者Panayis Athanase Vagliano在倫敦的陵墓。

位於其中的八角型風之塔，保存完整的結構且塔上雕刻依舊清晰可見。風之塔於西元1世紀時由當時著名的天文學家安德羅尼可思(Andronikos of Kyrrhos)所設計，不過也有一派學者認為它應該是出現於西元前2世紀中葉的希臘古蹟。該塔名稱來自於高塔上方的八位擬人化風神裝飾浮雕，高12公尺的建築結構直徑長達8公尺。

風之塔外部設有8座日晷，內部則有以來自衛城的水帶動的水鐘，頂部Triton神猶如風向標，使它具備方向指標、計時、測量風向等功能於一身。

MAP ▶ P.69A3B3

衛城

MOOK Choice

Acropolis／Ακρόπολη Αθηνών
笑看希臘文明古今嬗遞

🚇搭乘2號地鐵在Akropoli站下車後，步行約3分鐘可達位於新衛城博物館旁的南側(戴奧尼索斯劇場)入口 ☎210-3214172 🕗8:00~20:00，最後入場19:30 🚫1/1、3/25、5/1、12/25~12/26 💲全票€20、半票€10；11~3月一律€10 🌐 odysseus.culture.gr/h/3/eh355.jsp?obj_id=2384 ❗另可購買雅典遺跡套票(P.73)

在希臘語中，Akro指的是高地、Polis則是城邦，「衛城」意指「位於高地的城邦」；在希臘境內有多座Akropolis，但以雅典市區的這座衛城最負盛名，也是希臘古文明的最佳見證。

西元前5世紀，雅典居民為了祭祀雅典娜女神，在市區的這座山丘上興建神殿，是衛城最早的雛型，但當時希臘與波斯之間戰爭頻繁，神殿完工後不久就被波斯軍隊占領並燒毀，而後來波斯軍隊又在其他戰役中戰敗、退出希臘，此後雅典的執政官培里克利斯(Perikles)積極設立民主體制，並大力推廣文化、藝術活動，將雅典文明帶向最鼎盛的時期，也在此時著手於衛城的重建工程。

絕佳拍攝角度

在衛城入口處旁有一座亞略巴古山丘(Areopagus Hill)，爬上這座小山丘後，有絕佳的角度可免費眺望衛城，並俯瞰雅典市區。尤其當日落來臨，夕陽光將衛城染成金黃色澤，更是令人驚豔。

衛城的角色，除了是祭祀的聖地，也是政治與公共場所、防禦要塞，在這處海拔70公尺高的山頭上，聳立著一座座以大理石打造的雄偉建築，而每座建築的細部更是充分展現精湛的建築工藝，堪稱古希臘建築的經典之作。

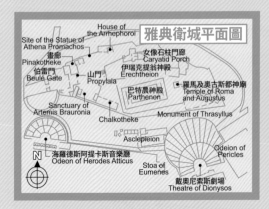

雅典衛城平面圖

Site of the Statue of
Athena Promachos
House of
the Arrhephoroi
畫廊
Pinakotheke
女像石柱門廊
Caryatid Porch
伯雷門
Beule Gate
山門
Propylaia
伊瑞克提翁神殿
Erechtheion
巴特農神殿
Parthenon
羅馬及奧古斯都神廟
Temple of Roma
and Augustus
Sanctuary of
Artemis Brauronia
Chalkotheke
Monument of Thrasyllus
Asclepieion
Odeion of
Pericles
N
海羅德斯阿提卡斯音樂廳
Odeon of Herodes Atticus
Stoa of
Eumenes
戴奧尼索斯劇場
Theatre of Dionysos

戴奧尼索斯劇場Theatre of Dionysos

在衛城所在的這塊「神聖岩石」下方，分布著古希臘
時期最重要的宗教中心之一，尤其是南坡，幾乎可説是
古雅典的文化核心，曾經坐落著戴奧尼索斯和阿斯克列
皮亞斯(Asklepios)兩位神祇的宏偉聖殿，其中特別是戴
奧尼索斯劇場，代表著希臘最古老的劇場。

戴奧尼索斯劇場最初歷史回溯至西元前600年，當時只
有樂隊席，至於以泥土填塞的圓形區域則是舉行宗教儀
式和神祇崇拜的場所，後來逐漸出現幾排石椅、以階梯區
隔的座位區、通道和舞台，直到西元前333年，觀眾席才
延伸至衛城所在的岩石山麓，甚至擴建成日後共可容納
15,000人的大劇場。

在希臘神話中，酒神戴奧尼索斯是酒與戲劇之神，所
以每年的酒神祭典中，都會在這個半圓形的劇場演出戲
劇祭祀酒神，儘管這座劇場保存下來的部分並不多，不
過依稀可透過半圓形舞台後方殘存的部分浮雕，以及最
前排6、7張撰刻著昔日正式頭銜的大理石座位，追憶曾
經盛極一時的情景。

希臘藝術節 Athens Epidaurus Festival

希臘全年最盛大的節慶——希臘藝術節，每
年大致於6月展開，為期約3個月，希臘本國與
來自世界各地的藝術團體，連番於雅典與埃皮
道洛斯(Epidavros)登場演出，節目內容涵括音
樂、舞蹈、戲劇等。

在雅典，衛城南側的海羅德斯阿提卡斯音樂
廳是最主要的展演場地，這座擁有近2,000年歷
史的半圓形劇場，本身就是座極富歷史價值的
古蹟，夏日夜晚在此欣賞音樂會，更是不容錯
過的視覺與聽覺享受；此外，市區最高處的利
卡維多斯劇場(Lycabettus Theatre)、貝納基博物
館(Benaki Museum)以及各個劇場展廳，也都分
別有藝術演出。

位於伯羅奔尼薩半島的埃皮道洛斯，同樣
是擁有2,000多年歷史的古城遺跡，在可容納
14,000人的大劇場內欣賞戲劇是最炙手可熱的
節目，而埃皮道洛斯小劇場也有多場演出。

☺ aefestival.gr

伯雷門Beulé Gate

　　兩旁林立著塔樓，伯雷門屬於西元3世紀時羅馬帝國統治下興建的要塞一部分，以1852年時發現這道門的法國考古學家Emile Beulé命名。

海羅德斯阿提卡斯音樂廳Odeon of Herodes Atticus

　　同樣位於南坡的海羅德斯阿提卡斯音樂廳，興建於161年，是阿提卡斯的富豪、演說家兼哲學家海羅德斯捐贈給雅典市的禮物，用來紀念他過世於160年的妻子Regilla。

　　這座繼Odeon of Pelikles和阿格利帕音樂廳(Odeon of Agrippa)之後興建於雅典的第三座音樂廳，半圓形的座位區分為兩處水平區域，共可容納約5,000名的觀眾，不但座位以大理石打造而成，其樂隊席還鋪設著大理石板，儘管現在看到的大理石座位全部翻新修建，不過舞台後方高達28公尺的高牆建築幾乎完全保存下來，但原本覆蓋海羅德斯阿提卡斯音樂廳的木頭天花板，於267年時毀於一場大火。這裡是每年夏天的希臘藝術節舉行音樂會的主要場所。

山門Propylaia

　　這座興建於西元前437~432年間的大門，是衛城的主要入口，出自建築師Mnesikles之手，中央可以看到粗重、樣式簡單的多立克式柱，左右兩翼的建築物則採細而精緻的愛奧尼式柱，這兩種剛柔混合的建築形式是雅典衛城的特徵，也影響了日後許多希臘建築型式。

　　山門北側的建築為畫廊(Pinakotheke)，從前用來存放朝聖者捐獻的繪畫、財寶等等。至於面對山門、位於山門左前方的粗柱般龐大底座，最初聳立著Pergamon國王Eumenes II的青銅駟馬車，以紀念他西元前178年在泛雅典(Panathenaia)戰役中獲勝，後來卻被奧古斯都大帝的連襟阿格里帕的雕像所取代。

💡 **蓋一座神殿也要有政治考量？**

巴特農神殿外觀是宏偉標準的多立克式柱，內部則多採用愛奧尼式柱作為建築細節，據說這是有政治考量的，因為當時雅典的居民多為多利安人(Dorians)與愛奧尼亞人(Ionians)，作為城市中心的神殿當然不免要融合一下兩方族群了！

巴特農神殿Parthenon

巴特農神殿是許多現代建築的完美典範，大英博物館就是效法它的形式結構建造而成。這座祭祀雅典守護神雅典娜的神廟，象徵全雅典的榮耀與權力，從西元前447年開始建造，花了11年才完成，長70公尺、寬31公尺、高10公尺，結合氣勢宏偉的多立克式柱與輕柔細緻的愛奧尼式柱，在當時著重數學與邏輯的文化風氣下，以最精密的計算完成建築設計，因此在視覺上永遠保持力與美的張力，是它最吸引人之處。

神殿內部中央原有一座雅典娜神像高達12公尺，以象牙打造，身上裝飾著金碧輝煌的戰袍與頭冠，是當時的雕刻名家培迪亞斯(Pheidias)的作品，可惜在拜占庭時期毀於大火，想一窺其貌，考古博物館裡收藏有縮小版的仿製品。

雅典歷經希臘正教、天主教以及鄂圖曼土耳其帝國等政權統治，使得巴特農神殿也多次轉換身分，甚至一度當成清真寺和彈藥庫使用。如今神殿雖只剩大致結構，不過仍有許多可觀的細部，像是山牆上的雕刻，描繪了雅典娜誕生的神話，而四周的間壁則是描述特洛伊等戰爭故事。

伊瑞克提翁神殿Erechtheion

位於衛城東北側的伊瑞克提翁神殿，興建於西元前421~415年間，時值伯羅奔尼薩戰爭短暫的停戰時期。由於地勢高低起伏不定，形成這座建築獨特的結構，伊瑞克提翁神殿的東西側分別獻給雅典娜和海神波塞頓，此外，也曾經裝飾著宙斯的雷電和波塞頓的三叉戟等神聖標誌。

整座神殿最引人注目的是西側轉角的「少女門廊」

(Porch of the Maidens)，6尊被稱為Caryarids的少女像石柱，站在高約1.8公尺的墩座上，支撐著這道優雅的門廊，它們可能出自Alkamenes本人和Agorakritos的徒弟之手，不過今日作為建築樑柱的石像只是模型，真正的遺跡保存在新衛城博物館裡，其中有一個存放在大英博物館。伊瑞克提翁神殿在早期天主教統治時期一度部分改建為教堂和皇宮，在鄂圖曼土耳其時代更曾當成蘇丹的後宮，也因此使它在回復原貌的過程中更加困難。

MAP ▶ P.69A2

古市集

MOOK Choice

Ancient Agora／Αρχαία Αγορά

西元前6世紀的市集廣場

🚇搭乘1號地鐵在Thissio站下車後，步行約5分鐘可達。🏠
Thissio Sq & 24 Andrianou Str. ☎210-3210185
8:00~20:00，最後入場19:30 🚫1/1、3/25、5/1、
12/25~12/26 💲全票€10、半票€5；11~3月一律€5
odysseus.culture.gr/h/3/eh355.jsp?obj_id=2485 ❗另可
購買雅典遺跡套票(P.73)

古市集是除了衛城之外雅典另一個史前遺跡，
也稱為古希臘市集。「阿哥拉」(**Agora**)在希臘
文中是「市集」的意思，在古希臘時期，市集除
了商業之外還有政治、宗教、文化的功能，市民
在市集裡購物之餘，還會討論政治、交換新聞時
事等，許多著名的哲學家如蘇格拉底、柏拉圖等
都曾在此發表演說，而它正是出現於世界史中的
「古希臘」場景。

古市集

宙斯柱廊 Dios Eletherious Stoa	長方形會堂
海菲斯塔斯神殿 Temple of Hephaestus	阿雷斯神殿 Temple of Ares
	阿塔羅斯柱廊 Stoa of Attalos
宙斯祭壇 Mnimio Ton Eponymon Hroon	
圓形建物 Tholes	阿格利帕音樂廳 Odeon of Agrippa
	中央柱廊

N

這座位於衛城山腳下的古市集，早在西元前6
世紀便已發展成形，一座座公共建築陸續興建，
包括神殿、公共集會所、音樂堂等，日後其功能
性為古羅馬市集所取代，於是逐漸變成住宅區。
如今，因政權更替與時代久遠，大多建築都僅存
部分殘跡。

阿塔羅斯柱廊
Stoa of Attalos

　　阿塔羅斯柱廊是希臘境內唯一一棟完全復原的建築，走廊上45支多立克式柱，加上22支愛奧尼柱，展現優雅的古典風格。復原後的阿塔羅斯柱廊，現在是古市集博物館，館內收藏遺跡中發現的陶器、雕刻、錢幣、劇院門票、面具等等，相當有趣，像是曾手持象徵勝利緞帶的屈膝少年香水瓶、曾經裝飾阿格利帕音樂廳的海神Triton頭像等等，都令人印象深刻。

阿格利帕音樂廳和體育場
Odeon of Agrippa & Gymnasium

　　從今日殘存的立面巨人與Triton廊柱，不難想像阿格利帕音樂廳曾經多麼宏偉，這座為音樂表演而設計的建築，以它的捐贈者、同時也是奧古斯都大帝的女婿阿格利帕命名，興建於西元前15年，仿效露天圓形劇場的觀眾席，約可容納1,000名的觀眾。

　　音樂廳的正門位於西側，北側另有一座小型的四柱式山門直接通往舞台區，此外，還一度擁有毫無內部支撐的斜屋頂，可惜於150年左右坍塌。該建築於267年時同樣因為Heruli的入侵而毀於一場大火中，後來再重建成體育場，因為沿用原先裝飾音樂廳的巨人和Triton雕像，使得體育場又稱為「巨人宮」(Palace of the Giants)。巨人宮的面積比音樂廳更加遼闊，還涵蓋了一旁的部分中柱廊和南柱廊，裡頭坐落著浴池、數間廳房、兩座柱廊中庭和花園，如今只剩殘存的基座追憶昔日規模，成排的雕像成為它最引人矚目的部份。

> ## 東歐10國就是在這裡加入歐盟的！
>
> 　　作為西方雅典美學的代表，阿塔羅斯柱廊在歐洲具有其獨特的象徵意義：賽普勒斯、捷克、愛沙尼亞、拉脫維亞、立陶宛、匈牙利、馬爾他、波蘭、斯洛伐克和斯洛維尼亞，於2003年在此地簽署條約成為歐盟的成員。

海菲斯塔斯神殿Temple of Hephaestus

位於Agoraios Kolonos小山丘上的海菲斯塔斯神殿，興建於西元前449年左右，建造時間比衛城的巴特農神殿要早2年，成排的多立克式廊柱大致保持良好，而建築上的雕刻也保存得較完整。

這座神殿東西兩側較短，各由6根廊柱撐起，較長的南北兩側，則分立13根廊柱，其名稱來自於神殿內祭祀的工藝之神海菲斯塔斯，跟這一帶發達的金屬鑄造業有關。不過到了7世紀時，該神殿搖身一變成為希臘東正教體系下獻給聖喬治的St. George Akamates教堂，直到1834年希臘獨立後，雅典成為該國的正式首都，由第一位國王奧圖一世(Otto I)下令宣布海菲斯塔斯神殿為博物館和考古古蹟。

圓形建物Tholos

直徑為18公尺的圓形建築，屬於古希臘議會堂的一部分，由各個部落選出的執政官，在議會堂開會，討論種種議題、決定城邦的各項政策。

而這個由Cimon興建於西元前約470年的建築，是執政官們的餐廳和休息室，如今只留存圓形的牆基可供辨識。

希臘建築柱式

在古希臘建築中，最常見的有3種柱式：

◎多立克式柱 Doric

柱頭無裝飾、柱身雄壯且多凹槽，上細下粗以修正視線錯覺，雖然簡潔而不華麗，但呈現雄偉的氣勢，以衛城巴特農神殿、市郊蘇尼翁岬的海神殿為代表。

◎愛奧尼式柱 Ionic

與多立克式柱相較，愛奧尼柱式較為纖細，柱身同樣有凹槽，其最大特徵為柱頭的羊角狀的漩渦裝飾，以衛城的伊瑞克提翁神殿為代表。

◎科林斯式柱 Corinthian

為3大柱式中最晚期的型式，裝飾繁複，以莨苕葉為造型的柱頭裝飾為最大特點，奧林匹亞宙斯神殿為這種柱式的最佳代表。

MOOK Choice

蒙納斯提拉奇跳蚤市場

Monastiraki Flea Market/Υπαίθρια Αγορά Μοναστηρακίου

古老舊貨尋寶

🚇搭乘1、3號地鐵在Monastiraki站下車後，步行約2分鐘可達 📍Ifestou Str.

位於蒙納斯提拉奇(Monastiraki)地鐵站附近的Ifestou路，是著名的跳蚤市場街，在路口有一個橫聯寫著「flea-market」，但事實上真正賣二手用品的跳蚤市在週末、假日才舉行，而且位置在Ifestou路末端的Agiou Filippou廣場上。

從一早起，舊貨攤就開始在固定的位置上陳列各種二手商品，以銅器、玻璃製品、珠寶首飾、舊時擺飾居多，其中不乏許多樣式典雅的古董，是個值得挖寶的地方。

事實上，沿著蒙納斯提拉奇地鐵站四周的巷弄內，不論假日與否，就是一個極具人氣的鬧區，露天餐廳、咖啡館一家挨著一家開著，遮陽傘下的露天座位也總坐滿了人，穿著性感的時髦女子戴著太陽眼鏡悠閒地用餐、聊天。

這裡當然也是購物的好所在，橄欖油、涼鞋、香皂、天然海綿、橄欖木、乾果香料……任何你想得到的希臘紀念品在這裡都找得到，非常值得花半天時間來參觀。

凱拉米克斯遺跡

MOOK Choice

Kerameikos Archaeological Site/Κεραμεικός

收藏藝術珍品古墓區

🚇搭乘1號地鐵在Thissio站下車後，步行約7分鐘可達 📍148 Ermou St. ☎210-3463552 🕐8:00~17:00(週二10:00起)，最後入場16:40 休1/1、3/25、5/1、12/25~12/26 💲全票€8、半票€4；11~3月一律€4 🌐odysseus.culture.gr/h/1/eh155.jsp?obj_id=3443 ❗另可購買雅典遺跡套票(P.73)

「Kerameikos」在希臘文中是陶器之意，古時這裡曾是陶器及花瓶畫家的居住地。此區靠近河岸邊，也因為不斷受到河水淹沒，而逐漸發展成為古雅典最重要的墓地。這條河流被深埋在地底長達幾個世紀，其上為如今的Ermou街，直到1960年代的考古挖掘工程中，才再次重見天日。

凱拉米克斯最早的墓地可追溯到青銅器時代早期，大約是西元前2000~2700年，之後墓地不斷被人們使用並擴大範圍，在希臘化時期及拜占庭時期，也就是西元前338年一直到6世紀，仍持續被使用著。凱拉米克斯遺跡包括偌大的露天考古區域及一座博物館，在此處的重要考古發現

如陶器、雕刻及墓碑等，都珍藏在凱拉米克斯博物館及國家考古博物館中，而在遺跡上則保留石棺及複製的墓碑雕刻等，供民眾參觀。

希臘傳統樂器博物館

Museum of Greek Folk Music Instruments／Μουσείο Ελληνικών Λαϊκών Μουσικών Οργάνων

外觀小巧內藏豐富

🚇 搭乘1、3號地鐵在Monastiraki站下車後，步行約7分鐘可達 🏠1-3 Diogenous Str. ☎210-3250198 ⏰8:30~15:30 🚫週二公 💲全票€3、半票€2 🌐odysseus.culture.gr/h/1/eh155.jsp?obj_id=3403

　　位在古羅馬市集附近，Diogenous路上的希臘傳統樂器博物館，外觀看起來並不起眼，但是裡頭陳列了從18世紀至今將近1,200種的希臘傳統樂器，包括打擊樂器、弦樂器和管樂器等等，依照種類區分，最精采的是，每個重點展示櫃旁還附有耳機，播放該樂器演奏出的音色，不但讓人從視覺上認識希臘傳統樂器，更享受它演奏的臨場感。在博物館地下室會有不定期的傳統音樂表演，而後方的店面更是收集了希臘最好的民族音樂CD、書籍等，絕對不要錯過！

哈德良拱門

Hadrian's Arch ／Αψίδα του Αδριανού

西元2世紀地標

🚇 搭乘2號地鐵在Akropoli站下車後，步行約4分鐘可達 🏠Amalias路上 ⏰24小時 💲免費

　　由憲法廣場沿著Amalias路南行，就能見到這座醒目的拱門。2世紀時，羅馬皇帝哈德良(Hadrian)在這裡建立高約18公尺、寬約14公尺的拱門，這座半圓形的大理石拱門，以科林斯式柱支撐起，大門上層同樣以科林斯式柱架構出3個門洞，造形優雅並且氣勢十足。

美塔波里斯東正教教堂

Metropolitan Cathedral／Καθεδρικός Ναος Ευαγγελισμού

外在新潮內在古典

🚇 搭乘2、3號地鐵在Syntagma站下車，或搭1、3號地鐵在Monastiraki站下車後，步行約5分鐘可達 🏠Mitropoleos Square ☎210-3352380 💲免費

　　在雅典看慣了各種遺跡之後，對美塔波里斯東正教教堂這樣嶄新的建築反而有點不習慣，事實上這間暱稱為Metropolis的教堂並不新，由奧圖國王和阿瑪莉亞皇后(Queen Amalia)於1842年奠基興建，歷經20年的工程才完工，它是雅典最重要的教堂之一，希臘總統的宣示典禮，或種種重要的國家慶典都是在這裡舉行，不幸的是，許多遊行抗議也常常選在這裡，所以外壁常常需要整修，也因此給人相當新穎的錯覺。

　　長40公尺、寬20公尺、高24公尺的美塔波里斯教堂，以來自72間拆毀的教堂的大理石為其龐大牆壁的材質，裡頭長眠著兩位於鄂圖曼土耳其帝國統治期間殉道的聖人遺骨，此外內部金碧輝煌的裝飾也非常值得參觀。教堂不收門票，但注意不准穿短褲、背心進入。

　　這座拱門的建立，是為了紀念哈德良對於雅典的建設，也用以區隔雅典的新舊城區。舊城指的是拱門西側、衛城及其山腳下的聚落，

而新城則位於拱門東面，城門西面刻有「此為雅典古城，宙斯之都」，東面則是「此為哈德良之城，不是宙斯之都」的字樣。

MAP ▶ P.69D3

MOOK Choice

奧林匹亞宙斯神殿

Temple of Olympian Zeus／Ναὸς τοῦ Ὀλυμπίου Διός

獻給傳說中眾神之父

🚇搭乘2號地鐵在Akropoli站下車後，步行約6分鐘可達 🏠Vassilisis Olgas Str. ☎210-9226330 🕐8:00~20:00，最後入場19:30 🚫1/1、3/25、5/1、12/25~12/26 💲全票€8、半票€4；11~3月一律€4 🌐odysseus.culture.gr/h/3/eh355.jsp?obj_id=2488 ❗另可購買雅典遺跡套票(P.73)

與鄰近的哈德良拱門一樣，這座奧林匹亞宙斯神殿同樣是在2世紀時完成於哈德良手中。早在西元前6世紀，雅典統治者Pesistratos就著手興建一座神殿，獻給宙斯，在他的計劃中，這個興建工程相當浩大，但隨著政權更替移轉，神殿工程一再中斷，延宕了600多年，終於由哈德良在131年時完成了這個工程。

由104根高107公尺、直徑1.7公尺的科林斯式柱所構成的奧林匹亞宙斯神殿，是全希臘規模最大的神殿，原本殿內還有一尊由哈德良所貢獻的宙斯神像，由象牙、黃金所打製，價值非凡，也突顯出這座神殿的地位。

經過1,000多年，現在的神殿雖僅存15根圓柱，但仍能想見昔日的懾人氣勢；一旁還有一處長方形的建築地基，是從前哈德良的浴池所在。

MAP ▶ P.67E6

帕納迪奈克競技場

Panathenaic Stadium／Παναθηναϊκό Στάδιο

近代奧運會發源地

🚇搭乘2號地鐵在Akropoli站下車後，步行約10分鐘可達；亦可搭乘2、3號地鐵在Syntagma站下車後，穿越國家花園，步行約15分鐘可達 🏠Ardettos Hill ☎210-7522984 🕐3~10月8:00~19:00，11~2月每日8:00~17:00 💲全票€10、半票€5，6歲以下免費 🌐www.panathenaicstadium.gr

雅典這座競技場最初回溯至西元前331年，它在歷史上最有意義的一刻，就是1896年時成為第一次近代奧林匹克運動會的舉辦場所，之後每4年一次在世界各城市舉辦，古代奧林匹克運動的精神、競爭的榮耀感又重新在人類歷史上展開

帕納迪奈克競技場的光榮事蹟

◎世界上唯一一座用大理石打造的體育館，也被稱為「Kallimarmaro」(美麗的大理石)
◎舉辦了3屆奧運會：1896年、1906年、2004年
◎連續4屆被刻畫在奧運會獎牌上：2004年(雅典)、2008年(北京)、2012年(倫敦)、2016年(里約)

新生命。

這座競技場最近一次受到矚目，是2004年奧林匹克運動會再度回歸雅典舉辦，為此重新整理過後的競技場裡，長橢圓形的場地修築得非常整齊，而斜坡上的大理石座位更呈現嶄新的乳白光澤，站在場地中央，可以感受運動會的盛況，入口處還有奧林匹克運動會的紀念碑，許多遊客都喜愛在此合照紀念。

歐摩尼亞廣場周邊
Around Omonia / Πλατεία Ομονοίας

歐摩尼亞廣場

Vathi
Ipirou
National Archaeological Museum
國家考古博物館
Technical University
Lisston
Aharnon
3 Septemvriou
Solomous
Marni
Sokratous
28 Oktovriou Patission
Themistokleous
Parnon Hotel
Agiou Konstandinou
Brazita
Omonia
Omonia
歐摩尼亞廣場
Omonia
雅典大學
The University of Athens
Em Benaki
Vienna Hotel
P. Tsaldari
Zoodohou Pigis
Opera House
國家圖書館
National Library
Stadiou
Athinas
市政廳
Town Hall
Panepistimio
Sari
中央市場
Central Market
Evripidou
雅典學院
The Academy of Athens
雅典市立博物館
Museum of the City of Athens - Vouros-Eutaxias Foundation
Stadiou
EL Venizelou
國家歷史博物館
National Historical Museum
N

圖例　● 景點　● 學校　⊡ 圖書館
　　　● 餐廳　● 購物　● 政府機關
　　　● 飯店　Ⓜ 地鐵站　● 博物館

歐摩尼亞廣場(Plateia Omonoias，簡稱為Omonia)位於布拉卡的北邊，呈圓環狀的它經常與憲法廣場被遊客當成雅典當地的兩大地標。與憲法廣場不同的是，歐摩尼亞廣場一帶是雅典熱鬧的商業區，百貨公司、電影院、歐洲品牌商店都聚集於此，如果想體驗現代、流行的雅典，絕對不能錯過此區。

這裡也是當地的平民區，因此附近坐落著多家咖啡館和平價旅館，成為當地人日常生活的場所。唯獨入夜後，該區治安較差，因此建議遊客天黑後應盡量避免前往。

國家考古博物館是歐摩尼亞廣場一帶最重要的景點，裡頭收藏了所有古代遺跡的精華，包括出土自邁錫尼遺跡以及愛琴海上最重要的史前文明——西克拉迪文明的相關文物，說明了希臘文明的演替。

至於位在阿提那斯路(Athinas)上的中央市場，號稱「雅典的廚房」，內外兩個部分分別販售肉類、海鮮和蔬果乳酪，每天從清晨起，就擠滿了為一天三餐採購的雅典人。

另外，毗鄰的雅典科學院、雅典大學和國家圖書館，以模仿希臘古典時期的建築風格，吸引眾人的目光。

MAP ▶ P.85B1

國家考古博物館

MOOK Choice

National Archaeological Museum/
Εθνικό Αρχαιολογικό Μουσείο

史前文明生動教材

🚇搭乘1、2號地鐵在Omonia站下車後，步行約10分鐘可達 🏛44 Patission Street ☎213-2144800 🕙11~3月週二13:00~20:00、週三至週一8:30~15:30；4~10月週二13:00~20:00，週三至週一8:00~20:00 ⊗1/1、3/25、5/1、12/25~12/26 💲4~10月€12；11~3月€6 🌐www.namuseum.gr

位於雅典的國家考古博物館，收藏了希臘所有古代遺跡的精華，是認識希臘古文明最生動的教材，特別是史前文明展覽廳中，展示著自邁錫尼遺跡中挖掘出土的各種寶藏，為希臘史前歷史空白的一頁，描繪出鮮明的輪廓。而愛琴海上最重要的史前文明——西克拉迪文明(Cycladic Civilization)，也在館內完整呈現。進入歷史書寫的時代之後，整個希臘文明的演替，反映在人像雕刻的形式風格上，沿參觀方向前進，可以看到數千年歷史演進的痕跡。

博物館中主要分為史前(Prehistoric Collection)、雕刻(Sculpture Collection)、青銅器(Bronze Collection)、花瓶與小藝術品(Vases and Minor Arts)、古埃及文物(Egyptian Collection)和古塞普勒斯文物(Cypriot Collection)共6大類，之後再依不同時代、地區或文明細分為更小的展覽廳。

面對雅典國家考古博物館正門展示的是史前文物，分成展示希臘本土各地陶器的新石器時代(西元前6800~3000年)展覽廳，陳列愛琴海諸島等地發現的各種陶器、大理石雕像等西克拉迪文明(西元前2000~1000年)展覽廳，以及從伯羅奔尼薩半島挖掘出土的黃金製品、青銅器、象牙雕刻等等的邁錫尼時期(西元前1600~1100年)展覽廳。

雕像展覽廳於史前文物展覽廳旁環繞成圈，從中可以看出希臘人對於人體比例以及美感的演替過程，從最早受到埃及文明的影響到後來羅馬時期的作品，不但在形式、內容和題材上，都反映了希臘歷史社會的演進。另外比較有趣的銅器收藏室、埃及文物展覽廳以及首飾收藏，雖然範圍不大，但展出的物品都非常精緻，在參觀完雕像陳列室之後，可以換個心情欣賞這些非常精美的作品。

至於位在2樓的提拉文明(Antiquities of Thera, 西元前1600年)展覽廳，同屬史前時代文物，主要展出從聖托里尼島南邊出土的阿克羅提尼古城遺跡，色彩鮮豔的壁畫，有助現代人了解當地西元前的生活型態。從這些史前文物當中，可以看到一個截然不同的古希臘文明，充滿幻想、神話，同時又因為融合其他文明的色彩而顯得多采多姿，是整個博物館的展覽品當中最讓人印象深刻的部分。

希臘竟然有兩個國慶日？

國家考古博物館坐落於Patission Street，這條街道也被稱為「10月28日街(28th of October Street)」。別小看這個奇怪的街道名稱，10月28日可是希臘兩個國慶日之一，這來自於1940年10月28日希臘政府勇於拒絕當時義大利獨裁者墨索里尼的招降並頑強抵抗成功，所以10月28日又稱為「説"不"節」(Ohi/Oxi Day)，直到現在，在這一天舉行群眾示威抗議也成為希臘的傳統。至於另一個國慶日源自於1825年3月25日爆發的反抗土耳其統治革命，而後促使希臘獨立。

史前文明展覽廳Prehistoric Collection

從挖掘出的各種器皿、工具當中，可以得知此時期的古希臘人已經從游牧生活慢慢進入農耕的生活型態，許多農業技術逐漸演進，同時也發展出豢養動物的方法、擁有固定的居所……這裡的展品大部份是陶器，而陶器上的繪畫多為幾何圖案或波形紋，還沒有具體的敘事圖案，顏色也大多是以紅、黑兩色為主。人像有的以陶土捏塑，有的則是以大理石雕刻而成，對象大部分為女性。

西克拉迪文明展覽廳Cycladic Collection

此展覽廳展示的，是從愛琴海上的西克拉德斯群島上挖掘出土的雕像、青銅器、陶器等等，其年代推斷為西元前3000年左右，挖掘者克利斯多‧曹塔斯(Christos Tsountas)將它們通稱為西克拉迪文明。

這些從墳墓、住宅遺跡中挖掘出來的古物，展示各種生活狀態，可以大膽推斷在青銅器時代(西元前3~2世紀)，愛琴海區域、西克拉德斯群島上曾經發展出一個海洋文明，當時的居民善於漁獵、造船、航海以及金屬工藝等等，他們不但擁有高明的雕刻技術可以切割磨平堅硬的大理石，同時，鑄造各種功能的青銅工具、武器的技術也非常發達。更令人印象深刻的是，從一些生動的雕像上得知，西克拉迪文明時期已經發展出各種樂器！

懷孕女性大理石像

這座雕像發現於錫洛斯島(Syros)，與上述的女性大理石像有些類似，但是肩膀較寬、手臂微張，頭部不是橢圓形而呈倒三角形，像這類擁有些微差異但大體上屬於同種姿態的大理石雕像，幾乎在每座島上都可發現，而這座雕像唯一與眾不同的地方是：在交叉的雙手下，有明顯突出的腹部，因此推斷，這是一尊懷孕婦女的雕像！

女性大理石像

這個巨大的雕像，高約1.5公尺，從阿摩哥斯島(Amorgos)上挖掘出土，有幾個特徵與其他島嶼上發現的雕像類似，像是比例特別修長的腿、膝蓋處微微張開、雙手交叉抱在前胸、左手在右手上方、手部雕刻非常平板、胸部微凸、位置有點過高、面部成平滑的區面、中央有挺直狹窄的鼻樑突出等。

這些雕像幾乎沒有尖銳的稜角，從每一面看都由流暢的線條構成，呈現一種寧靜、神秘的氣氛，但是到底它們意味些什麼？至今仍沒有答案。

音樂家群像

由於西克拉迪文明出土的雕像大部分為女性，使得這兩座男子雕像顯得非常稀有，它們發現於一座名為凱洛斯(Keros)的小島，該島就在出土大量西克拉迪文明遺跡的阿摩哥斯島對面，平常只是一個放牧區，可想而知，當發現這兩座音樂家雕像時，有多麼吃驚！

其中一位音樂家正在吹奏雙管的笛子，張開的雙腳彷彿隨音樂搖擺，活潑的動作與直立僵硬的女性雕像完全不同。

另外一座雕像是一個坐在椅子上、手抱著豎琴的人，這座雕像可說是所有雕像中最精緻的一個，因為樂器、人、椅子的雕刻一氣呵成，不但考慮到比例上的平衡，還兼顧從各角度欣賞的美感！一般推斷這位音樂家應該是一位宮廷遊唱詩人或英雄，因為他坐的那張椅子造型非常富麗華貴，並非普通人所能坐的。

邁錫尼時期展覽廳Mycenaean Antiquities

邁錫尼時期展覽廳的藏品，大部份是從邁錫尼城遺跡和墓穴中挖掘出土的寶藏，寬闊的展覽室裡，展示著金面具、金指環、金杯，裝飾黃金圖案的青銅匕首、牛頭、獅子頭造型的酒器、皇冠以及各種黃金打造的飾品，除此之外，還有象牙雕刻、陶器、泥塑像等等，顯示在西元前1600~1200年之間，在伯羅奔尼薩半島上發展出來的邁錫尼文明，擁有高度的工藝技術，完整的社會組織，發達的商業等等。

然而最重要的是，從一些類似克里特島上的圖案、造型以及死者臉上覆蓋金面具的儀式(來自埃及)，證明邁錫尼文明不侷限於伯羅奔尼薩半島，它與愛琴海甚至遠至埃及都有文化上的交流，這也說明了邁錫尼文明時期，希臘人已擁有高水準的航海技術。

阿伽門農純金面具

邁錫尼時期展覽廳中有4張金面具，但是從雕工和保存的完整性來看，以編號624的「阿伽門農純金面具」最讓人讚嘆！

這張精緻的黃金面具傳說是依照邁錫尼最偉大的君主阿伽門農的臉所打造的，但也有一說是比阿伽門農早3個世紀前的某位國王的臉。無論真相為何，從鬍鬚、鬢角、眉毛流動交錯的線條，可以看出工匠的用心，同時也可以推測這位君王在世時，一定擁有無上的權力和威嚴。

同時，黃金面具還說明了當時邁錫尼人對待死亡的方式——將死者的面貌以黃金薄片打造成面具，得以永久保存死者的輪廓，這種概念源自於埃及，由此可知，早在西元前12世紀以前邁錫尼與埃及已然存在文化上的交流！

青銅匕首

這隻青銅鑄造的匕首，發現自邁錫尼城一位男子的墳墓，不但證明邁錫尼時期仍屬於青銅器時代，同時也說明了當時金屬裝飾工藝已經達到巔峰。匕首兩側都有純金的圖案裝飾，一面是敘述5位武士與雄獅搏鬥的場景，另一面則是描繪一隻獅子追捕一群羚羊的景象。

獸頭酒器

在眾多金杯當中，最受注目的就是青銅打造的公牛頭酒器，其中高舉的尖角、鼻子、頭頂上的裝飾花紋，則為純金材質，兩種不同素材的結合，充滿平衡美感與威嚴氣勢，另外還有一座獅頭造型酒器，則是完全以黃金打造而成。這兩件華麗而龐大的酒器，反映當時邁錫尼王室的浮誇生活。不過，從設計上來看，特別是公牛頭的造型，顯然受到克里特島上米諾安文明的影響。

水晶杯

體積不大，卻擁有迷人的設計，主體是以水晶雕刻而成的鴨子，鴨子的頭迴轉過來，讓頸子形成一個彎曲的把手，而最吸引人的就是在半透明的水晶之間，還有流動的純金線條，使這個西元前16世紀的作品至今依舊充滿現代設計感。

鴿子金杯

荷馬史詩裡曾有一段對金杯的描述：「杯子的每個把手上站著一隻金鴿子，彷彿在飲水，把手下方有兩條長柄支撐著……」而從四號墓穴中挖掘出土的這只鴿子金杯，竟然和史詩中的描述相似，讓人再一次想到荷馬所描述的古希臘故事或許並非完全虛構。

戰士出征陶器

從邁錫尼城出土的寶物中，有許多描述戰爭、狩獵的場景，包括金指環、象牙戰士頭、匕首、金杯等，從這些圖案中可以讓後人認識更多關於邁錫尼時期人們使用的盔甲、頭盔、戰服、戰車、盾牌、各種兵器等的造型。但是從這只戰士出征陶器中，我們又多認識了一件事——恐懼，由戰士們臉上空虛的表情，一旁黑衣婦女驚慌失措、絕望的姿態，可以推想這是邁錫尼時期末期，將要被多利安蠻族毀滅之前的作品。

提拉文明展覽Antiquities of Thera

提拉文明展覽廳中陳列著色彩非常鮮豔的壁畫，以及描繪精細圖案的陶器，這些都是聖托里尼島南邊挖掘出土的阿克羅提尼古城中發現的遺物，證實史前時代愛琴海上除了克里特島上的米諾安文明之外，聖托里尼島也有一個經濟活動發達、生活富足的提拉文明。

傳說中，消失的亞特蘭提斯就是這座被火山灰掩蓋滅頂的阿克羅提尼古城，如果傳說是事實，各個壁畫裡所顯示的生活型態，就是小說家所說的「理想國」。

漁夫壁畫(左上圖)

推測出現於西元前16世紀，從壁畫中，可以看到一位年輕健美的裸體男性，兩手各持一大串豐富的漁獲，從圖中可以推測當時已有優良的捕魚技術，而海鮮料理應該是當時的主食(現在在聖托里尼島上反而以羊肉、牛肉等肉類料理為主)。

拳擊少年(右上圖)

這幅壁畫非常有名，常常出現在名信片上，無論是動作或表情都非常鮮明活潑，是一幅經典之作。

一張票看4間博物館

為期3天的特別套票，除了國家考古博物館，也可以參觀銘文博物館(Epigraphic Museum)、貨幣博物館(Numismatic Museum)以及拜占庭暨基督教博物館(Byzantine and Christian Museum of Athens)。Ⓢ€15

青銅器展示廳Bronze Collection

這個區域展示了非常豐富的希臘古代青銅器收藏，其數量之多，讓其他博物館無法相提並論，除了幾件大型銅器塑像外，大部分是收藏在玻璃櫃裡小巧的裝飾品或生活用具，收集地點從伯羅奔尼薩半島、雅典到克里特島都有，其中有許多是雅典和伯羅奔尼薩半島上青銅鑄造商店生產的複製品，其中最有趣的是一個擁有巨大男性性器官的妖精Satyr及迷你版宙斯像，樣式生動活潑，非常值得一看。

歐陸希臘⋯雅典Athens

花瓶與小藝術品展覽廳
Vases and Minor Arts

這區以紅、黑、白等顏料彩繪的陶器，展現希臘人的生活型態，敘述漁獵、戰爭和各種神話故事，不但是一種藝術品的鑑賞，更可以藉由繪畫了解希臘的神話與歷史。這裡所蒐羅的陶器無論在數量或品質上，其它博物館都很難與之匹敵。

雕刻展覽廳Sculpture Collection

展出從西元前8世紀~西元5世紀的雕刻作品，超過16,000件，數量相當龐大，主要發掘自阿提卡地區、希臘中部、伯羅奔尼薩半島、愛琴海各島等，也有部分來自希臘西部、馬其頓、塞普勒斯等地區，其中許多都曾經是當年的風雲代表作。

古樸時期雕刻

此區展示著西元前8世紀至西元前480年(也就是希臘人與波斯帝國發生波斯戰爭之前)的古樸時期(Archaic)雕刻，最大的特徵在於雕像強調左右對稱，形式深受埃及雕刻美學影響。

◎菲席克列伊亞像

這座立於墳墓上的雕像，完成於西元前550年~540年之間。裙子前的花紋、腳上的鞋子、手上戴的飾品都刻畫得非常清楚。

從雕像手持物品放在胸前的姿態，可以感受到對死者逝去的美麗所引發的感傷，這類紀念死者的雕像在當時非常盛行。

◎庫羅斯青年雕像

庫羅斯(Kouros)雕像是這一區中最有趣的展示品，自不同地方、不同時期的庫羅斯像，由於主題相同，可以明顯看出雕刻技術的演進。

The Sounion Kouros (西元前600年)與Kouros (西元前560~550年)之間存在著最明顯的差別，前者頭部的比例過大，捲髮工整而死板，左右兩邊幾乎平行對稱，後者兩腳張開打破對稱，無論是肌肉的刻畫，或是臉部表情都比前者來得生動，看得出藝術家在人像雕刻研究上大有進展。

古典時期雕刻

大多數是西元前5世紀~西元330年的作品，這是雕刻技術最突飛猛進的一個時期，可以看到雅典守護神雅典娜穿著戰袍的英勇神姿，還可以看到各種浮雕敍述神話故事、人與神之間的交流、人間與神界的戰爭等等。

◎騎馬的少年

這座雕像是宙斯(或海神波賽頓)像之外，全館展示品中的傑作之一。推斷雕像完成的時期是西元前140年，軀體瘦弱的小孩乘坐在即將飛躍而起的馬背上，顯得非常生動，有趣的是，銅像發現地點竟然也在宙斯像發現的阿提米席翁海岬附近海域。

90

黃金王國——邁錫尼

荷馬史詩中曾經稱讚邁錫尼是處「鋪滿黃金的地方」，雖然這只是一個美麗的傳說，但是當走進雅典國家考古博物館的「邁錫尼時期展覽廳」，被展示櫃裡各式各樣精緻的黃金雕刻照耀得目瞪口呆時，令人不禁開始懷疑：也許這個傳說並不假！

事實上，當初挖掘邁錫尼城的富商施里曼先生(同時也是發現特洛伊城的人)就是抱著對荷馬史詩的迷戀而展開挖掘行動，雖然他的許多推論都被考古學者推翻，但事實證明荷馬史詩中，對邁錫尼文明的各種生活用品、服裝的描述極具參考價值，甚至在展覽廳中看到的這些寶物時，都有一些荷馬史詩中的影子。

◎狄阿多美諾斯

這座在狄洛斯島(Delos)上發現的狄阿多美諾斯(Diadoumenos)大理石雕像，被當時的人認為是男子最理想的體態。

◎宙斯或波賽頓

全館最有名的雕像就是這座青銅塑像，完成時間約為西元前460年。但究竟是萬神之父宙斯，還是宙斯的兄弟海神波賽頓？至今依舊沒有確切的答案。雕像擁有非常優美的體型，左手向前水平伸展、右手向後舉起，似乎要拿起三叉長矛擲向前方的目標，姿態非常神勇。而這座高達2公尺巨型銅像在優美的姿態下竟然可以保持平衡，是雕塑技術上非常難得的進步。傳說它是愛琴海領域中一位非常有名的雕刻家Kalamis的傑作。

這座雕像是1928年從阿提米席翁海岬附近的海底撈起，沉沒之因至今仍是一個謎，推測可能是被搬運至國外的途中發生船難，而讓雕像沉入海中。

MAP ▶ P.85B3

雅典科學院・雅典大學・國家圖書館

The Academy of Athens, The University of Athens, National Library (Vallianeion Megaron)/Ακαδημία Αθηνών, Εθνικόν και Καποδιστριακόν Πανεπιστήμιον Αθηνών, : Εθνική Βιβλιοθήκη (Βαλλιάνελο Μέγαρο)

雅典三部曲

🚇搭乘2號地鐵在Panepistimiou站下車後，步行約1分鐘可達
🏠28~32 Panepistimiou Avenue

雅典科學院
☎210-3664700 🌐www.academyofathens.gr

國家圖書館
☎舊館210-3382541 🕐週一至週三9:00~20:00，週四至週五9:00~16:00 🌐www.nlg.gr

雅典科學院、雅典大學、國家圖書館三棟建築相鄰而立，面對著前方的Panepistimiou大道（又名Eleftheriou Venizelou），皆由丹麥建築師Theophil Hansen設計，被譽為「雅典三部曲」。規畫於19世紀中葉，當時正值歐洲興起新古典主義風格的時代，因此模仿希臘古典時期的建築，大量採用柱子、走廊等形式，加上栩栩如生的雕像，展現古希臘的典雅風格。創立於1837年的雅典大學，為東南歐最古老的大學，

如今是希臘境內的第二大教育學府。

儘管是「三胞胎」，但其中又以雅典科學院的建築最為精采，模仿雅典衛城神殿的它，以愛奧尼式柱撐起主體建築，山牆上裝飾著希臘神話中雅典娜誕生故事的浮雕，屋前兩根高柱分別聳立雅典娜與阿波羅的雕像，顯得氣勢宏偉。至於入口兩側階梯，則端坐著古希臘哲學家蘇格拉底和柏拉圖，雅典科學院是目前希臘最高的研究學府之一。

相較之下，以多立克式柱為主的國家圖書館與雅典大學則顯得素樸穩重許多，國家圖書館的設計靈感來自古市集的海菲斯塔斯神殿，館藏量超過200萬件，其中包括5,000多本非常珍貴的希臘文手抄本。圖書館的建築工程全由Vallianos家族資助，因此早期也被稱為Vallianeion。隨著書籍量的增加和圖書館新技術的出現，國家圖書館急需一個更大、更現代化的空間。

2018年國家圖書館進行了希臘史上規模最大的書籍搬遷計畫，將720,760件館藏遷移至海岸邊的Stavros Niarchos Foundation Cultural Centre (SNFCC)，動用了200多輛貨車，花費了3個月才搬遷完畢。SNFCC前身是2004年雅典奧運停車場的一部分，後來歷經10年的設計規劃建成現今容納希臘國家圖書館、希臘國家歌劇院及大公園的重要文化地標。

國家歷史博物館

National Historical Museum/Εθνικό
Ιστορικό Μουσείο

獨立戰爭相關珍藏

🚇搭乘2、3號地鐵在Syntagma站下車後，步行約3分鐘可達 🏛13 Stadious Str. 📞210-3237617 🕘9~6月週二至週五9:00~16:00，週六至週日10:00~16:00；7~8月週二至週日10:00~16:00 ❌週一、1/6、12/25~12/26 💲成人€5、半票€3；週日、3/25、5/18、10/28免費 🌐www.nhmuseum.gr

昔日的國會大廈，在1960年時成了國家歷史博物館的新家，事實上，在1858年阿瑪莉亞皇后為這棟宏偉的新古典主義建築奠定基石以前，這裡一直是權貴和富豪的產業，甚至在1833年雅典成為希臘首都時，國王奧圖一世(King Otto)在皇宮落成以前，一度將此地當成他的臨時皇宮，可惜之前的建築在1854年於一場大火中付之一炬。

今日的建築出自法國設計師François Boulanger之手，後來一度因為資金缺乏而停工，在希臘建築師Panagiotis Kalkos的接手下，落成於1871年。建築圍繞著一座小廣場，廣場中央聳立著希臘獨立戰爭中的英雄人物Theodoros Kolokotronis的青銅塑像，點出了國家歷史博物館最精彩的收藏。大量與希臘獨立戰爭相關的展覽品，包括繪畫、武器、旗幟、文件等等，清楚說明該民族付出的血淚。除此之外，還有鄂圖曼土耳其帝國從崛起至衰亡，和二次世紀大戰等相關的歷史文物。

中央市場

Central Market/Αγορά

雅典人的廚房

🚇搭乘1、2號地鐵在Omonia站下車後，步行約5分鐘可達 🏛Athinas 🕘週一至週六7:00~18:00(賣完為止)

雅典有兩個市場非常有名，一個是位在布拉卡區附近的跳蚤市場，會去購物的以觀光客與雅典人各半，另一個就是在歐摩尼亞廣場附近、阿提那斯路(Athinas)上的「現代阿哥拉」大市場，號稱「雅典的廚房」。

這個市場分成兩個部分，位於大型建築裡的多是販售肉類、海鮮的攤販，至於蔬果、乳酪、橄欖等食品攤，則是在建築外圍和阿提那斯路對面的露天市場裡。每天從清晨起，大市場裡就擠滿買菜的雅典人，認真地討價還價，為一天三餐打點，直到中午人潮慢慢退去，過了12點以後，大部分攤販紛紛打烊。這一帶環境較雜亂，觀光客不多，但是卻充滿雅典人生活真實的趣味。

科羅納基廣場周邊
Around Kolonaki / Πλατεία Κολωνακίου

科羅納基廣場

利卡維多斯劇場
Lycabettus Theatre

利卡維多斯
Lykavittos Hill

St. George
Lycabettus Hotel

Dimokritos　纜車站　Eleftherios Venizelos Museum

貝納基希臘文化博物館
Benaki Museum of
Greek Culture

Maraslio

Kalogirou

科羅納基廣場Kolonaki　Evangelismos

西克拉迪藝術博物館
Museum of Cycladic Art　Evangelismos

拜占庭暨
基督教博物館
Byzantine and
Christian Museum　戰爭博物館
War Museum　國家美術館
National Gallery

圖例　劇場　購物　飯店　餐廳
博物館　纜車站　地鐵站

名 稱原意為「小圓柱」(Little Column)的科羅納基(Kolonaki)，是一處位於雅典市中心東面的高級住宅區，以科羅納基廣場(Plateia Kolonaki)為中心，這個雅典最時髦的購物區，附近林立著優雅的咖啡館、設計師名店和高級服飾店，特別是從憲法廣場延伸至此的珠寶街Voukourestíou，更讓人感受到此高級住宅區截然不同的風情。

除了奢華的購物氣氛外，此區還坐落著多棟新古典主義風格的豪宅，它們如今多為各國領事館或博物館。其中特別是位於廣場南邊的Vassilissis Sofias大道，就有貝納基博物館、西克拉迪文明博物館、拜占庭博物館、戰爭博物館以及國家美術館等，讓人得以飽覽史前文明、拜占庭藝術、各時代戰爭兵器以及希臘文化藝術等等，是展開一日希臘文化之旅的絕佳地點。

至於廣場的北邊，則盤踞著雅典的最高地標利卡維多斯山丘(Lykavittos Hill)，從廣場狹窄的街道往上走，逐漸脫離熱鬧的商業氣氛，走進全然的住宅區，這片東南面的斜坡擁有欣賞衛城和國家花園，也因此吸引無數遊客前往。白天天氣晴朗時，山丘上甚至可以遠眺皮瑞斯港，黃昏時，城市亮起的點點星火則是另一種浪漫的氣氛。

歐陸希臘···**雅**典Athens

3分鐘就可登頂的纜車！

☎ 210-7210701
🕐 9:00~2:30，每30分鐘一班
💲 單程€7、來回€10
❗ 纜車時刻視季節不同而可能調整

MAP ▶ P.94B1

利卡維多斯山丘

MOOK Choice

Lykavittos Hill/Λυκαβηττός

與衛城高手對望

🚇 搭乘3號地鐵在Evangelismos站下車後，步行約15分鐘可達纜車站。由此可步行約20分鐘上山，或是搭乘3分鐘的纜車直達山頂 🌐www.lycabettushill.com

　突出於一片白色房舍之上，利卡維多斯山丘和衛城這兩座醒目的地標彼此對望，形成雅典著名的景觀。

　海拔273公尺的利卡維多斯山丘，是雅典最高的地標，山丘底部環種綠意盎然的松樹，頂端則像一塊巨大而尖銳的錐狀岩石。關於它的傳說眾說紛紜，不過根據希臘神話記載，它是雅典娜從科林特斯灣上的小島Pallene搬來的一座山，由於當時雅典娜忙於建造衛城，因此將養子Erichthonius託付給雅典國王Cecrops的3個女兒照顧，不料Pandrosus在姊妹的慫恿下出於好奇打開了箱子，不但解除了Erichthonius擁有不死之軀的魔法，三姊妹也因而發了瘋，聽到這個消息的雅典娜因而滑落的手中的大岩石，也就是今日的利卡維多斯山丘。

　利卡維多斯山丘擁有非常動人的景致，天氣晴朗時，遼闊的視野可以一直延伸到位於雅典西南方約10公里處的皮瑞斯港，黃昏時更是它最熱鬧的時刻，除觀光客外，許多雅典的上班族也前來享受夕陽和萬家燈火的景觀，也因此山丘附近分布了多家高級餐廳和咖啡館。

　除此之外，山頂上坐落著一棟純白的教堂Chapel of Áyios Yeóryios以及露天劇場利卡維多斯劇場(Lycabettus Theatre)，教堂在豔陽的照射下，閃耀令人難以逼視的白色光芒，這裡同時也是一處極佳的瞭望點，至於位於東面較低處的利卡維多斯劇場，則是每年5~10月間雅典舉辦露天音樂會的主要場所，可容納3,000名觀眾。

MAP ▶ P.94A3

貝納基希臘文化博物館

Benaki Museum of Greek Culture/
Μουσείο Μπενάκη Ελληνικού
Πολιτισμού

包羅萬象私家珍藏

🚇 搭乘3號地鐵在Evangelismos站下車後，步行約7分鐘可達 🏠 1 Koumbari St. & Vas. Sofias Ave. ☎ 210-3671000 🕐 週一至週六10:00~18:00，週四10:00~24:00，週日10:00~16:00；閉館前1小時最後入場 🚫 週二、1/1、3/25、5/1、8/15、10/28、12/25~12/26、復活節週日及週一 💲 常設展全票€12、半票€9，週四18:00~24:00免費；特展全票€8、半票€6；5/18全館免費 🌐 www.benaki.org

這座位於外國使館區的新古典式樣建築，是希臘數一數二的私人博物館。博物館的創辦人安東尼・貝納基(Antonis Benakis)，1873年出生於埃及的亞力山卓，他是一位棉花商人，在經商致富後，便將心力投注於藝術品的收藏，而當他在1926年定居雅典後，決定將他多年來收藏的藝術品捐出，同時也將自家屋宅捐出做為展場，貝納基博物館於是在1931年正式對外開放。

館內收藏從貝納基捐獻將近40,000件的展品到如今擴充至超過60,000件，範圍遍及繪畫、珠寶、織品、民俗藝術品等諸多面向，年代則涵蓋古希臘、羅馬時期、拜占庭時期、希臘獨立一直到近代均有蒐羅，因此從這些展品可以體現希臘的藝術演進。

展品以年代區分陳列，樓層越低則年代越見久遠，其中最具價值的，是古希臘、拜占庭以及後拜占庭時期的珠寶收藏，早期希臘時代的福音書、禮拜儀式中穿著的法衣，拜占庭時期的聖像、手稿，以及1922年時從小亞細亞搶救的教堂裝飾等，都深獲矚目。另外還有幾間展覽廳，以鄂圖曼土耳其時代保留下來的房屋重建成今日所見的復古房間。

博物館的紀念品店，販售許多仿古藝品，由於相當精緻且具希臘歷史特色，附近的駐外使節常至此購買，做為致贈賓客的禮品。而它位於頂樓的咖啡館，可欣賞一旁國家花園的美麗風景，因此也相當受到歡迎。

西克拉迪藝術博物館

Museum of Cycladic Art/Μουσείο
Κυκλαδικής Τέχνης

西克拉德斯群島藝術大觀

🚇搭乘3號地鐵在Evangelismos站下車後，步行約5分鐘可達 🏠4 Neophytou Douka Str. ☎210-7228321 🕐週一、週三、週五和週六10:00~17:00，週四10:00~20:00，週日11:00~17:00；閉館前15分鐘最後入場 🈲週二、1/1、3/25、5/1、6/13、8/15、12/25~12/26，復活節週日及週一 💲常設展全票€12、半票€9，特展€6，常設展＋特展全票€16、半票€12 🌐www.cycladic.gr

西克拉迪藝術博物館的成立，起源於一對醉心古希臘藝術的Goulandris夫婦，打從60年代開始，他們便著手蒐集古董藝術品，其中來自西克拉德斯群島的史前文物，特別受到他們的青睞，而隨著蒐藏文物的增加，終於在1986年時以博物館之姿對外開放。

博物館裡最大宗的展品，就屬西克拉迪文明的藝術品，孕育於西元前3200~2000年之間，以群島盛產的大理石為素材，抽象的造型、光滑的刻面，是該時期藝術品的最大特色。館藏一尊名為「持杯坐俑」(Seated figurine – the cup-bearer)的雕像，高僅約15.2公分，手拿杯子、身坐石凳，身體微傾、頭微後仰，呈現生動的律動感，令人印象深刻，另外也有多尊雙臂交叉的雕像，都以簡潔的線條、突起的鼻子為共同點。

除此之外，博物館裡也展出西元前2000~400年間的古希臘藝術品，各種造型與圖案裝飾的陶器、青銅器等，各自呈現希臘文明的演變。

戰爭博物館

War Museum/Πολεμικό Μουσείο

古今希臘武器大集合

🚇搭乘3號地鐵在Evangelismos站下車後，步行約2分鐘可達 🏠Vassilissis Sophias Av. and Rizari 2-4 ☎210-7252974 🕐11~3月9:00~17:00，4~10月9:00~19:00；閉館前45分鐘最後入場 🈲1/1、5/1、12/25~12/26、復活節週日及週一 💲全票€6、半票€3；11~3月每月第一個週日免費 🌐www.warmuseum.gr

與拜占庭暨基督教博物館比鄰的戰爭博物館，成立於1975年7月，收藏了希臘由古至今的各項武器與戰爭相關文物，藉以讓參觀者了解希臘的歷史發展，也由此推展和平的理念。

館外的空間置放了幾架曾在戰役中使用過的戰機、大砲等，遠遠地就吸引了遊客的注意力；館內的空間則依年代劃分為數個展覽室，古希臘時期的盔甲武器、亞歷山大東征與拜占庭時期的雕作繪畫、希臘獨立戰爭與巴爾幹戰爭的圖文史料，一直到兩次世界大戰的照片，都在館內展出，若是軍事迷可千萬不能錯過。

MAP ▶ P.94A3

拜占庭暨基督教博物館

Byzantine and Christian Museum/ Βυζαντινό και Χριστιανικό Μουσείο

拜占庭影響廣袤深遠

🚇搭乘3號地鐵在Evangelismos站下車後，步行約3分鐘可達 🏠22 Vasilissis Sofias Avenue 📞213-2139572 ⏰週二13:00~20:00，週三至週一8:00~20:00 ❌1/1、3/25、5/1、12/25~12/26、復活節 💶11~3月€4，4~10月€8 www.byzantinemuseum.gr/en

　4世紀時拜占庭帝國建立，一直到1453年鄂圖曼土耳其帝國興起，拜占庭文化深深影響了歐洲世界的藝術發展，而這座拜占庭暨基督教博物館正是一窺其菁華的最佳據點。

　博物館坐落於一棟19世紀的公爵宅邸，建築古典優雅，也曾是當年上流社會的社交場所，現在則是展示拜占庭藝術發展的陳列空間。博物館主要分為兩大部分，以年代區隔，第一部份「從古代到拜占庭」，透過各項文物，可以認識從古希臘到拜占庭這段過渡時期間宗教、生活與藝術上的演變；第二部分則是「拜占庭時期」，依年代順序，將眾多的聖像、壁畫、鑲嵌畫與祭壇用品等分別展示，更能深刻發覺拜占庭藝術上的演變，包括描繪手法、用色、媒材等，歷歷可見。

　　此外，館方不定期推出特展，也都鎖定與拜占庭相關的展題，大多仍是與基督教相關的藝術創作。

Where to Eat in Athens
吃在雅典

在雅典街頭經常可以看見寫著Tavern的大眾餐廳，其中又以布拉卡區和憲法廣場一帶最為密集，在這些餐廳裡可以輕鬆享用簡單卻美味的希臘料理，因而深受遊客與當地人的喜愛。

中心區和布拉卡區

MAP ▶ P.69B2　衛城酒館Taverna Acropolis

🚇搭乘1、3號地鐵在Monastiraki站下車後，步行約5分鐘可達 🏠Epaminonda 2 📞210-3215737 🕐10:00~22:00 🌐restaurant-1125071.business.site

位在衛城北側的山腳下，旁邊就是古羅馬市集與風之塔，衛城酒館的位置得天獨厚，可以很不錯的角度仰望衛城。尤其入夜之後，衛城的照明燈亮起，閃閃動人的夜景更是浪漫。

衛城酒館提供希臘傳統料理、義大利麵等為主，服務相當親切，價位比蒙納斯提拉奇廣場上的大眾食堂略高一些。分室內和戶外兩大用餐區，因為座位數不多，旅遊旺季最好事先訂位。

中心區和布拉卡區

MAP ▶ P.69C1　Dosirak

🚇搭乘地鐵2、3號線在Syntagma站下，後步行約5分鐘可達 🏠33 Voulis Str. 📞210-3233330 🕐12:00~23:30 🌐dosirak-athens.gr

如果在旅行雅典的途中突然懷念起家鄉味，或是想嘗亞洲熱食與料理，Dosirak或許是不錯的選擇。位於憲法廣場附近，這間亞洲餐廳提供韓國烤肉、煎餅和石鍋拌飯等料理，隨主菜附贈多樣小菜，另外也有日式燒烤、壽司、生魚片和天婦羅等食物可供選擇。

中心區和布拉卡區

MAP ▶ P.69B1　Bairaktaris Tavern

🚇搭乘1、3號地鐵在Monastiraki站下車後，步行約1分鐘可達 🏠71-88, Mitropoleos St 📞210-3213036 🕐週日至週四9:00~3:00，週五9:00~4:00，週六9:00~5:00 🌐www.bairaktaris.gr

一出蒙納斯提拉奇地鐵站，就可看到廣場旁一家餐廳不論何時、裡裡外外都高朋滿座，好幾位服務人員在小巷兩側的餐桌間忙碌穿梭，負責土耳其烤肉的師傅手也很少停下來。

Bairaktaris Tavern餐廳於1879年開始創業，百多年來都由Bairaktaris家族經營，室內掛著眾多曾經光臨的名人照片，為輕鬆的氣氛增添一股懷舊的氣息。這裡提供各式各樣希臘的傳統料理，包括紅酒燉牛肉、茄汁肉球、炸節瓜、土耳其式烤肉(Kebab或Gyros)搭配口袋餅(Pita)等。悠久的歷史加上絕佳的地理位置，讓它至今生意興隆。憲法廣場也開有另一家分店。

中心區和布拉卡區

MAP ▶ P.69B1　O Thanasis／Θανάσης

🚇搭乘1、3號地鐵在Monastirak站下車後，步行約1分鐘可達 🏠69 Mitropoleos Str. 📞210-3244705 🕐週日至週四10:00~1:30，週五10:00~2:00，週六10:00~2:30 🌐othanasis.com

同樣位於Monastirak地鐵站廣場旁，就在Bairaktaris隔壁，範圍橫跨好幾家店面，燒烤是這間餐廳的招牌，另外土耳其式烤肉也相當受人歡迎，由於是間大眾餐廳，沒有太多華麗的裝潢，但因為合理的價格與美味的食物而吸引眾人，另外外帶餐點也相當實惠，每份不到3歐元，對於想節省餐費或無暇坐下細細品嘗餐點的人來說，無疑是最好的選擇。

中心區和布拉卡區

🚇搭乘2號地鐵在Akropoli站下車後，步行約5分鐘可達；或搭乘地鐵2、3號線在Syntagma站下，後步行約10分鐘可達 🏠Kidathineon Str.

Kidathineon路(也寫成Kydathineon)是布拉卡區最熱鬧的一條街，許多旅館、餐廳、酒吧都分布在這條街上，尤其是各家餐廳攬客功夫了得，往往令人盛情難卻，不妨先來回走一遍再作決定。每天晚上8點過後，兩旁露天座位點著蠟燭，坐滿了用餐的客人，賣花、香煙的小孩穿梭在餐桌間向遊客兜售商品，有些餐廳還請來樂師現場演奏讓氣氛更熱鬧，即使沒有現場音樂，每家餐廳還是會放充滿愛琴海情調的希臘音樂，人聲鼎沸的盛況往往持續到深夜。

中心區和布拉卡區

🚇搭乘1號地鐵在Thissio站下車後，步行約1分鐘可達 🏠9 Agion Asomaton Square & Andrianou St. ☎210-3211966 🕐11:00~1:00 🌐gyristroula.gr

位在古市集北側的Gyristroula餐廳，主要以提供希臘傳統料理和燒烤(Souvlaki)聞名，無論是牛、羊、豬肉或海鮮，在拿捏合宜的火候下，烤到口感恰到好處，分量又大碗，服務也很親切活潑；加上它就位於Thissio地鐵站出口不遠處，交通相當方便，因此非常受雅典人歡迎。前往古市集那天，不妨將它列入考量。

中心區和布拉卡區

🚇搭乘地鐵2、3號線在Syntagma站下，後步行約10分鐘可達 🏠16 Erehtehos & Erotokritou Str. ☎210-3218734 🕐11:30~00:30 🌐www.psaras-taverna.gr

位於衛城北側的階梯街上，Psaras Tavern在兩條路的交接口，不過因為餐廳名稱以希臘文標示，因此常讓遊客錯過而不自覺。這間歷史悠久的餐廳創立於1898年，在當地享有極高的知名度，就連電影《亂世佳人》女主角費雯麗和女星伊莉莎白泰勒，都曾經造訪，從它牆上拼貼木條的石砌餐廳內部展示的黑白相片，便能瞧出輝煌的歷史。除室內空間外，戶外不但有露天座位，還有花園露臺座位，視野相當不錯。海鮮是該餐廳的招牌菜，此外像是白酒烤雞和希臘千層麵等傳統料理，也相當美味。

中心區和布拉卡區

🚇搭乘地鐵2、3號線在Syntagma站下，後步行約10分鐘可達 🏠14 Tripodon Str. ☎210-3247605 🕐11:30~00:30 🌐週二 🌐www.scholarhio.gr ❶2人以上用餐建議事先訂位

和Psaras Tavern同樣位於衛城山腳下，且兩者相距不過步行2分鐘的距離，這間傳統希臘料理餐廳，從1935年來開始營業至今，多次獲得外國旅遊指南的推

薦。外觀是一棟裝飾盆花與常春藤的綠色建築，號稱提供最傳統的希臘家庭料理。Scholarhio菜單琳瑯滿目，每天都供應20道希臘特色菜，除了可以單點之外，也可以選擇1至多人套餐，費用每人約15歐元，人數越多則可選擇越多菜色。

Where to Buy in Athens
買在雅典

雅典的購物地圖分區明顯，想購買橄欖製品和皮涼鞋等伴手與手工藝品，非布拉卡區莫屬，如果對精品、潮流品牌和飾品感興趣，憲法廣場到科羅納基廣場一帶是最佳選擇，至於日常用品則聚集於歐摩尼亞廣場附近。

希臘第一間珠寶藝術博物館

Ilias Lalaounis位於布拉卡區的老家被改建成博物館對外開放，裡面主要展示這位珠寶設計師1957~2002年期間設計與監督的作品，想更深入了解他的作品以及創作理念的人不妨抽空前往欣賞。

Ilias Lalaounis Jewelry Museum (ILJM)

🚇搭乘地鐵2號線在Akropoli站下，後步行約5分鐘可達 🏠12 Kallisperi & Karyatidon Str. ☎210-9221044 ⏰9:00~15:00 ❌週日、國定假日 💲全票€5、半票€4 🌐www.lalaounis-jewelrymuseum.gr

中心區和布拉卡區

MAP ▶ P.66D4 Ilias Lalaounis旗艦店

🚇搭乘地鐵2、3號線在Syntagma站下，後步行約3分鐘可達 🏠6 Panepistimiou Str. ☎210-3611371 ⏰週一、週三、週六9:30~17:30，週二、週四、週五9:30~21:00 ❌週日 🌐www.lalaounis.com

希臘珠寶圈中的另一個享譽國際的知名品牌，就是Ilias Lalaounis。Ilias Lalaounis以個人姓名為品牌，這位出生於布拉卡區珠寶世家的設計師，取材自古希臘雕刻與藝術，將其重現於現代黃金飾品上，致力研究古希臘文化長達20多年的他，作品融合古往今來，其中特別是傳統手編法技巧最受矚目。Ilias Lalaounis不但在雅典、米克諾斯、聖托里尼、紐約、倫敦等地設有分店，還將他位於布拉卡區的老家改建城博物館對外開放，想更了解他作品的人不妨抽空前往欣賞。

中心區和布拉卡區

MAP ▶ P.69C1 Folli Follie

🚇搭乘地鐵2、3號線在Syntagma站下，後步行約3分鐘可達 🏠19 Ermou Str. ☎216-1007800 ⏰週一至週五9:00~21:00，週六9:00~20:00 ❌週日 🌐www.follifollie.com

Folli Follie是少數聞名國際的希臘品牌，這個專門設計和生產珠寶飾品和手錶的精品，於1982年由Koutsolioutsos夫婦創立於雅典，並於1995年時大舉進軍世界，以純銀威尼斯琉璃珠寶系列打響名號，之後陸續以色彩繽紛的半寶石和彩鑽鑲嵌走出自己的特色。

如今Folli Follie不只鑽研首飾，更積極開發皮件、太陽眼鏡等相關配件。走在雅典街頭，經常可見當地人手提Folli Follie購物袋，可見該品牌在當地人的日常生活中扮演的重要角色；目前光是在雅典就有十多家分店。

中心區和布拉卡區

MAP ▶ P.69C1 Pallet Stores

🚇搭乘地鐵2、3號線在Syntagma站下，後步行約5分鐘可達 🏠17 Evangelistrias ☎210-3232344 ⏰週一至週五9:00~21:00，週六9:00~19:00 ❌週日 🌐www.pallet-stores.gr

Pallet Stores是希臘本土的家用品連鎖店，許多城市都可看到，產品從大型家具、小型飾品、廚房杯盤、收納盒、蠟燭等生活雜貨琳瑯滿目，包括本土產品，也有不少飄著異國風，價格走平易近人路線，但仍不失活潑的現代設計感。

中心區和布拉卡區

MAP ▶ P.69C1 **Aristokratikon**

🚇搭乘地鐵2、3號線在Syntagma站下，後步行約3分鐘可達 🏠7 Voulis Street ☎210-3220546 ◕週一至週五8:00~21:00、週六8:00~16:00 ㊡週日 🆄 aristokratikon.com

　　紅色的店面和金色的招牌，Aristokratikon給人一種既復古又優雅的感覺，儘管外觀已經相當吸睛，不過櫥窗中陳列的各色巧克力，更讓人忍不住貼著玻璃仔細端倪一番。這間創立於1928年的巧克力專門店，以手工巧克力擄獲眾人的心，包括摩納哥王妃葛麗絲凱莉和希臘裔美聲歌劇女高音瑪麗亞卡拉絲，都難逃其魅力。店內的巧克力不但造型獨特且口味多樣，最重要的是口感不會太甜，也因此讓它得以風行至今。

中心區和布拉卡區

MAP ▶ P.66D4 **Zolotas**

🚇搭乘地鐵2、3號線在Syntagma站下，後步行約5分鐘可達 🏠10 Panepistimiou Str. ☎210-3601272 ◕週一、三、六10:00~16:00，週二、四、五10:00~20:00 ㊡週日 🆄www.zolotas.gr

　　Zolotas是另一個在希臘享有盛名的珠寶設計品牌。1895年時，年僅21歲的Efthimios Zolotas在雅典的St. Markos街，創立了他的第一間店，這位出身裁縫世家的男子不想繼承家業，反而前往法國鑽研珠寶設計，也因此成為首位將法國精緻的珠寶藝術技巧引進希臘的人。Zolotas擅長黃金與白金飾品，搭配鑽石鑲嵌，靈感與風格同樣取材自古希臘藝術，據說甘迺迪夫人賈桂琳生前也是該品牌的愛用者。

中心區和布拉卡區

MAP ▶ P.69B1 **Kedima**

🚇搭乘1、3號地鐵在Monastiraki站下車後，步行約3分鐘可達 🏠117 Adrianoy ☎210-3220464 ◕10:00~19:00 🆄www.kedima.gr

　　秉持著向世界推廣希臘藝術與文化的目標，創立於1986年的Kedima以高品質的傳統刺繡工藝，發展一系列美化居家的飾品。長桌巾、方桌布、手帕、杯墊、面紙盒……琳瑯滿目的用品將整間店裝飾得色彩繽紛，花朵、橄欖、辣椒全成為最美麗的刺繡裝飾，如果你熱愛居家布置，這間店恐怕會讓你荷包大為出血。

中心區和布拉卡區

MAP ▶ P.66D4 | **Fresh Line**

🚇搭乘地鐵2、3號線在Syntagma站下，後步行約3分鐘可達 🏠30 Ermou Str. ☎210-3246500 🕐週一、三、六9:00~20:00，週二、四、五9:00~21:00 🚫週日 ⓦwww.freshline.gr

走過Fresh Line門外，空氣中甜甜的香氣令人精神為之一振；走進店裡，各式造型俏皮的手工香皂簡直比真正的甜點還誘人，差一點垂涎三尺。這是希臘的香氛產品品牌，強調利用天然的、有機栽培的各種植物，提煉出香精，手工製作出香皂、沐浴品、保養品、香水等。產品系列還特地結合希臘的古老神話，以不同的神話人物像是雅典娜、阿特米斯、宙斯、荷米斯等命名。

中心區和布拉卡區

MAP ▶ P.66D4 | **Mastihashop**

🚇搭乘地鐵2、3號線在Syntagma站下，後步行約2分鐘可達 🏠6 Panepistimiou & Kriezotou Strs. ☎210-3632750 🕐週一至週五9:00~21:00，週六10:00~18:00 🚫週日 ⓦwww.mastihashop.com

希臘愛琴海島Chios，盛產一種名為Mastiha的乳香膠，這項源自天然植物乳香黃連木(lentisk)樹幹和樹枝的汁液，口感略為苦澀，呈眼淚狀滴到地下後，馬上散發出獨特的香氣。由於具備殺菌的功能，因此近年來逐漸受到矚目，從昔日運用於飲食烹調上增加香氣外，近年來也廣泛運用於醫學發展上。在這間乳香膠專賣店中，可以看見各種相關產品，從口香糖、牙膏、保養品、肥皂，到麵包塗醬、餅乾和果醬……特別是藝術氣息濃厚的包裝，更讓人愛不釋手。

中心區和布拉卡區

MAP ▶ P.66C4 | **Hondos Center**

🚇搭乘地鐵2、3號線在Syntagma站下，後步行約3分鐘可達 🏠39 Ermou Str. ☎210-3722900 🕐週一至週五9:00~21:00，週六9:00~20:00 🚫週日 ⓦwww.hondoscenter.gr/en

這是希臘本土一家頗具規模的百貨公司，光是在雅典就有超過20家分店，每個店的規模和產品重點會略有不同。在Ermou Str.上的這家分店，外觀看起來不大，裡面卻別有洞天，以女性最愛的香水、化妝品為主，再細分成不同主題。舉凡Chanel、Dior、YSL、Shiseido、Estee Lauder等國際知名品牌，到藥妝店常見的洗髮精、染髮霜、指甲油等開架式商品無所不包，還有一區可以選擇希臘當地所產的香水，組合出自己想要的香味。

中心區和布拉卡區

MAP ▶ P.69A1 | **Adrianou Str.**

🚇搭乘1、3號地鐵在Monastiraki站下車後，步行約5分鐘可達 🏠Adrianou Str. 🕐各店家不同

Adrianou路是布拉卡區又一條熱鬧的街道，大部分具有希臘特色的紀念品店都分布在這條街上，晚上還有各種攤販到這兒來湊熱鬧，販售自己設計的手工燭臺、繪畫、衣服等等，從早到晚都吸引購物的人潮。

熱門旅遊城市雅典擁有為數眾多的飯店，布拉卡區中散布許多小型旅館與民宿，大飯店則在憲法廣場和Vassilissi Sofias大道附近，經濟型旅館則多聚集於歐摩尼亞廣場附近。旺季時口碑不錯的旅店通常一房難求，最好提早預訂。

中心區和布拉卡區

MAP ▶ P.66D4 **Hotel Grande Bretagne**

🚇搭乘地鐵2、3號線在Syntagma站下，後步行約1分鐘可達 📍1 Vasileos Georgiou A'str., Syntagma Square ☎210-333000 🌐www.grandebretagne.gr

位於憲法廣場旁的Grande Bretagne飯店，堪稱雅典最奢華且最具代表性的飯店，它不但是當地飯店界的龍頭，更是一處歷史古蹟，1842年時由一棟豪宅改建而成，30年後以今日的名稱對外開放，後來在第二次世界大戰期間一度改設為德軍總部，也曾經在戰後成為首相府邸，直到2003年時，才又以飯店之姿重新開幕。

它的客房洋溢著舊時代的優雅氛圍，吸引過邱吉爾和伊莉莎白泰勒等政商名流和知名藝人下榻，儘管位於車水馬龍的憲法廣場，卻因雙層玻璃隔絕了戶外的喧囂，使它坐擁衛城美景之時仍能提供旅客最舒適的環境。

中心區和布拉卡區

MAP ▶ P.69C2 **Electra Palace Hotel**

🚇搭乘地鐵2、3號線在Syntagma站下，後步行約6分鐘可達 📍18-20 N.Nikodimou Str ☎210-3370000 🌐www.electrahotels.gr

屬於創立於1965年的Electra Hotel & Resort集團下的5星級飯店，Electra Palace Hotel飯店如其名，擁有非常富麗堂皇的外觀，設有標準客房、坐擁衛城美景的景觀房、小套房、大套房和總統套房等房型。客房採用溫暖的黃色系色調，鋪著舒適的地毯，所有配備等同各大同級飯店，並提供筆電尺寸大小的保險箱。餐飲方面除Motivo餐廳外，還有一座頂樓花園餐廳Electra和英式酒吧Duck Tail，其他設施更包括健身房，以及提供按摩水池的戶外游泳池與池畔酒吧。

中心區和布拉卡區

MAP ▶ P.69C2 **Hotel Nefeli**

🚇搭乘地鐵2、3號線在Syntagma站下，後步行約10分鐘可達 📍16 Iperidou Str. ☎210- 3228044 🌐www.hotel-nefeli.com

位於布拉卡區的核心，一出旅館後左轉，不到2分鐘的時間，便能抵達該區最熱鬧的購物街與餐廳街，輕鬆選購伴手禮或大啖美食，至於當地熱門景點衛城和奧林匹亞宙斯神殿，也同樣在步行約5~7分鐘可達的距離，對於拜訪雅典的遊客來說相當方便。

Hotel Nefeli創立於1976年，雖坐落於鬧區卻擁有寧靜的氣氛，客房簡單但乾淨，擁有大片窗戶或陽台，因此室內採光佳。櫃台服務人員熱心親切，提供家庭旅館的輕鬆氛圍。值得一提的是，旅館的早餐雖非自助餐式，不過甜橙、水煮蛋、乳酪、麵包和蛋糕令人感到相當飽足。

中心區和布拉卡區

MAP ▶ P.69C2 **Hermes Hotel**

🚇搭乘地鐵2、3號線在Syntagma站下，後步行約5分鐘可達 📍19 Apollonos ☎210- 3222706 🌐www.hermeshotel.gr

位於布拉卡靠近憲法廣場附近街道裡的Hermes Hotel，和Plaka Hotel、Athens Center Square Hotel同屬雅典旅館集團(Athens Hotels Group)一員，以大片玻璃打造的外觀，僅寫著大大的飯店名稱，展現精品旅館低調且簡約的精神。飯店客房配備木頭地板、浴室、衛星電視、電話、小冰箱、保險箱以及45分鐘防火門，該旅館特別重視房客的安全，並提供優質的服務。

中心區和布拉卡區

MAP ▶ P.69C2 **Acropolis House**

🚇搭乘地鐵2、3號線在Syntagma站下，後步行約8分鐘可達 🏠6-8 Kodrou Str. ☎210-3222344 🌐www.acropolishouse.gr

位於布拉卡區的狹窄巷弄間，這棟外觀呈現淺粉橘色的建築，是一棟迷人的小屋。1965年時Choudalaki一家將這棟19世紀的房屋改建成旅館，並且一直經營至今，雖然是間2星級旅館，不過布置溫馨宜人，且洋溢著家庭般的輕鬆氣氛，因此相當受到遊客歡迎。此外，雖然建築外觀保存了早期的模樣，內部卻增添了不少現代化設備，為了讓遊客也能消磨些悠閒時光，該旅館還附設了一間小型的圖書館，供下榻者外借與翻閱。

中心區和布拉卡區

MAP ▶ P.66B6 **Acropolis Museum Hotel**

🚇搭乘2號地鐵在Akropoli站下車後，步行約5分鐘可達 🏠48 Sygrou Avenue ☎210-9249050 🌐www.acropolismuseumhotel.com

這間位於新衛城博物館以南不遠處的衛城博物館飯店，是一間迷你的精品飯店，不但前往哈德良拱門與衛城不過幾步之遙，前往憲法廣場也只需10分鐘左右的步行時間。

風格優雅的客房，有單人、雙人、三人到家庭房型等，分居於一棟2007年時經重新整修的古典建築的3層樓空間中，客房以白色牆壁搭配粉橘或金色窗簾和木頭家具，給人時髦中不失穩重的印象，除了配備DVD和Wifi等現代設施外，並採用馬毛、椰子等自然素材製造的床墊。飯店本身提供多項服務，包括餐飲、旅遊諮詢、24小時客房服務，以及按摩等等，讓房客盡可能擁有最精緻且全面的體驗。

中心區和布拉卡區

MAP ▶ P.69C2 **Hotel Adonis**

🚇搭乘地鐵2、3號線在Syntagma站下，後步行約6分鐘可達 🏠3 Kodrou & Voulis Str. ☎210-3249737 🌐www.hotel-adonis.gr

位於Acropolis House斜對面的Hotel Adonis，只掛著一塊小小的招牌，再加上一旁有間非常大的藝品店，因此經常讓人忽略它的存在。該旅館於1975年開幕營至今，房間雖然不大，但是乾淨、明亮，且配備電視、電話、冷氣和Wifi等設施。此外，它位於5樓的露臺餐廳，因為可以欣賞衛城的風光，因此夏季時非常受到房客的青睞。旅館內還附設有旅遊諮詢櫃台，甚至可安排租車和旅遊行程，非常方便。

歐摩尼亞廣場周邊

MAP ▶ P.66B2 **Delphi Art Hotel**

🚇搭乘1、2號地鐵在Omonia站下車後，步行約5分鐘可達 🏠Agiou Konstantinou 27 ☎210-5244004 🌐www.hotelsgreco.com/delphi-art-hotel/

坐落於國家劇院(The National Theatre)對面的Delphi Art Hotel位於歐摩尼亞廣場的西側，被評定為3星級飯店，客房內挑高的天花板、木質的窗櫺和地板，的確透著幾分藝術氣息。最重要的是交通方便，步行即可抵達中央市場，前往繁華的憲法廣場或蒙納斯提拉奇廣場都只需搭一站地鐵即可。

歐摩尼亞廣場周邊

MAP ▶ P.66B1 **Hotel Ariston**

🚇搭乘2號地鐵在Larissa Station站下車後，步行約1分鐘可達 🏠Neofitou Metaxa 35 & Diligianni 50 ☎210-8253111 🌐www.ariston-hotel.info

就在拉里西斯火車站的對面、地鐵站的旁邊，距離大賣場步行不到5分鐘，方便的地理位置讓Hotel Ariston受遊客歡迎。該3星級旅館於2004年8月開幕，擁有35間客房，雖然空間不大，但是卻巧妙利用設計發揮出最大的效益，此外由於建築本身位於轉角，使得每個房間都能擁有俯視火車站或廣場的陽台。旅館採用米色系與簡約風格，位於一樓的咖啡館兼酒吧，洋溢著時尚咖啡館的氣氛，給人相當悠閒的感受。

科羅納基廣場周邊

MAP ▶ P.94B2 **St. George Lycabettus Hotel**

🚇搭乘3號地鐵在Evangelismos站下車後，步行約8分鐘可達 🏠2 Kleomenous Str. ☎210-7416000 🌐www.sgl.gr

坐落於豪宅、領事館聚集的卡羅納基區，St. George Lycabettus Hotel位於雅典兩大制高點之一的利卡維多斯山丘山腳下，擁有非常幽靜且遺世獨立的環境，適合渴

望遠離喧囂且能坐擁美景的遊客。

這家優雅的飯店位於略高的地勢，讓它得以俯瞰下方白色房舍層層堆疊的美麗風貌，和遠方高聳於山丘上的衛城宏偉景觀，視野之美令人屏息，除了舒適高雅的客房外，飯店還附設Spa中心、健身房、露天游泳池和藝廊，提供身心靈全方位的享受。

歐摩尼亞廣場周邊

MAP ▶ P.85A2 **Parnon Hotel**

🚇搭乘1、2號地鐵在Omonia站下車後，步行約3分鐘可達 🏠21 Chalkokondili str. ☎210-5230013 🌐www.parnon-hotel.gr

位於歐摩尼亞廣場北側的Parnon Hotel，屬於典型的商務小旅館，內部維持得還算乾淨、舒適，最重要的是交通便利，步行5分鐘左右即可抵達國家考古博物館，離中央市場、雅典學院等「三胞胎」也很近，前往繁華的憲法廣場或蒙納斯提拉奇廣場只需搭一站地鐵，而且價格相當實惠，上官網訂房更貼心地提供正體中文的語言選擇。

科羅納基廣場周邊

MAP ▶ P.67H3 **Airotel Stratos Vassilikos Hotel**

🚇搭乘地鐵3號線在Megaro Moussikis站下車後，步行約15分鐘可達 🏠114 Michalakopoulou Str. ☎210-7706611 🌐www.airotel.gr/en/Stratos-Vassilikos-793.htm

位於博物館和大使館齊聚的Vassilissi Sofias大道附近，Stratos Vassilikos Hotel擁有高級住宅區的幽靜氣氛，卻也具備了便利的交通要素與生活機能。飯店旁坐落著超市和餐廳，由飯店步行約5分鐘的時間，即可抵達巴士站，能搭乘X95號巴士前往機場，此外由飯店步行約15分鐘，也能抵達3號線地鐵站Megard Moussikis。

飯店洋溢著義大利文藝復興風格，色彩繽紛的大廳裝飾著美麗的花草圖案，提供活潑中不失優雅的格調。淺色系的客房擁有大片玻璃窗或陽台，給人舒適的感受，其他設施方面還包括餐廳、會議室、三溫暖與健身房，是一間精緻的飯店。

雅典近郊
Around Athens / Αττική

以雅典為中心向四周擴展,這片包含雅典在內的區域,稱之為阿提卡地區(Attica／Αττική)。阿提卡是一塊朝著愛琴海延伸的三角形半島,四周分別與Kithairon山脈、科林斯運河、薩羅尼克灣以及Euboea海島為鄰,打從遠古時代開始,它就和當時最偉大的城市——雅典的發展有著密不可分的關係,而隨著不同政權的遷移與統治,也在這塊土地上留下了不少值得一探的古蹟。

雅典前往離島的重要跳板皮瑞斯(Piraeus),距離前者不過10公里遠,然而這座城市並沒有什麼特殊的景點,倒是從這裡開始往東南方延伸的阿波羅海岸(Apollo Coast),有著長達70公里的迷人海灘,夏季時如織的遊人將其點綴的五彩繽紛,而位於該海岸最南端的蘇尼翁,於海岬上矗立著海神殿,以美麗的日落海景著稱。另一處值得一探的古蹟,是位於雅典以西約11公里處的達芙妮修道院,這座名列世界遺產的建築,雖然外觀在大地震後仍必須借助大量鋼架支撐,然而內部金碧輝煌的拜占庭鑲嵌壁畫,正逐步在世人面前回復動人的面貌。

INFO

基本資訊

人口:官方數據不包括雅典在內共約315萬

面積:3,808平方公里

區域號碼:(210)

雅典近郊

Mt. Pendeli ▲ Petalia Gulf

達芙妮修道院 Daphni Monastery

皮瑞斯 Piraeus

雅典 Athens

Spata 雅典機場 Athens Airport

Salamina Bay

Markopoulo

阿波羅海岸 Apollo Coast

Varkiza Beach

愛琴娜島 Aegina

薩羅尼克灣 Saronic Gulf

Lavrio

蘇尼翁 Sounion

圖例 教堂 碼頭 海灘 機場 火車站

皮瑞斯港

國鐵皮瑞斯港站
（經雅典往伯羅奔尼薩半島）
Akti Kondili

國鐵皮瑞斯港站
（往北部）

往克里特島

地鐵皮瑞斯港站 (Piraeus)

往西克拉德斯群島
（米克諾斯島、聖
托里尼島等）

Plateia Karaislak
廣場

National Bank
of Greece

巴士總站
往機場巴士站

Acropole

往愛琴海北部
（Chios島、
Lesvos島等）

往西克拉德斯群島
（米克諾斯島、
聖托尼尼島等）

Plateia
Themistokleous
廣場

Plasteia Korai
廣場

Great Harbour
大港

聖特里亞達大教堂
Agia Triada
Akti Miaouli

圖例　▲火車站　✈機場　🏠飯店　🚌巴士站
　　　⚓乘船處　🚢港口　✉郵局　🏦銀行
　　　鐵路　━━━　✝教堂　Ⓜ地鐵

奧林匹克航空
Olympic Air

國際航線港口

往雅典憲法廣場巴士
Akti Xaveriou

往雅典憲法廣場巴士

MAP ▶ P.107A2

皮瑞斯
Piraeus/Πειραιάς

航向愛琴海的重要起點

📍從雅典市區搭乘1號地鐵往南行，在終點站Piraeus站下即達；亦可從拉里西斯火車站搭火車在Piraeus站下；從機場搭X96號巴士經Glyfadha和沿海郊區可抵皮瑞斯港。

位於雅典西南方約10公里處的皮瑞斯港，是從雅典出發前往愛琴海各島嶼、甚至往來鄰近各國渡輪進出的主要港口，可搭乘地鐵、巴士或火車前往，不過搭乘地鐵是最方便划算的方式，從雅典出發車程約需20~25分鐘。

皮瑞斯的發展歷史相當久遠，早在西元前5世紀時，就是雅典人航向愛琴海的重要跳板。但是隨著希臘在歷史舞台逐漸沉寂，皮瑞斯也隨之沒落，直到19世紀才又回復蓬勃的生氣。

24小時營運的皮瑞斯港占地廣大，是目前全歐洲最大的客運港口，港邊林立著許多販售船票的旅行社，還有不同船公司的辦公室。由於乘船碼頭非常多，因此從港口走到碼頭，按照船班出發的位置所需時間各不相同，一定要事先確認好自己搭船的地方，才不會發生上錯船或錯過乘船時間的窘況。

遊客來到皮瑞斯，幾乎都只是為了趕搭船班。如果時間還算充裕，不妨在碼頭附近逛逛，巷子裡有個傳統市場，魚、肉、蔬果分區清楚，販賣肉品的攤販身穿整齊的白袍，令人印象深刻；隔幾條街距離的聖特里亞達大教堂(Agia Triada)雖然是第二次世界大戰後重建的教堂，但融合哥德式、羅馬式和拜占庭式的建築外觀，頗引人注目。

MAP ▶ P.107B3

蘇尼翁

Sounion/Σούνιο

海角追尋夕陽美景

🚌 從雅典的國家考古博物館旁的巴士總站搭乘巴士前往蘇尼翁，每日3班；班次查詢：ktelattikis.gr ⏰ 雅典到蘇尼翁10:30、14:30、16:30；蘇尼翁到雅典13:45、17:30、20:00 💲 單程票€5~7，於車上購票(只接受現金)

愛琴海的由來其實是椿悲劇？

在古希臘神話中，在克里特島有頭半人半牛的怪物(Minotaur)危害世人，雅典國王愛琴(Aegeus)的兒子忒修斯(Theseus)便自告奮勇要去刺殺這頭怪物，愛子心切的國王臨行前與忒修斯約定，如果他凱旋歸來，就將船帆換成白色，如若失敗身亡則用原本的黑帆。掛念兒子安危的國王每日都到蘇尼翁角眺望過往船隻，結果當忒修斯歷經險阻完成任務平安歸來時，一時太過興奮而忘記了將船帆換成白色，愛琴國王從岸邊看到兒子船上的黑帆誤以為兒子被怪物吃掉了，悲痛的跳海自盡，為了紀念他，從此這片海就命名為愛琴海。

距離雅典市區約70公里的蘇尼翁，是最受雅典居民喜愛的休憩場所，也是以夕照聞名的浪漫場景，關於它最早的記載，出現於荷馬史詩《奧德賽》中，不過讓世人對它留下深刻印象的，是英國詩人拜倫(Lord Byron)兩度造訪後，在《希臘島嶼》(Isles of Greece)中那段寫下對它的描述，以及他刻在神殿柱子上的「簽名」。

蘇尼翁位於阿提卡半島東南隅，是一座三面環海的海岬，從雅典市區往蘇尼翁，濱海而行，沿途所見都是戲水休閒勝地，尤其是假日，這些海灘滿是前來玩水的雅典居民。

海神殿
Temple of Poseidon／Ναός του Ποσειδώνα

📞 229-2039363 ⏰ 9:30~日落 🚫 1/1、3/25、5/1、12/25~12/26、復活節週日 💲 成人€10、半票€5 🌐 odysseus.culture.gr/h/3/eh355.jsp?obj_id=2390

蘇尼翁的地標，是雄踞於海拔約60公尺高岩丘上的海神殿。西元前5世紀，雅典市民特別在這個面海的岬角，建造神殿獻給海神波塞頓，與雅典衛城屬於同一時期的作品，兩者也都是多立克列柱的大理石建築，原本前後各有6根、側面各13根多立克式柱，但現在僅存部分，根據推測，它可能由雅典古市集的建築師Hephaisteion所設計。

即使建築並不完整，但由於地理位置居高臨下，殘缺神殿襯著碧藍的海水，這樣的景致更顯浪漫，天氣晴朗時，可以遠眺附近愛琴娜等島嶼和伯羅奔尼薩半島東側，尤其黃昏時分，更吸引許許多多的遊人在這裡觀看夕陽。不過，如果是搭乘巴士前來，得注意最後一班車的時間。

MAP ▶ P.107A2

達芙妮修道院

MOOK Choice

Daphni Monastery/Μονή Δαφνίου

金碧輝煌拜占庭式教堂

🚇 從地鐵站Agia Marina下車後，搭乘801、811、836、865、866、876、A16等公車至Psyciatreio /Moni Dafniou站 ☎210-5811558 ⏰週三至週六08:30~15:30 ❌週一、週二、1/1、3/25、5/1、12/25~26 💲免費 🌐odysseus.culture.gr/h/2/eh251.jsp?obj_id=1514

　　坐落於銜接雅典和科林斯的國道旁，隱身於森林中的達芙妮修道院和公路上車水馬龍的景象形成強烈對比。今日的達芙妮修道院創立於1080年，然而早在6世紀時，這裡就已經出現過一座獻給聖母瑪莉亞的小型修道院，不過因7~8世紀時斯拉夫人入侵，使得該修道院遭到棄置。

　　達芙妮修道院在興建的過程中躲過了多次遭入侵者破壞與地震的厄運，落成為一座十字造型、中央聳立大型圓頂的拜占庭式建築，1211年時來自法國的西斯妥會修士(Cisterican Monks)替修道院的立面增建了兩座法國哥德式的拱門，然而到了土耳其人統治時期，這裡成為一處軍營，直至16世紀才重回希臘東正教的懷抱。不過達芙妮修道院在1889和1897年歷經兩次地震的破壞，結構大大損毀，儘管在政府的多方搶救下加以鞏固和整修，然而1999年的另一場地震更是給它致命的一擊。

　　修道院內部有一座小型博物館展出支柱雕刻與殘缺的浮雕裝飾，二樓還有一座投影室不斷放映內部馬賽克鑲嵌修復後重現昔日的面貌。至於修道院本身，必須請管理員開門陪同入內參觀，先知、天使、聖母……各個姿態生動且金碧輝煌的重現於觀賞者的眼前，至於位於圓頂中央的全能耶穌，注視著人世間的子民。

　　由於拜占庭式的馬賽克鑲嵌不但耗時且斥資繁重，因此11世紀後許多拜占庭教會幾乎都不採用馬賽克鑲嵌，也因此達芙妮修道院成為該風格最晚期的代表作，為希臘倖存的三座拜占庭教會之一，名列世界遺產。

誰是達芙妮？

　　達芙妮修道院坐落的這片土地，早在4世紀時就曾經出現過一座阿波羅神殿，而這也是達芙妮當地名稱的由來！達芙妮在希臘文中的意思是「月桂樹」，據說阿波羅因為中了愛神的箭，於是瘋狂追求河神的女兒達芙妮，不堪其擾的女方於是要求宙斯將她變成月桂樹，也因此在此區經常可見該樹蹤跡。

德爾菲
Delphi (Dhelfí) / Δελφοί

坐落於高山的平台上，俯視著綠意盎然的橄欖園和遠方的科林斯灣，遺世獨立的德爾菲洋溢著清幽且神秘的氣氛。根據傳說，某日宙斯興起得知世界中心的念頭，於是釋放了兩隻老鷹，牠們各自飛往東、西方，最後於德爾菲交會，也因此使得它從此被認定為世界的中心。

然而真正讓德爾菲在古希臘歷史上扮演重要角色的，卻是阿波羅的神諭。話說某次阿波羅行經此地，為它起伏的地勢與景觀所吸引，於是祂射殺了原本守護於此的大地的兒子Python，取而代之成為當地的主人，從此，德爾菲就成為阿波羅的聖地。阿波羅的神諭對希臘人來說舉足輕重，祂不但成功預言了伊底帕斯弒父娶母，許多希臘的大事也都是根據祂的神諭裁示決定，因此在西元前6世紀時，德爾菲成為全希臘最重要且最神聖的聖地，大量湧進的阿波羅信徒，還包括遠從西班牙和黑海等殖民地而來的朝聖者。儘管今日的德爾菲只是一座小城鎮，不過從其阿波羅聖域和雅典娜聖域等遺跡，不難追憶昔日盛極一時的繁榮。

INFO

基本資訊
地理位置：位於雅典西北方約178公里處
人口：約1,500人
區域號碼：(22650)

如何到達
◎長途巴士
　　從雅典搭巴士前往，每天4班巴士前往德爾菲，車程約2.5小時。
🔽雅典到德爾菲8:30、10:30、15:00、18:00；德爾菲到雅典5:30、11:00、16:00、18:30
💲單程票€15.10
🔗www.ktel-fokidas.gr/en/delphi/delphi-athina-delphi

德爾菲　N
A. Diakou Str.　競技場 Stadium　卡斯塔利亞泉 The Castalian Spring
Temenos (Sanctuary) of Apollo　阿波羅聖域
Osiou Louka Str.　Sikelianos Str.　ATHENS
EUROPEAN CULTJRAL CENTER
德爾菲考古博物館 Archaeological Museum of Delphi
Apollonos Str.
體育訓練場和雅典娜聖域 Gymnasium & Athena Pronaia Sanctuary
←To iTEA　Pavlou-Friderikis Str　Hotel Hermes　公車站
Tennis Court
Philhellinon Str.
Pavillon
圖例　●公車站 ●飯店 ●景點 ●大樓　●競技場 ●學校 ●博物館

MAP ▶ P.111B1

阿波羅聖域

MOOK Choice

Sanctuary of Apollo / Ιερό του Απόλλωνα

西元前希臘的宗教中心

🚶 從巴士站步行前往約25分鐘可達　🏠 T.K. 33054, Delphi　☎ 22650-82313　🕐 08:00~20:00，閉館前20分鐘最後入場　⊘ 1/1、3/25、5/1、12/25~12/26、復活節週日　💲 全票€12、優待票€6 (含德爾菲考古博物館)　🌐 odysseus.culture. gr/h/3/eh355.jsp?obj_id=2507

德爾菲在邁錫尼時代末期就已經出現組織完整的聚落，隨著西元前8世紀時來自克里特島的祭司們，將對阿波羅神的信仰傳入希臘中部，才使得這座城鎮真正開始發展。阿波羅祭儀的流傳和神諭的聲名遠播，使得德爾菲到了西元前7世紀時，已經成為一處廣為世人所知的宗教中心，擁有整套完整規畫的祭祀方式，不過也因此受到鄰近城市的覬覦，他們發動多次戰爭希望征服德爾菲，所幸都被其他希望和眾神結盟的強大政權幫忙平定。

然而到了羅馬人統治時期，多位將軍和皇帝從中搜刮不少古物，其中光是尼祿就帶走了多達500件的雕像。到了基督教統治時期，德爾菲逐漸失去了它在宗教上的重要性，4世紀時迫使希臘人改教的拜占庭皇帝，下令禁止信仰阿波羅、同時停辦皮西亞慶典(Pythian Games)，也使得德爾菲從此退出當地的宗教舞台。於是阿波羅聖域逐漸埋藏於荒煙蔓草間，直到1892年開始，因為位於雅典的法國考古學校的發現，才使得這片遺跡得以重現於世人的眼前。

羅馬市集Roman Agora

沿著入口的指標往前走，首先映入眼簾的是羅馬市集。如今在一片長方型的廣場前，只剩下部分廊柱和擁有半圓拱的建築遺跡，這裡昔日林立著商店，販售與祭祀相關供品以及朝聖者沿途所需的備品，熱鬧之情可以預見。

聖道Sacred Road

踏上市集西側的階梯，才算走進阿波羅聖域，這處分布於山丘上的聖地，昔日應是處於與民居區隔開來的圍場。在這段通往山上的聖道前段，沿途聳立著多座只剩斷垣殘壁的獻納像和獻納紀念碑，它們都曾收藏著多座希臘城市獻給阿波羅的供品，其中大多為雕像，用來感謝神明對其戰爭勝利或重大活動的保佑。

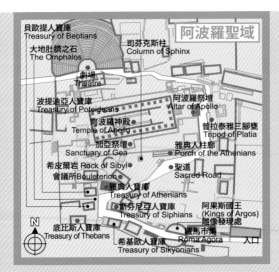

阿波羅聖域

貝歐提人寶庫
Treasury of Beotians
大地肚臍之石
The Omphalos
司芬克斯座
Column of Sphinx
劇場
Theatre
波提迪亞人寶庫
Treasury of Poteideans
阿波羅祭壇
Altar of Apollo
阿波羅神殿
Temple of Apollo
普拉泰雅三腳甕
Tripod of Platia
加亞祭壇
Sanctuary of Gea
雅典人柱廊
Porch of the Athenians
希皮爾岩 Rock of Sibyl
會議所 Bouleterion
聖道
Sacred Road
雅典人寶庫
Treasury of Athenians
斯芬尼亞人寶庫
Treasury of Siphians
阿果斯國王
(Kings of Argos)
雕像發現處
底比斯人寶庫
Treasury of Thebans
羅馬市集
Roma Agora
入口
希基歐人寶庫
Treasury of Sikyonians

雅典人寶庫 Treasury of Athenians

雅典人寶庫是目前阿波羅神域中保存得最完整的寶庫，於20世紀初經過整修。這棟多利克式建築以大理石打造而成，應是以雅典對馬拉松戰役中掠奪而來的財物為資金，在建築正面(南面)的三角平台上，敘述的正是這場戰役。建築四面的浮雕大約出現於西元前505~500年間，其中東面的帶狀裝飾描繪對Amazon的戰役，至於北面和西面則歌頌大力士赫克力士的英勇事蹟，南面則讚許Theseus的輝煌成就。

希皮爾岩 Rock of Sibyl

在雅典人寶庫和雅典廊柱之間的區域，是德爾菲最古老的膜拜場所，獻給當地原本的守護者大地之母加亞(Gaea)，可見其祭壇(Sanctuary of Gaea)遺跡。據說當衪的兒子Python遭阿波羅殺害後，Python的遇害地點出現了一座至今依舊存在的乾泉。而在祭壇附近有一塊造型奇特的石頭——希皮爾岩，相傳德爾菲的首位祭司便是坐在這塊岩石上，向加亞女神請示神諭。

皮西亞慶典 Pythian Games

皮西亞慶典曾是德爾菲當地最重要的慶祝儀式，這項每4年舉辦一次的活動，主要用來紀念阿波羅戰勝Python。競賽除了舉行儀式和獻祭外，也在競技場舉行運動比賽、在劇場進行音樂競賽，同時在下方的平原的賽馬場中展開馬車競速，活動長達6~8天，儘管獲勝的參賽者只會贏得一頂象徵阿波羅的桂冠，不過其榮耀絕非世俗財物所能衡量。在此期間，希臘各地將停戰3個月，此習俗在古希臘的政治生活中扮演著非常重要的角色。

寶庫 Treasuries

過了第一個轉彎處開始出現寶庫，此段聖道被稱為「寶庫交叉點」(Treasuries Crossroad)，沿途坐落著希基歐人寶庫(Treasury of Sikyonians)、提貝人寶庫 (Treasury of Thebans)、貝歐提人寶庫(Treasury of Beotians)、波提迪亞人寶庫(Treasury of Poteideans)和斯芬尼亞人寶庫(Treasury of Siphians)等，其中在貝歐提人寶庫和波提迪亞人寶庫之間，可以看見一塊位於方形石模中的尖石，這是修復後的「大地肚臍」(The Omphalos)之石，由於德爾菲被認為是世界的中心，因此也是大地肚臍的所在地。至於大約興建於西元前525年的斯芬尼亞人寶庫，是其中最精緻的建築之一，曾裝飾著大量的浮雕和兩根女性柱，如今這些都收藏於德爾菲的考古博物館。

雅典人柱廊 Porch of the Athenians

一根根以獨塊巨石打造的廊柱，架構出長30公尺、寬4公尺的建築面積，根據記載於柱座的銘文說明，雅典人之所以興建這座建築，目的在於展示他們從對波斯海戰的勝利中搜刮而來的戰利品。

能不能進請示神諭
還要先過山羊這一關？

由於每年請示神諭的時間短暫且前來的信徒眾多，因此神殿的祭司必須先篩選有資格進入神殿的人們。

信徒會先獻上帶來的禮物，然後由神殿祭司朝一頭山羊身上潑冷水，如果山羊沒有顫慄，會被認為是不祥之兆，代表這位信徒不為神所接受；反之，如果信徒被接受的話，這頭山羊就會被進獻給神，信徒自然可以進入神殿提問，不過這個問題被回答與否還要取決於神的旨意，所以神諭可不是那麼容易得到的呢！

阿波羅神殿Temple of Apollo

聳立於山間平台上的阿波羅神殿，是整座聖域甚至德爾菲的核心！

在它的東側前方屹立著一座大祭壇，長8.6公尺、寬5公尺、高4公尺，節慶時上方總是堆滿來自信徒的供品，根據上方的銘文記載，這座大祭壇由享有特權無須等候便能直接請示神諭的Chian人，出資興建於西元前5世紀。

至於如今出現於我們眼前的阿波羅神殿，是西元前4世紀時第5次於同一處地點和地基上重建的建築，由希臘各城邦合資。傳說首座阿波羅神殿以月桂葉蓋成，第二座神殿則是取材自蜂蠟與蜜蜂的翅膀，第三座神殿以青銅打造，第四座神殿則由Trophonios和Agamedes兩座神話建築組成，不過西元前548年時，第四座神殿被其他建築當成採石場而遭到破壞。

第五座神殿共分為3層，四周分別圍繞著6或15根的柱廊，位於中央的主殿另有一圈圍廊。神殿的三角楣裝飾著象徵古希臘藝術的雕刻，東面描繪阿波羅和祂的母親列托以及雙胞胎妹妹阿特米斯抵達德爾菲時，受到年輕男女歡迎的場景，西面則重現眾神與巨人族的戰爭。然而該神殿於西元前373年時因地震而傾倒，所以今日所見面貌為重建的結果，落成於西元前330年，無論體積、風格、結構都和之前的舊神殿一模一樣，差別只在於西面的三角楣以Helios日落為雕刻題材。

位於神殿最深處的聖壇分為兩層：上層曾經放置著一尊金色的阿波羅雕像，下層是女祭司——「皮西亞」(Pythia)走下來宣告神諭的地方。最初，每年只能請示一次神諭，約在現代的2~3月間阿波羅誕生月份時，前後共約7天，後來除了冬季外，每個月都開放請示。

劇場Theatre

位於阿波羅神殿後方山坡上的劇場，是昔日皮西亞節慶舉辦音樂和戲劇競賽的場地，興建於西元前4世紀，並於西元前2世紀時由羅馬人加以整修。在它分成35排的座位中，共可容納多達5,000名的觀眾，至於分成3個部分的舞台，正面原本裝飾著赫克力士的戰功，如今收藏於博物館中。

競技場Stadium

沿著巨場後方的坡道繼續往上行走，最後會通往舉辦運動賽事的競技場。興建於西元前5世紀，既像橢圓形又像長方形的它長180公尺，主要為了賽跑而設計，北面有12排座位、南面有6排，共可容納7,000人。

MAP ▶ P.111B1

德爾菲考古博物館

Archaeological Museum of Delphi/
Αρχαιολογικό Μουσείο Δελφών

德爾菲珍寶重地

🚶 從巴士站步行前往約15分鐘 🏠 T.K. 33054, Delphi ☎ 22650-82313 🕐 週三至週一08:00-20:00、週二10:00-17:00，閉館前20分鐘最後入場 🚫 1/1、3/25、5/1、12/25~12/26、復活節週日 💲 全票€12、優待票€6 (含阿波羅聖域) 🌐 odysseus.culture.gr/h/1/eh155.jsp?obj_id=3404

　　從德爾菲市區前往阿波羅聖域前，會先抵達德爾菲考古博物館，造型簡約、現代的它，最初由希臘政府和挖掘德爾菲遺跡的法國考古學校一同創立於1903年，不過今日的面貌是經過多次整合後的結果。

　　考古博物館中收藏的展品，以德爾菲遺跡中出土的文物為主，其中大致可分為兩大類：一為昔日當作供品的青銅像和大理石像，以及青銅器、珠寶和各類黏土器皿；另一則是裝飾神殿或寶庫等建築的帶狀雕刻、三角楣浮雕等等。在時代上則區分為史前、幾何時期(Geimereric Period)、古樸時期(Archaic Period)、古典時期(Classic Period)、希臘化時期(Hellenistic Period)以及羅馬時期(Roman Period)，其中又以西元前7~西元前6世紀德爾菲發展達到巔峰的古樸時期最具看頭，至於收藏德爾菲考古博物館鎮館之寶《馬車夫》青銅像和《舞者之柱》的古典時期，也不能錯過。

馬車夫The Charioteer

　　這尊青銅雕像是博物館中最傑出的收藏之一，身著傳統高腰束帶馬車服飾Chiton的年輕男子，右手依舊拿著韁繩，他是馬車競賽中的冠軍，頭上戴著象徵勝利者的鍍銀緞帶，正在接受民眾的喝采。男子的臉部是這件作品最出色的地方，不同材質鑲嵌而成的眼珠與眼球搭配微張的嘴唇線條，表現出一種謙遜的神色。這尊年代回溯到西元前470年的作品，是當時在皮西亞慶典中贏得馬車賽冠軍的Polyzalos獻給阿波羅神的供品，事實上這件作品相當龐大，原本還有馬車與駿馬，不過其他部分已殘缺不堪。

安提努斯像Antinoos

　　安提努斯是羅馬皇帝哈德良的摯友，為了紀念悲劇中喪生的他，哈德良下令境內許多城市和聖域必須崇拜他，同時獻納了多座雕像加以紀念。這尊位於德爾菲的安提努斯像大約出現於130~138年間，微略側傾的臉龐，展現了淡淡卻令人動容的憂傷。

舞者之柱Column with the Dancers

　　舞者之柱原本是支撐某座巨大金屬三腳甕(Tripod)的底座，上方有3位少女的雕像，高度超過11公尺的它曾是阿波羅聖域中最引人注目的古蹟之一，整體以大理石雕刻而成，根據推測應該是西元前4世紀時希臘人奉獻的禮物之一。

大地肚臍Omphalos

一塊象徵德爾菲為世界中心的石頭，複製曾經放置於阿波羅神殿中聖壇的原石，據測應為希臘話或羅馬時期的作品，上方裝飾著稱為Agrenon的網紋。

司芬克斯像Sphinx

在希臘神話中角色混沌的司芬克斯，經常被當成聖域中的獻納供品或是葬禮紀念碑。這尊司芬克斯像原本聳立於一根位於加亞祭壇旁高11公尺的柱頭，是Naxian人西元前560年左右獻給德爾菲的供品，它龐大的體積象徵獻祭者的財富與顯赫。

斯芬尼亞人寶庫的裝飾
Decorations of Treasury of Siphians

考古博物館中大量收藏了斯芬尼亞人寶庫的裝飾，包括三角楣上的雕刻與帶狀浮雕。北側帶狀浮雕敍述希臘眾神大勝巨人族，可以看見阿波羅和阿特米斯聯手出擊，以及赫拉跪踩在一位死亡戰士身上的場景。

值得注意的是，浮雕中的希臘眾神都對右方，那是希臘藝術文化中對於獲勝者的表現方式，而巨人族自然面對左方。東側浮雕則重現奧林匹克眾神觀賞特洛伊戰爭(Trojan War)的場景，浮雕左邊呈現的是神界，右邊則是戰爭場景。

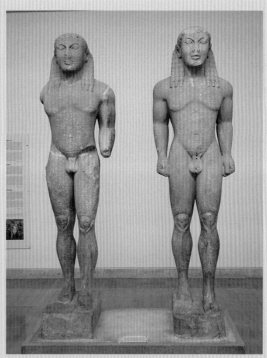

阿果斯雙男子像The Twins of Argos

這兩尊高達2公尺的雕像，是西元前6世紀時的作品，出自阿果斯藝匠之手，部分學者認為他們是當地傳說中的雙胞胎英雄Cleobis和Biton，但也有人認為他們是宙斯的雙胞胎兒子Castor和Pollux，無論如何這組雕像都見證了即將進入古樸時期的藝術發展。

MAP ▶ P.111B2

體育訓練場

Gymnasium/γυμνάσιον

見證古希臘人熱愛運動

📍從巴士站步行前往約30分鐘可達　🏠就在阿波羅聖域對面的谷地中　💲免費

　　從阿波羅聖域前方的道路上，可以看見另一側山谷中散落著一些石塊與柱腳，這些基石見證著曾經坐落於此且面積廣大的體育訓練場。

　　在古希臘時期，體育訓練場對於希臘各城邦或聖域來說是不可或缺的設施，年輕人在此接受訓練與教育，強健其體魄與身心。這座訓練場大約出現於西元前4世紀時，更分為上下兩個部分：下層包括一座圍繞著中央方型中庭的角力學校

(Palaestra)，直徑長達10公尺、深及1.8公尺、當作浴場使用的大水池，以及一旁的浴場休息室等，如今只剩下大水池的圓形輪廓清晰可辨。上層主要用來舉辦賽跑活動，昔日長180公尺的柱廊稱為Xystos Dromos，於雨天使用，在Xystos Dromos和下層間的空地區域，和前者一樣長，是晴天的比賽場所。

歐陸希臘⋯**德**爾菲Delphi

MAP ▶ P.111B2

雅典娜聖域

Athena Pronaia Sanctuary/Ιερὸ Αθηνάς Προναίας

步向聖域的前殿

　　從體育訓練場繼續往下走，就會來到雅典娜聖域，在它的名稱中之所以出現「神殿前」(Pronaia)這個字，原因在於它是抵達主要的阿波羅神殿前的另一處聖域。

　　在過去，它和阿波羅聖域一般，是一處封閉的圍場，四周圍繞著神聖建築和一道小石牆。興建於西元前6世紀末的雅典娜神殿位於中央，本來是一座圍繞著廊柱的多利克式建築，如今只剩下片段的三角楣和飾帶浮雕，根據推測毀於西元前373年時的一場地震，後人不久後又在它的西側興建了另一座更大的雅典娜神殿，不過同樣只剩斷垣殘壁。

　　在整個聖域中保存最完整的要屬德爾菲圓形建築(Tholos of Delphi)，儘管如今只聳立著三根圓柱和部分門楣，不過從下方的基座可看出直徑

為13.5公尺，歷史回溯到西元前4世紀的它，下方以石頭為基台，上方則採用大理石，以雙迴廊環繞建築外觀，彼此間裝飾著精緻的雕刻，不過關於圓形建築的功用為何至今依舊成謎，一般普遍認為和祭祀儀式有關。

梅特歐拉與卡蘭巴卡
Meteora & Kalambaka / Μετέωρα & Καλαμπάκα

在希臘語中，「梅特歐拉(Meteora)」是「漂浮在半空中」的意思。希臘中部塞色連平原(Thessalian Plain)的西北方，有一片遼闊的山野，山野間穿插矗立著巨大的裸岩，草木不生的岩石彷彿平地拔起，地貌有點像中國雲南的石林，又有點類似湖南的張家界，仔細觀察的話，會發現在某些岩石的頂端藏著修道院，這些高高在上的修道院果然很像「漂浮在半空中」，不知是不是宮崎駿「天空之城」的靈感來源。

梅特歐拉神奇的地貌和歷史發展過程，已在1988年被列入世界自然及文化遺產，目前有些修道院已廢棄，有些仍有修士居住，其中6座仍有修士居住的修道院，開放遊客參觀。觀光客若想要一親芳澤，可以鄰近的卡蘭巴卡做為根據地。

卡蘭巴卡(Kalambaka／Kalampaka)是個寧靜的小鎮，漫步小鎮的各個角落，可以若即若離的距離欣賞梅特歐拉。鎮上每天特定時刻有巴士往返梅特歐拉，也有眾多飯店、民宿、餐廳、商店、超市、摩托車出租店等，能滿足觀光客的基本需求。

從卡蘭巴卡前往梅特歐拉途中，還會經過另一個村落卡斯特拉基(Kastraki)，這個村子居民更少，幾乎都是以開設飯店、度假村等住宿設施維生，環境雖然更清幽，不過餐廳、商店、超市等設施較少，所以一般觀光客仍建議住在卡蘭巴卡，周邊相關的生活機能比較方便。

INFO

基本資訊
地理位置：位於歐陸希臘的中央地帶，距離雅典約350公里。
人口：卡蘭巴卡約12,000名居民；梅特歐拉居民以修士為主。
面積：卡蘭巴卡1,650平方公里；梅特歐拉海拔平均高度為313公尺。
區域號碼：(24320)

如何到達
◎火車
　　搭乘火車應是最簡單、快速的大眾交通工具。
　　從雅典的拉里西斯火車站到卡蘭巴卡每天有1班直達班車，車程約4.5小時，單程票價€9~21，依艙等而有不同。亦有多班非直達班車，車程4.5~9.5小時不等，不過由於車站資訊標示不清楚，在雅典火車站轉車不是很方便；而回程同樣也只有一班直達車，及

暢遊梅特歐拉的4種方式

1、搭巴士：卡蘭巴卡有巴士經卡斯特拉基村前往各個修道院，每日3班 (開車時刻可能會變動，請事先至旅遊服務中心索取最新的開車時刻表)。但是因為班次很少，而且從大梅特歐羅修道院到其它修道院之間，必須靠雙腳步行，還得顧及回程班車的時間，較為不便。

2、租摩托車：梅特歐拉的距離和地形，非常適合以摩托車代步。鎮上有許多摩托車出租店，1日的租金約為€20~30，價格隨著機型、租車時數、天數而不同。記得出國前要辦好有效駕照的英文證明本(即國際駕照)，租車時有些租車行會檢查。前往修道院的地勢非常陡，若為兩人共乘，建議可租借125 c.c以上的重型機車。

3、搭計程車／包車：前往大梅特歐羅修道院行情價單程約€10上下，若包車巡遊1小時約€20~25，由於回程不可能在路上隨機叫車，記得事先安排妥當。可請住宿飯店幫忙叫車與詢問價錢。

4、參加團體行程：有鑑於當地交通不便，最有效率的方式，莫過於在當地人的解說、帶領下，深度探索梅特歐拉。Visit Meteora推出多種旅遊行程，包括半日遊、健行、騎腳踏車、攀岩、騎馬、黃昏賞落日等多種行程可供選擇。

2~3班需轉車的班次，建議出發前先查清楚班車的時間，以利行程的安排與規劃。

希臘國鐵

🌐 www.hellenictrain.gr/en

火車站往返市區交通

從火車站步行約8~10分鐘即可進入卡蘭巴卡鬧區。

長途巴士

從雅典並沒有巴士直達卡蘭巴卡，必須先從雅典的Liossion巴士站搭車前往特里卡拉(Trikala)的巴士站後，再轉車前往卡蘭巴卡。最新時刻表請上網查詢。

🌐 www.ktel-trikala.gr

◎巴士站往返市區交通

巴士站位於鬧區之中，每日有3班車次前往梅特歐拉，停靠所有修道院。

卡蘭巴卡巴士站

🏠 K. Oikonomou & Averof Str

☎ 2432-022432

▽ 卡蘭巴卡巴士站到聖史蒂芬女修院9:00、12:00、14:30；聖史蒂芬女修院到卡蘭巴卡巴士站11:00、14:00、16:30

💲 單程票€1.80，1日票€5.50

旅遊諮詢

◎Visit Meteora

這間遊客中心兼旅行社，由私人所成立，還架設網站提供詳盡的在地資訊，且出資印製地圖，旅客在飯店、餐廳等地所拿到的當地免費地圖都是這家旅行社所提供的。

🏠 Patriarchou Dimitriou 2

☎ 24320-23820

🌐 www.visitmeteora.travel

MAP ▶ P.119

梅特歐拉

MOOK
Choice

Meteora

遺世獨立的天空之城

⊕visitmeteora.travel/meteora-monasteries ❶各修道院
不定時閉館,建議出發前上網查詢或到遊客中心確認。

關於梅特歐拉的地貌源起有兩種說法:神話歸因於某天宙斯發怒了,從天界瘋狂地丟下石塊,便成了梅特歐拉的奇岩;地質研究的說法是這一帶曾經是湖泊區,水退卻後,岩壁因為風化、侵蝕等作用而逐漸變成現在的模樣。

早從9世紀開始,不少基督教徒們為了躲避宗教壓迫,紛紛逃到這片杳無人煙的地方來,在岩石的裂縫中或是洞穴裡尋求生存的空間,逐漸也有修士嘗試在懸崖峭壁之上建立修道的道場。為了隔絕外界的入侵及打擾,他們刻意不修路、不建階梯,對外交通聯繫必須倚靠克難的繩索、吊車等,真正與世隔絕,宛如自給自足的「天空之城」。

在15、16世紀,避難修道風氣達到巔峰時期,梅特歐拉的修道院多達24間,而且遲至1920年代,這些修道院仍維持著沒路、沒便道、沒階梯的狀態,現在所看到的道路、橋梁等設施,都是後來才慢慢加上去的。

目前僅6間修道院開放遊客參觀,各有各的作息時間,而且隨時可能更動;由於修道院仍在使用中,入內參觀時,服裝要求相當嚴謹,無論男女皆不可穿著無袖背心、短褲,女士可在入口處租借或購買長裙、披巾,才得以進入。修道院外表樸素,內部卻堪稱金碧輝煌,可惜內部禁止拍照。

大梅特歐羅修道院
Great Meteoron

☎24320-22278　⏰4~10月9:30~15:00、11~3月9:30~14:00　休4~10月週二休、11~3月週二至週四休　💲每人€3　🌐www.meteoromonastery.gr/en

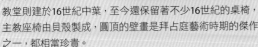

　始建於14世紀中葉，位於本區內最寬大的岩石上，是梅特歐拉現存規模最大、也是最古老的修道院；內部的教堂則建於16世紀中葉，至今還保留著不少16世紀的桌椅，主教座椅由貝殼製成，圓頂的壁畫是拜占庭藝術時期的傑作之一，都相當珍貴。

瓦爾拉姆修道院Varlaam

☎24320-22278　⏰4~10月9:00~15:00、11~3月9:30~14:00　休4~10月週二休、11~3月週二至週四休　💲每人€3

　距離大梅特歐羅修道院約5分鐘路程，是本區內規模第二大的修道院，同樣建於14世紀中葉。內部有一座向3位主教致敬的教堂建於16世紀，建築呈特殊的十字架格局，輝煌的壁畫主要是底比斯(Thebe)知名的藝術家Frago Catelano的作品。

　在古老的塔樓裡，目前還保存著一個16世紀的大橡木桶，當年修道院與世隔絕時，它擔負著儲水、供水的重要功能；早年的飯廳，現在則改設成博物館，陳列一些歷史文件與法衣；還可以看到以前的廚房、醫療室等。

聖尼可拉斯修道院Agios Nikolaos Anapafsas

☎24320-22375　⏰4~10月9:00~17:00、11~3月週一至週六9:00~17:00，週日9:30~16:00　休4~10月週五休　💲每人€3

　從卡蘭巴卡經過卡斯特拉基村後，最先映入眼簾的是聖尼可拉斯修道院，14世紀末建立在一個腹地不大的岩石頂端，形勢相當驚險，目前已有階梯便道可通往卡斯特拉基。入口前有一座教堂和地穴，可看到一些14世紀的壁畫。

魯莎努女修院Roussanou

☎24320-22649　⏰4~10月10:00~16:00、11~3月9:00~14:00　休週三　💲每人€3

　位在瓦爾拉姆修道院東南方，還有一座孤立的修道院，和其它修道院比較起來，它的所在海拔比較低些、規模也比較小些，曾經在第二次世界大戰中遭受嚴重的損毀，修復後1988年開始轉變為女修士的道場。

特里亞達修道院Agia Triada / Holy Trinity Monastery

☎24320-22220 ⏰4~10月9:00~17:00、11~3月10:00~16:00 ⊗週四 💲每人€3

東邊屬來第二座，地理位置最孤立，可說是當初最難攀登的修道院，如果想入內參觀，必須登上1925年所建的140個階梯。正面拍攝的角度經常是梅特歐拉的宣傳照片之一，畫面頗具代表性。這裡也曾經是007電影《最高機密》(For Your Eyes Only)的場景之一。

Psaropetra全景觀景點Psaropetra Panorama

🏠介於Roussanou和Agia Triada之間的停車場

梅特歐拉奇特的地形樣貌，讓人除了想欣賞它天朗氣清時的樣貌外，忍不住也想看看它夕陽西下時分、或清晨山嵐瀰漫在群峰間的情境。

白天拜訪過各個修道院之後，黃昏時分，不妨到視野最廣闊的山谷上方等待夕陽。介於魯莎努女修道院和特里亞達修道院之間，有一處停車場，從停車場往山崖邊走，會發現群峰包圍、右手邊有魯莎努女修道院若隱若現，的確是「風景如畫」，也是等待夕陽的最理想地點。由於不同季節落日的時間會有差異，前往當天不妨先向所住飯店諮詢確認。

聖史蒂芬女修院Agios Stefanos

☎24320-22279 ⏰4~10月9:00~13:30、15:30~17:30、11~3月9:30~13:00，15:00~17:00 ⊗週一 💲每人€3

位於東端的聖史蒂芬女修院最靠近卡蘭巴卡，從這裡可以完整眺望卡蘭巴卡小鎮，漫步小鎮街頭也可以清楚欣賞到它的身影。這間修道院相當大，裡面有許多珍貴的宗教壁畫、手抄本、刺繡等，值得一看。

梅特歐拉山野健行Hiking in Meteora

從卡蘭巴卡遠觀梅特歐拉，就是一堆又一堆光禿禿的奇岩怪石；順著開拓好的公路拜訪梅特歐拉，可以親近了解這些曾經可遠觀不可褻玩的修道院；但是如果想進一步認識當地的動植物生態，最好的方式還是走入山林裡的小徑，更能仔細觀察岩石的節理、林相的分布，幸運的話還可以和野生動物不期而遇。從聖尼可拉斯修道院和瓦爾拉姆修道院左近，都有古時候人行的步道，可以腳踏實地認識梅特歐拉。怕迷路的話，不妨參加由當地人帶領的山野健行，沿途還可以聽到許多關於修道院的逸事傳說。

卡蘭巴卡
Kalambaka/Kalampaka
拜訪梅特歐拉最佳根據地

　　每個人來到卡蘭巴卡，幾乎都是為了前往梅特歐拉，小鎮本身並沒有其它特別的觀光景點。

　　但是這個寧靜的小鎮，因為觀光發達而繁榮興盛，Trikalon St.和Vlahava St.是鎮上兩條最主要的街道，附近集結了主要巴士站、餐廳、旅行社、摩托車出租店和各式各樣的商店，觀光客只要到這裡來，就可以滿足各項需求。

　　此外，鎮上還有超商、教堂、學校等，穿梭在巷弄間，更可以不同角度欣賞梅特歐拉的多樣風情。

Panellinion Taverna
🏠20 Eythimiou Vlachava Street, Platanos Square 📞24320-24735 🕐12:00~22:00

　　位在卡蘭巴卡最熱鬧的兩條街口、隔壁即為旅遊服務中心，這家經營超過30年的餐廳，擁有戶外和室內兩大用餐區，戶外以巨大的奇岩為背景，旁邊還有廣場噴水池，氣氛相當浪漫；室內則裝飾著眾多陳年黑白照片，其中還包括老闆本人年輕時的照片，懷舊中不乏親切感。

　　Panellinion以傳統的希臘料理為主，價格平易近人。中午會準備10餘道現成的主菜，讓客人現點現享受；晚上用餐氣氛比較正式，建議試試看老闆推薦的牛肉湯很有亞洲人烹調的風味，頗適合台灣遊客的喜好；飲料同樣選擇眾多。

Toti Boutique Rooms
🏠13-21 Ramou Street 📞24320-23588 🌐totiboutiquerooms.com

　　Toti Boutique Rooms位於鬧區的東北方，是一家經營多年的民宿，由家族姐妹經營，所以有時又叫做Toti Sisters Rooms，服務非常親切。經過大規模整修後，客房頗有精品飯店的味道。飯店所在的地理位置適中，無論前往餐廳、巴士站、紀念品店或是超市都很方便。

　　Toti Boutique Rooms的每間客房都有獨立的陽台，從部分客房即可望見梅特歐拉的奇石巨岩；飯店提供豐盛的早餐，每間客房裡都可以免費無線上網。

歐陸希臘⋯⋯梅 特歐拉與卡蘭巴卡Meteora & Kalambaka

伯羅奔尼薩半島

Peloponnese / Πελοπόννησος

伯羅奔尼薩半島

原本身為巴爾幹半島最南端的伯羅奔尼薩半島，因為1893年科林斯運河的開通，切割了它與歐陸希臘的直接聯繫，使它帶著「離島」般的形象。

名稱來自於希臘神話中的英雄佩羅普斯(Pelops)，這位曾經被自己父親殺死且烹煮以考驗眾神神力的男子，被宙斯復活後跟隨海神波塞頓前往奧林匹斯山居住，長大後成為奧林匹亞的國王，據說他曾經征服了整座伯羅奔尼薩半島，也因此就以「Pelops的土地」為它命名。而在鄂圖曼土耳其帝國統治時期，這裡稱為Morea，也因此至今仍可聽到有人以此呼喚它。

想要細細體驗伯羅奔尼薩半島上的文化與遺跡，至少需要一週的時間，聳立著希臘第二古老神殿的古科林斯、以黃金王國流傳千古的邁錫尼遺跡、奧林匹克運動會的發源地，以及保

留重要拜占庭遺跡的米斯特拉……都以各自獨特的面貌吸引遊客目光。

伯羅奔尼薩半島之最Top Highlights of Peloponnese

邁錫尼遺跡Archaeological Site of Mycenae

隨著邁錫尼城的挖掘出土，關於這個黃金帝國的偉大故事，一點一滴地呈現在世人的眼前。(P.138)

米斯特拉Mystras

米斯特拉保留有珍貴的拜占庭文化而名列世界文化遺產，尤其教堂內的濕壁畫及建築藝術，更值得細細品味。(P.152)

埃皮道洛斯Epidavros

以保存完整的古代圓型劇場而馳名，此處原來是希臘醫療聖地，設有運動場、浴場、住宿設備及劇場等，用先進的身心療法來治癒疾病。(P.142)

斯巴達Sparta

傳奇的古希臘勇士誕生地斯巴達，仍有傳說中的列奧尼達國王墓、古斯巴達遺跡及考古博物館等，彷彿回到那段強盛時期。(P.146)

奧林匹亞Olympia

古希臘人為了討神明歡心，就要舉行祭神慶典。各種酬神競技中，就屬奧林匹亞最負盛名，因為這是為眾神之王宙斯所舉行的盛會。(P.160)

●科林斯

科林斯
Corinth(Korinthos) / Κορινθος

四周環繞著濱海小鎮的科林斯，緊掐著伯羅奔尼薩半島連接歐陸希臘的咽喉，獨特的地理位置，讓它自古以來就成為兵家必爭之地。

　　根據希臘傳說，這座城市由太陽神Helios的後代Corinthos創立，不過也有其他傳說認為它是提坦族的大河河神Oceanus的女兒Ephyra女神所建，因此擁有Ephyra的古名。無論起源如何，可以確定的是這座城市在西元前7世紀時，文化發展達到巔峰，大量公共建築與古蹟如雨後春筍般出現，成為當時希臘非常進步的城市。到了西元前3世紀時，成為希臘城市國家「科林斯同盟」的中心，甚至在羅馬殖民時期，它依舊扮演首都般的重要角色，如此盛況一直要到西元前2世紀時，科林斯的勢力才逐漸式微。

　　不過今日的科林斯是1928年後重建的新城，又稱為「新科林斯」，原因在於古科林斯在1858年時歷經一場大地震而全毀，且受到1933年一場大火的波及，如今只剩遺跡供世人追憶。

INFO

基本資訊
地理位置：位於雅典西南方約84公里處
人口：約38,000名居民
區域號碼：(27410)

如何到達
◎火車
從雅典搭火車平均每小時一班，車程約1小時10分鐘，詳細時刻表請上網查詢(目的地請用「Korinthos」查詢班次)。

◎雅典到科林斯每日04:39~22:39
希臘國鐵
ⓤwww.hellenictrain.gr/en

◎巴士
從雅典(Kifissos巴士站)搭巴士過來會停在新科林斯(Korinthos Central Bus Station)，每日有頻繁的車次往來，車程約1.5小時。夏季及冬季的班次不同，平日週末也不同，確切班次請上網查詢。
ⓢ€8.50
ⓤwww.ktelkorinthias.gr

◎開車
從雅典開車前來，車程約1小時，會先抵達科林斯運河，可以先安排參觀，科林斯運河也有餐廳及超市可用餐，過了運河再到古科林斯參觀。

劇場 Theatre
北側市場 North Market
出口
艾烏利克雷斯大浴場 Eurycleus Baths
西北側柱廊 Northwest Stoa
雷凱歐大道會堂 Lechaion Road Basilica
阿波羅神殿圍場 Peribolos of Apollo
音樂廳 Odeon
阿波羅神殿 Temple of Apollo
葛勞凱之泉 Glauke Fountain
C 神殿 Temple C
皮蕾尼之泉 Peirene Fountain
入口及售票處
西側商店 West Shops
山門 Propylaia
主市集 Main Agora
考古博物館 Archaeological Museum of Ancient Corinth
羅馬廣場講壇 The Rostra of the Roman Forum
中央商店 Central Shops
E 神殿 Temple E
朱利安長方形會堂 Julian Basilica
會議所 Bouleuterion
南長方形會堂 South Basilica

古科林斯

MAP ▶ P.126A2

古科林斯
Ancient Corinth/Αρχαία Κόρινθος

古希臘強權重地

🚌 從雅典過來要先到科林斯的KTEL Korinthos Bus Station，再從這裡搭公車前往古科林斯，車程約20分鐘；或搭計程車前往，在古科林斯也有載遊客回科林斯的計程車在路邊等待 🏛 Ancient Corinth 📞 27410-31207 🕐 08:00~17:00（開放時間不一，請事先上網查詢確認）🚫 1/1、3/25、5/1、12/25~12/26、復活節週日 💲 全票€8、半票€4 🌐 odysseus.culture.gr/h/3/eh355.jsp?obj_id=2388

　　透過新石器時代遺留下來的文物，可以推測科林斯早在西元前5000年就已出現聚落，然而它真正在歷史舞台上發光發熱，要到西元前8世紀時，因為Bakkhiadai家族的統治，使得經濟和藝術發展達到頂點。西元前7世紀中期，移除貴族政治的庫普塞魯斯(Kypselos)以暴君之姿掌管科林斯，他和他的兒子佩里安德(Periander)替科林斯贏得更多殖民地，範圍遠及今日的阿爾巴尼亞。到了西元前5世紀時，科林斯已成為希臘的三大強權之一，甚至領兵參與對抗波斯的戰役，儘管戰後雅典崛起使得科林斯成為希臘的第二要城，不過卻依舊在早期的歷史上扮演舉足輕重的地位。

伯羅奔尼薩半島⋯⋯科林斯Corinth

考古博物館
Archaeological Museum of Ancient Corinth

🌐 www.corinth-museum.gr/en

　　位於古科林斯遺跡區西側的建築是博物館，裡頭收藏了大量當地出土的文物，內部分成5間展覽室及室外展廳，分別展出不同時期的藏品，包括史前聚落發現的主題，展出陶器、小雕像和工具；羅馬殖民時期的展覽室最為精彩，陳列著羅馬統治者雕像、馬賽克鑲嵌地磚、壁畫以及羅馬和拜占庭時期的陶器，不論是暴君尼祿頭像或是奧古斯都大帝像、出自2世紀末~3世紀初的馬賽克地板、深受東方藝術影響而出現奇珍異獸等裝飾圖案的陶壺，以及黑繪和紅繪式陶壺等等，都非常值得一看。而醫神神殿(Asklepieion)展覽室則主要展出來自科林斯崇敬阿斯克列皮亞斯的醫神神殿中的祭祀用品。

127

阿波羅神殿Temple of Apollo

阿波羅神殿是整處遺址的精神所在，端坐於一座小山丘上，和遺址中大部分保留自羅馬時期的古蹟不同，它是其中極少數倖存於古典希臘時期的建築，興建於西元前5世紀。這座多利克式圍柱式建築，以獨塊巨岩打造的圓柱撐起，昔日共有38根圓柱，如今僅剩7根獨撐大局。它悠遠的歷史，僅次於奧林匹亞的赫拉神殿。

葛勞凱之泉Glauke Fountain

　　從售票處入口一進來，首先會看一座以石灰岩打造的大型立方體，它是昔日以一條長石灰岩脊道連接西側神殿丘(Temple Hill)的葛勞凱之泉。葛勞凱是希臘神話中科林斯國王克瑞翁(Creon)的女兒，也是尋獲金色羊毛的英雄傑生(Jason)的第二任妻子，克瑞翁將女兒嫁給傑生，同時也將王位傳給他，沒想到傑生卻因此拋棄了幫他尋找金色羊毛的第一任妻子，於是怒火中燒的大老婆在葛勞凱的嫁衣上施毒，讓穿上禮服的葛勞凱渾身起火，受不了這項煎熬的公主於是跳入泉水之中，也成了這座泉水今日的名稱。

　　葛勞凱之泉和其他科林斯的泉水不同，採用輸水管運水而非汲取自一座天然泉水，昔日共有4座儲水池和3座汲水池。

市集Agora

　　位於阿波羅神殿下方的，正是本市的經濟、文化、宗教中心，其中包括羅馬市集、神廟、水泉和公共建築等等。羅馬市集占地遼闊，側面曾連接著一座大型柱廊，位於中央的主市集過去聳立著一棟多層建築，光是位於底層的部分就擁有多達33間的商店。在柱廊的對面，有一座宣告公眾事務的大理石平台——講壇，講壇後方為大量羅馬行政機關建築。

雷凱歐大道Lechaion Road

　　過了山門，低於羅馬市集的區域以雷凱歐大道區分為左右兩塊區域，這條鋪設大理石的筆直大道，是昔日連接港口和古科林斯市集的主要幹道，在它兩旁分布著多座建築，包括雷凱歐大道會堂(Lechaion Road Basilica)、阿波羅神殿圍場(Peribolos of Apollo)、艾烏利克雷斯大浴場(Eurycleus Baths)以及皮蕾尼之泉(Peirene Fountain)等，其中在艾烏利克雷斯大浴場的遺跡中，還能看見羅馬時期的排水廁所。

皮蕾尼之泉Peirene Fountain

　　皮蕾尼之泉就位於山門下方，其名稱來自河神阿索帕斯(Asopus)的女兒：這位女神和海神波塞頓生下了兩個兒子，就在其中一個兒子Kenchrias遭豐饒女神阿特米斯殺害後，皮蕾尼便終日以淚洗面，最後和淚水一同化身為科林斯的這座泉水。

　　引用自然泉水，以水道將水源引進中庭的水池和噴泉之中，早在西元前2世紀時，皮蕾尼之泉就是一座擁有3座汲水池和4座大型蓄水池的水利設施，它同時也是羅馬統治下第一個重建的結構。羅馬人將泉水隱藏於一座巨大的方型中庭內，外觀裝飾著多利克式和艾奧尼克式柱，位於中央的方型汲水池以矮、寬的階梯通達，四周的排水池則以流通中庭地下的大導管接連，提供昔日居民用水，該泉水一直使用到19世紀。

MAP ▶ P.127A1

音樂廳

Odeon/Ωδείο

倖存遠古遺址

🏠 就位於古科林斯遺跡入口旁　🕐24小時　💲免費

　　在欄杆圍出的古科林斯遺跡外、就在入口旁，另有兩座遺跡隔著馬路三方相望，較遠處的劇場(Theatre)如今幾乎無法分辨，只剩下錯落於綠地之間的廢石；至於鄰近遺跡區的音樂廳(Odeon)，勉強可見其半圓形結構。

　　這座直接鑿開一座自然山丘的音樂廳，最初出現於1世紀時，175年時因為一場大火而焚毀，後來在海羅德斯‧阿提卡斯(Herodes Atticus)的資助下重建。海羅德斯‧阿提卡斯是羅馬皇帝哈德良的好友，這位著名的演說家資助了希臘境內許多重要建築，除了位於雅典衛城南坡、用來紀念他妻子的海羅德斯阿提卡斯音樂廳外，他還贊助了德爾菲的競技場、奧林匹亞的水道系統，以及科林斯的音樂廳和皮蕾尼之泉。古科林斯的音樂廳在225年時重修，並當成格鬥士和野獸格鬥的競技場。

MAP ▶ P.126B2

科林斯運河

Corinth Canal／Διώρυγα της Κορίνθου

垂直切割懸崖壯觀

🚌 從雅典搭巴士要在Isthmus下車。另外從科林斯可搭乘計程車或巴士前往運河，車程約10分鐘。若從雅典機場開車前來約1小時 💲免費

科林斯運河連接薩羅尼克灣與科林斯灣，是愛琴海群島通往愛奧尼亞海群島及義大利的捷徑，自古以來就是一個貿易及戰備的重要航路，同時也是從雅典通往伯羅奔尼薩半島的大門。據說早在古羅馬時期，開採銀礦和引進猶太奴隸的尼祿，就想利用此處的地利，不過一直到1890年代，因為科技的發達，才使得這個夢想成真。

科林斯運河落成於1893年，高80公尺、寬24公尺的狹長深水道，必須以小船牽引著大船才能通過運河，它讓皮瑞斯成為地中海主要的港口和轉運中心，然而隨著超大型郵輪的出現，今日的科林斯運河逐漸喪失其重要性，不過其兩邊垂直切割、形狀工整的懸崖景觀依舊非常壯闊且值得一看。

MAP ▶ P.126A2

Apollon Filoxenia

新穎舒適經濟旅店

🚌 從雅典搭巴士前往科林斯，下車後即抵；若是搭火車前來，則需要再換計程車到旅館 🏠2, Damaskinou Street ☎2741-112169 🌐www.apollonfiloxenia.gr

這間位在科林斯的旅館，鄰近港口及巴士站，地處運河與古科林斯遺跡之間。

若是開車前來，前方就是停車場，也非常便利。Hotel Apollon是家族經營的旅館，工作人員非常樂於回答遊客的問題。總共25間客房，每間都設有陽台，能將大街街景一覽無遺。旅館近期經過翻新，房間內部陳設非常新穎。

MAP ▶ P.126B2

King Saron Hotel

海灣度假風情

🚌 從Isthmia巴士站搭計程車前往約5分鐘，從古科林斯前往搭計程車約15分鐘 🏠Kavos Isthmias – L. Epidaurou ☎27410-37273 🌐www.kingsaron.gr

科林斯附近有不少濱海小鎮，許多國外遊客喜歡入住這些小鎮的度假飯店，度過他們漫長且悠閒的假期，位於Isthmia的King Saron Hotel就是其中最熱門的一家。坐落於綠蔭和花海之中，這個四星級度假飯店環抱薩羅尼克灣的碧海藍天，飯店不但擁有庭園露天休憩區，還有美麗的私人沙灘和美景游泳池，夏天更提供水上運動，客房洋溢著老飯店的歷史氛圍，不過每年都會加以整修的維護工程，讓飯店維持良好狀態。

●納普良

納普良
Nafplio (Nafplion) / Ναύπλιο

坐落於伯羅奔尼薩半島東北方的阿果利斯灣(Argolic Gulf)畔，這座沿山坡發展的城鎮，在19世紀初希臘展開獨立運動時，成為對抗鄂圖曼土耳其帝國最重要的大本營，並且短暫擔任過現代希臘的首座首都：希臘的首位總統Kapodhistrias，在納普良被報仇心切的Maniot家族成員謀殺；第一位現代希臘國王奧圖一世，也曾在1833~1834年間將他的皇宮設於此地。

1834年時，奧圖一世決定遷都雅典，這座素有「東羅馬帝國的拿波里」之稱的海港城市，逐漸在歷史上退去光環，然而它隱約洋溢著的優雅氣息和古老風情，讓它打從1980年代開始，成為當地熱門的週末出遊景點，附近美麗的海灘，更成為雅典人夏日的避暑勝地。如今納普良是阿果利斯地區(Argolis)的首府，兩座昔日居高臨下捍衛城市的要塞，至今依舊堅固、險峻，成為當地最著名的地標。

INFO

基本資訊
地理位置：位於伯羅奔尼薩半島東北方，面臨阿果利斯灣。
人口：約34,000名居民
區域號碼：(27520)

伯羅奔尼薩半島…納普良Nafplio

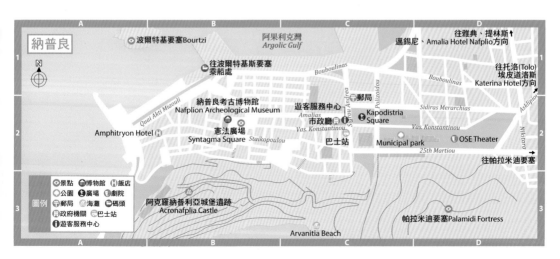

納普良

N

●波爾特基要塞Bourtzi

阿果利克灣
Argolic Gulf

往雅典、提林斯↑
邁錫尼、Amalia Hotel Nafplio方向

往波爾特基斯要塞
乘船處

Bouboulinas

往托洛(Tolo)
埃皮道洛斯
Katerina Hotel方向

Quai Akti Miaouli

納普良考古博物館
Nafplion Archeological Museum

遊客服務中心
Amalias
市政廳
Vas. Konstantinou

郵局
Polizoidou

Bouboulinas

Sidiras Merarchias

Kapodistria
Square

Vas. Konstantinou

Asklipiu

Nikitara

Amphitryon Hotel

憲法廣場
Syntagma Square
Staikopoulou

巴士站

Municipal park

25th Martiou

OSE Theater

往帕拉米迪要塞

圖例
◎景點 ⊞博物館 ⊞飯店
●公園 ●廣場 ●劇院
⊞郵局 ●海灘 ●碼頭
⊞政府機關 ●巴士站
●遊客服務中心

阿克羅納普利亞城堡遺跡
Acronafplia Castle

帕拉米迪要塞Palamidi Fortress

Arvanitia Beach

131

如何到達
◎長途巴士
從雅典的Kifissos巴士站每天有多班巴士前往納普良，平均每1~1.5小時有一班車，車程約2小時10分鐘。納普良有不少班次前往其他城市及重要景點如科林斯運河及埃皮道洛斯遺跡等，是伯羅奔尼薩不錯的中轉站。最新時刻表及票價可上網查詢。
💲單程€13.10，來回€24
🌐www.ktelargolida.gr

◎開車
自雅典開車到納普良約需2小時車程，自科林斯約1小時。若是自行租車遊覽，可住宿到納普良南邊的托洛(Tolo)，車程約20分鐘，托洛是海邊度假勝地，景致優美，而且飯店房價較納普良實惠許多，若旺季在納普良訂不到理想飯店，可考慮住在托洛。

旅遊諮詢
◎旅遊服務中心
可洽詢相關旅遊資訊，亦可免費索取地圖、巴士時刻表等。
🏛King Constantine 34，在市政廳1樓
☎2752-360900
🌐www.nafplio.gr/en

👁 Where to Explore in Nafplio
賞遊納普良

MAP ▶ P.131A1

波爾特基要塞
Bourtzi/Μπούρτζι
孤島上的迷你碉堡
🚢從港口搭乘小船前往，來回費用每人約€5，沒有固定的班次時刻，需乘船處洽詢

從帕拉米迪要塞上可以看見在納普良西北方有一座小島，島上聳立著一座造型可愛的迷你碉堡，這座經常出現於當地明信片中的建築，就位於納普良的港口外。

名稱來自土耳其語「塔樓」的波爾特基要塞，於1473年時由威尼斯人興建，主要用來控制前往本市和阿果利斯灣的運輸線，不過到了近代，它多次變更用途，19世紀時，一度當成退休國家劊子手的家，20世紀初，更成為一間迷你的奢華旅館。希臘演員兼政客Melina Mercouri曾經在她的自傳《I Was Born Greek》中提到自己的首次婚禮，就是在這座小要塞中舉行。

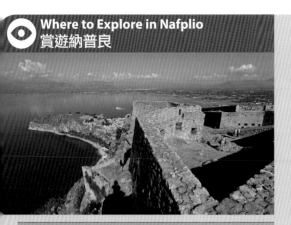

MAP ▶ P.131D3

帕拉米迪要塞

MOOK Choice

Palamidi Fortress/Παλαμήδι

跨世紀的醒目地標

🚶 從市區步行前往約需40分鐘,搭計程車前往單程車資約
€10,若自行開車前來,可將車子停在山上景區附近 ☎
27520-28036 ⏰4~8月8:00~20:00(9~10月可能提
早閉館),11~3月8:30~15:30 ❌1/1、3/25、5/1、
12/25~12/26、復活節週日 💰4~10月全票€8、半票€3;
11~3月€4 🌐odysseus.culture.gr/h/3/eh355.jsp?obj_
id=1604 ❗另可購買納普良及周邊遺跡套票

聳立於一座高達216公尺山丘頂端的帕拉米迪要塞,總是讓搭乘巴士抵達納普良的遊客,留下對這座城市最初也最深刻的印象。

位於舊城的東南方,帕拉米迪要塞以納普良當地最著名且聰明的傳奇人物命名,據說帕拉米迪曾發明骰子、燈塔和測量秤,最後因奧德賽捏造他變節而被希臘人殺死於特洛伊(Troy)。

沿著陡峭的山坡上行,爬上將近1,000級的階梯,才能深入要塞的圍牆,在它堅固的圍牆內共有3座獨立的碉堡組成,充分展現帕拉米迪要塞的雄心,這項龐大的建築計劃全由威尼斯人興建於1711~1744年間,也因此在許多道城門上可以看見聖馬克雄獅(the Lion of St Mark)的標誌,至於各個碉堡之間也有密道、迴廊彼此相通。

打從1715年開始,帕拉米迪要塞落入土耳其人手中,而它也成為希臘獨立運動的主爆發點,領導獨立運動的英雄人物Theodoros Kolokotronis在被土耳其人攻下要塞前,死守該地長達15個月,可見這座納普良的主要塞有多難攻。不過諷刺的是,就在1822年帕拉米迪要塞重回希臘懷抱且該國獨立之後,位於中央的聖尼古拉(San Niccolo)碉堡反倒成為Kolokotronis的監獄,原因在於這位元帥為了怕自己的權力遭到縮減因而綁架了4位議員,使它成為自己參與打造的希臘新政府的階下囚。

儘管要塞看來高得驚人,且前往的坡度陡峭難行,不過沿途的景觀卻美得令人屏息,隨著海拔越高,視野越見遼闊,市區紅色屋頂的白色小屋,猶如積木般密密麻麻的朝岸邊延伸,另一座位於舊城區的城堡遺跡——阿克羅納普利亞(Acronafplia Castle)也在眼前揭開它的面貌,這座原本希臘人興建的城堡,被威尼斯人改建成納普良的防禦工事,後來也曾經改設監獄,甚至就連阿果利斯灣的美景也一覽無遺。也因此雖然往來帕拉米迪要塞的路辛苦且費時,不過遊客還是樂此不疲,事實上,沒有登上帕拉米迪要塞,就像前往雅典沒有去過衛城一般!

伯羅奔尼薩半島…**納**普良Nafplio

納普良及周邊遺跡套票

票券有3天效期,包含了邁錫尼遺跡、提林斯(Tiryns)、帕拉米迪要塞(Palamidi Fortress)、納普良考古博物館、阿果里斯拜占庭博物館等景點門票。 💰全票€20
免費參觀日
3/6、4/18、5/18、10/28、9月最後一個週末、11~3月第一個週日

MAP ▶ P.131B2

憲法廣場

Syntagma Square/Πλατεία Συντάγματο

居民的現代生活中心

🚶 從市政廳步行前往約5分鐘可達

　　憲法廣場是納普良的舊城中心，四周林立著咖啡館和餐廳，此外考古學博物館也在此處。從市政廳可以沿著Amalias大道或Vasileos Konstantinou路抵達憲法廣場，這兩條路同時也是當地最主要的商業區，各式各樣商店與紀念品專賣店林立兩旁，此外沿途分出的小巷弄中，坐落著多家獨具風情的小咖啡館或餐廳，隨意穿行其中，便是體驗納普良舊城的最佳方式。

MAP ▶ P.131B2

納普良考古博物館

Nafplion Archeological Museum/ Αρχαιολογικό Μουσείο Ναυπλίου

歷史建築珍藏歷史

🚶 從市政廳步行前往約5分鐘可達　🏠 Plateia Syntagma　☎ 27520-27502　🕐 8:30~15:30　🚫 週二、1/1、3/25、5/1、12/25~12/26、復活節週日　💲 4~10月全票€6、半票€3；11~3月€3　🌐 odysseus.culture.gr/h/1/eh155.jsp?obj_id=3462　❗ 另可購買納普良及周邊遺跡套票(P.133)

　　坐落於憲法廣場西側一棟落成於1713年的威尼斯式建築中，考古博物館歷經5年的整修，終於揮別昔日倉庫般的面貌，成為一座寬敞且明亮的展示空間。博物館分為兩層樓，展示阿果利斯地區(Argolis)自史前開始各階段發展出的文化。

　　展出文物包括陶器、石器、玻璃瓶、骨製工具、青銅製品及珠寶等，展品非常豐富，其中一件精細的青銅製Dendra盔甲，出自西元前15世紀邁錫尼文明的墓穴中，而保存非常完整的女柱像青銅鏡，是西元前490~470年的物品，令人驚訝當時精湛的工藝技術。

　　此外，也有出土於提林斯的古物展示，一面赤

陶土盾牌彩繪顯示出早期的希臘神話內容，其上清楚可見一位身材高挑的戰士正拿刀要揮向一位亞馬遜人的情景，這很有可能就是描繪出阿基里斯殺死亞馬遜女王(Penthesilea)的故事。

MAP ▶ P.131D1

提林斯

MOOK Choice

Tiryns(Tirintha)/Τίρυνθα

獨眼巨人打造的城市

🚗 距納普良約4公里，可搭乘往來於阿果斯(Argos)和納普良間的巴士前往，單程票€1.60，白天每一小時就有一班車，週日及假日班次會減少；時刻表見www.ktelargolida.gr/en/nafplio-archaea-tirintha-argos ☎27520-22657 🕐8:30~15:30 🈺週二、1/1、3/25、5/1、12/25~12/26、復活節週日 💰4~10月全票€4、半票€2；11~3月€2 🌐odysseus.culture.gr/h/3/eh355.jsp?obj_id=2382 ❗另可購買納普良及周邊遺跡套票(P.133)

提林斯位於納普良通往阿果斯途中，這座以巨岩打造的城市，曾經讓詩人荷馬大為震驚，即使過了幾千年，依舊讓人們因它龐大的遺跡而印象深刻！

該地的歷史發跡得很早，在西元前5000年的新石器時代就已出現人煙，在青銅器時代便有許多證據顯示，當地存在大量體積龐大的圓形建築，不過提林斯的盛世，出現在西元前14~西元前12世紀之間，今日所見的遺跡也大多出現於此時期。許多考古學家認為，提林斯過去是強大的

邁錫尼王國附近的友好城邦，但也有人認為在過去平原尚未淤積成形以前，臨海的提林斯其實是邁錫尼的港口。

無論如何，這座城市千真萬確地存在，它那環繞上、中、下層堡壘的城牆，落成於西元前13世紀末，總長達750公尺，城牆厚度更在4.5~7公尺之間，由於以一塊塊非常龐大的石頭堆砌而成，使得後來的希臘人認為只有神話中的獨眼巨人Cyclops才有能力搬動這些重達13公噸的紅石灰岩塊，因此誕生了巨石(Cyclopean)文明的字眼，而這些如今高度僅達過去一半的城牆，9公尺高的模樣還是讓人驚嘆。

坐落於城牆內的宮殿如今只剩下石灰岩地基，不過多少可回溯過去的結構，這些宮殿的牆壁以曬乾的磚塊為材質，並且粉飾著色彩繽紛的壁畫，部分保留下來的片段及發現的古物，如今在納普良的考古博物館中展出，至於大廳部分依稀可見圓形的爐床以及傳說中的寶座底座，發現自此的《仕女駕馬車》壁畫，收藏於雅典的國家考古博物館。另外在前院部分，有一座圍繞廊柱的寬敞中庭，中央坐落著一塊圓形的祭壇。

MAP ▶ P.131B2 Amphitryon Hotel

🚶 從市政廳步行約7分鐘　📍Spiliadou Street 3-5, Nafplio
📞27520-70700　🌐amphitryon.gr

　飯店位於納普良市中心靠近海岸邊，走出飯店沒幾分鐘即可進入納普良熱鬧的大街，開車前來可停在酒店前方的公共停車場。

　海灘即在步行可達的距離，房客也可使用鄰近同集團的Nafplia Palace附設游泳池。Amphitryon Hotel正對阿果利克灣，總共有45間客房，房內寬闊的視野能將海上的波爾特基要塞一覽無遺。

MAP ▶ P.131D1 Amalia Hotel Nafplio

🚌搭乘往來於阿果斯和納普良間的巴士前往，較便利的方式是從納普良巴士站搭乘計程車前往　📍Amalias Street NeaTiryntha　📞27520-24400　🌐www.amaliahotels.com/nafplio/hotel

　位於納普良的郊區、坐落在清幽的環境中，附近林立的農舍讓這間四星級飯店有種遺世獨立的味道。Amalia Hotel Nafplio是當地屬一屬二的大型飯店，在它新古典主義風格的建築中，擁有170間寬敞的客房，各自面對著不同的庭院或花園，享受著不同的景觀。它洋溢復古、奢華品味的大廳，能欣賞遠方帕拉米迪亞塞和海洋，此外，戶外游泳池和露天咖啡座，更提供房客悠閒的度假風情。由於介於納普良和提林斯之間，Amalia Hotel Nafplio可以步行方式前往提林斯參觀，大約只需15~20分鐘的時間。

MAP ▶ P.131D1 Katerina Hotel

🚌從納普良開車約需20分鐘；可搭乘納普良前往托洛的巴士，單程票€1.60，週一至週六有9個班次，週日及假日4個班次，平均每1.5小時一班車；時刻表請見www.ktelargolida.gr/en/drepano-tolo-assini-lefkakia-aria　📍Kolokotroni 5, Tolo Argolida　📞27520-59149

　托洛是位於納普良南方約10公里的濱海度假勝地，由於知名度不及納普良，當地房價較納普良經濟許多，而且也有不少度假飯店可選，若是租車遊納普良，不妨可考慮下榻此處。Katerina Hotel是位於托洛的旅店，老闆十分熱情，經常接待台灣旅客，喜愛天南地北地跟房客聊天。旅館備有停車場，溫馨的房間配有陽台，從旅館走出來即抵達海邊熱鬧的大街，街上餐廳、商店林立，穿過大街步行不久就可以抵達海邊。

●邁錫尼

邁錫尼
Mycenae (Mikines)/ Μυκήναι

城池、城堡的建造是人類由原始的農業村落發展成都市的一個指標，同時，也象徵人類的社會組織趨於高度發展的階段。對於史前時代的古希臘，一切都是懵懂未知的狀態，然而隨著邁錫尼城的挖掘出土，關於這個黃金帝國的偉大故事，特別是希臘史前最偉大的詩人——荷馬所寫的兩部巨著《奧迪賽》和《伊里亞德》，一點一滴地呈現在世人的眼前。如今，不再只是抱著書本憑空想像，而是能實地走進傳說中的故事場景，去感受那些偉大宏偉的英雄氣魄！

邁錫尼遺跡坐落於伯羅奔尼薩半島的東北方，它發跡得非常早，據測在西元前2000年前，就有印歐民族在這裡農耕和放牧，後來接收克里特島的米諾安文明，到了西元前1600年至西元前1200年時，逐漸發展到巔峰，誕生了所謂的邁錫尼文明，並統治遠達小亞細亞西岸的土地，可惜在西元前10世紀左右，消滅於多利安人的手中。

INFO

基本資訊
地理位置： 位於伯羅奔尼薩半島的東方，距離雅典約140公里。

區域號碼： (27510)

如何到達
邁錫尼距納普良30公里，從納普良週一至週五有1班巴士前往邁錫尼，車程約45分鐘。若是開車前來，可將車子停在遺跡區前方停車場。

🕐 6~9月納普良到邁錫尼09:30，邁錫尼到納普良12:00
💲 單程€2.90
🌐 www.ktelargolida.gr/en

MAP ▶ P.137

邁錫尼遺跡

MOOK Choice

Mycenae Archaeological Site and Museum/Αρχαιολογικοί χώροι των Μυκηνών

黃金帝國堅實堡壘

☎27510-76585　⊘4~8月08:00~20:00(9~10月可能提早閉館)，11~3月08:30~15:30　休1/1、3/25、5/1、12/25~12/26、復活節週日　$4~10月全票€12、半票€6；11~3月€6　odysseus.culture.gr/h/1/eh155.jsp?obj_id=7061　❶另可購買納普良及周邊遺跡套票(P.133)

　邁錫尼文明的城堡自成一格，以長寬達5~8公尺的巨石堆疊而成的圍牆最為驚人，在伯羅奔尼薩半島、愛琴海上某些島嶼、希臘中南部甚至雅典，都曾發現邁錫尼式建築，但其中最具規模的，就是邁錫尼衛城。

　衛城是政治經濟的中心，它的規模設施反映整個王國的榮耀和勢力，但是它的範圍相當大，必須要有一點想像力，才能看出這個足跡曾經遠達埃及、小亞細亞、西班牙、義大利等國家的光榮痕跡。

　邁錫尼衛城被一條長約900公尺的城牆圍起，這座城牆由巨石一塊塊堆疊出一層堅不可破的防護，也由於這項重量級的浩大工程，衍生出獨眼巨人為邁錫尼人築城的傳說，而邁錫尼人也因此保障自己的財富文化不受外族侵犯。

　城牆正面入口是一座有兩隻雄獅守護的石門「獅子門」，進入獅子門後，右邊是一片帝王陵墓，包括圓形的穴塚「墓塚A區」，至於從獅子門延伸出去的寬廣斜坡大道和無數階梯，則通往高踞山頂的皇宮，俯視著位於山腳和城牆之間的住家群落。山頂是皇宮及古時神廟遺跡，可以越過山頂往後方走去，順著道路走一圈，即可回到出口處。

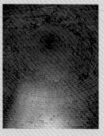

圓形墓塚B區Grave Circle B

一進入景區先來到墓塚B區，總共有26個墓塚，被排成圓形的石堆圍在裡頭，這些史前的墓塚，多數是早期邁錫尼墓葬建築，內有珍貴的陪葬品，死者在社會上也具有一定的身分地位。

博物館Museum

還未進到獅子門之前，有一條岔路通往博物館，博物館分為5個展廳，分別介紹邁錫尼挖掘過程、邁錫尼人們生活樣貌、墓葬形式、邁錫尼的榮光及消逝後的發展等。

在參觀遺跡前不妨先來博物館，透過當時使用的文字、各遺跡的發展及建築形式復原圖等詳細的解說，能夠先對此區有初步了解。而在墓穴中出土的珍寶，也展出在博物館中，包括黃金面具、金飾及金杯等等，不過多數重要的展品是複製品，真跡存放在雅典的國家考古博物館中。

獅子門The Lion Gate

邁錫尼衛城的正門面對西北方，是由四塊長形的巨石圍成，上方那塊重達20噸，不難想像當時邁錫尼人的建築工程有多發達，得以將這塊石頭安穩地抬起並壓住兩側柱子，更厲害的是，在這塊巨石之上，還裝飾著一塊切成三角形的石塊，雕刻著兩頭威嚴的雄獅，象徵邁錫尼王國不可侵犯的地位。

荷馬史詩中，也有描述獅子門的場景，那就是最偉大的君主——「人間之王」阿伽門農領著浩大的軍隊、戰車浩浩蕩蕩從這裡出發，遠征特洛伊城。經過長達10年的苦戰，從這裡出發的兵士一半以上都慘死戰場，阿伽門農從殘酷的戰爭中倖存，在這獅子門前接受心懷陰謀的妻子和妻子的情人迎接，就在山頂上的宮殿筵席中遭到殺害！

圓形墓塚A區 Grave Circle A

墓塚A區是由德籍考古愛好者施里曼（Heinrich Schliemann）在1876年時挖掘出土的，諷刺的是，施里曼並不是正統的考古學家，而當時所有希臘的考古學家都堅信墓塚應該設於城牆外，只有施里曼堅持要在城內開挖，最後果然被他發現5座墳墓，現在收藏在雅典國家考古博物館裡最著名的黃金面具、金指環、金杯、獅頭、公牛頭酒器等等最耀眼的古物，都是施里曼這個外行人所發現的。

但他可不是天外飛來一筆的隨意亂挖，而是根據2世紀希臘作家保薩尼亞斯（Pausanias）遊記裡的敘述：宣稱人間之王阿伽門農下葬於城牆之內。施里曼被當時人當作笑話的舉動，卻解開了神秘的史前文明！

現在墓塚A區的古物都被收藏在雅典，現場只剩下墓塚遺跡，但從它奇特的造型——直立石版以一定間隔圍成直徑8公尺的大圓圈，外層還有石塊圍的一道矮牆，入口左右各有石版圍出來的小室，可以感受邁錫尼人對墓塚建築的設計，有一定的思考邏輯。

施里曼：再現荷馬史詩國度的推手

知道特洛伊城故事的人不少，但真正去挖掘特洛伊城的，卻只有一個人，那就是考古狂人施里曼。說施里曼是個考古狂人這點並不為過，因為他從未受過正統考古學的訓練，卻憑著對荷馬史詩《奧迪賽》和《伊里亞德》的迷戀，展開一連串的挖掘工作，不但發現傳說中的夢幻城鎮特洛伊，還找到了邁錫尼衛城中的帝王陵墓。

施里曼於1822年出生於德國北部的邁克倫堡（Mecklenburg），受父親的影響，從小就非常迷戀希臘傳說故事，但因為家境貧窮，很早就輟學四處工作謀生，憑著自學能力學會英語、法語、荷蘭語、西班牙語、拉丁語、現代及古代希臘語等共13種外國語

言！20歲出頭就以優異的業績在商場得到賞識，25歲自己經營公司，一直到35歲左右已經成為一位百萬富商，但是他始終都抱著一個夢想——就是要將荷馬史詩中的偉大城池和寶藏挖掘出來！

皇天不負苦心人，施里曼終於在1873年的時候發現了特洛伊城，1876年的時候又找到了荷馬筆下的阿伽門農之墓（墓塚A區）。雖然後來證明施里曼的發現有誤，但他對於希臘史前文明的研究，卻有極大的貢獻。

阿伽門農的宮殿Agamemnon's Palace

　　位於山丘頂端的是帝王居住的宮殿，穿過獅子門一直沿著石板坡往上走，就可以抵達宮殿。現在只剩下一些斷壁殘垣，但是考古學家們還是從建築的結構中發現，宮殿擁有客室、女賓室、廣場、帝王主殿甚至有浴場等等，現在在雅典國家考古博物館展出的戰士出征陶器，就是從主殿中發現的出土品。

地下供水系統Underground Cistern

　　一個固若金湯的城堡，在戰爭時最致命的危機就是缺水。邁錫尼衛城在築城的時候也想到了這一點，但是，四周都圍了厚重的高牆，要如何解決水的問題呢？

　　在宮殿後方一個通往地下的隧道解開了這個疑問，沿著潮濕漆黑的隧道深入地下，感覺濕氣越來越重，抵達最下層，才發現是一池清水，這就是城堡的水源。但這池水並不是來自城堡的地下，而是用陶土做的水管從附近的柏賽亞山引泉水入城，儲存在這個地下水池中。

阿特留斯的寶庫The Treasury of Atreus

　　此處又稱為阿伽門農之墓(Tomb of Agamemnon)，荷馬史詩中敍述的「阿特留斯的寶庫」讓許多考古學家心神嚮往，但盜墓者總是捷足先登，將「阿特留斯的寶庫」洗劫一空，考古學家只能望著空墓興嘆。

　　阿特留斯王是「人間之王」阿伽門農的父親，父子兩人加上阿特留斯的父親佩羅普斯(Pelops)，締造了邁錫尼王國的全盛時期，被荷馬稱頌為最為富裕的黃金城，而阿特留斯死後，他的陪葬品價值連城，「阿特留斯的寶庫」成為千年來的美麗傳說，然而現在只能欣賞它建築上的宏偉。

　　墓穴門口前方有一條長35公尺的通道，兩邊的牆壁以平滑的石塊堆砌而成，正門高達11公尺(將近3層樓)，兩旁各有一根圓柱，整面牆原本有美麗的雕刻和彩繪，但現在只看得到無妝飾的牆面，目前內部部分原始雕刻裝飾存放在雅典的國家考古博物館及倫敦的大英博物館中。最驚人的

設計，是大門上方長8公尺、寬5公尺的橫梁，和墓穴牆壁石磚一層層往上堆疊的方式，即使是現代建築，也必須經過精密計算，才能展現這種圓錐形的空間結構！

●埃皮道洛斯

埃皮道洛斯
Epidavros (Epidaurus)/ Επίδαυρος

今日以露天劇場上演古典戲劇之慶典聞名的埃皮道洛斯，最初其實是因醫療聖地之名而享譽希臘！

西元前6世紀時，醫神阿斯克列皮亞斯(Asklepios)的信仰在當地蔚為流傳，許多信徒紛紛前來醫神傳說中的誕生地，希望能被神力治癒。到了西元前4世紀時，埃皮道洛斯盛極一時，成為古代最著名的醫療中心，不辭千里而來的病患，在當地的醫療室中休息，希望醫神能在他們的睡夢之中，指點正確的醫療方式。

有趣的是，埃皮道洛斯頭除神廟和大量住宿設施外，還建造了浴場、劇場甚至運動場等建築，從遺跡的各種功能來推斷，發現古希臘人早已發現心理的醫療與身體醫療一樣重要，據說劇場的出現，也是為了讓病人能在欣賞戲劇、音樂的同時，身心感到放鬆而幫助療效。

INFO

基本資訊
地理位置： 位於伯羅奔尼薩半島的東北部海岸
區域號碼： (27530)

如何到達
◎**長途巴士**
從納普良週一至週五有1班巴士前往埃皮道洛斯，車程約45分鐘。
要特別注意的是到埃皮道洛斯遺跡，在查詢巴士時刻表時，地名要選擇「Asklipiio/ Epidavros (Theatro)」而非Archaea Epidavros。
納普良到埃皮道洛斯10:30，埃皮道洛斯到納普良12:15

古羅馬浴場 Roman Baths
醫療室 Abaton
神廟 Tholos
阿特密斯神廟 Temple of Artemis
競技場 Stadium
希臘式浴場 Greek Bath
埃皮道洛斯
阿斯克列皮亞斯神廟 Temple of Asclepius
埃及王神殿 Sanctuary of the Egyptian Gods
競技場 Stadium
音樂廳 Odeum
健身房 Gymnasium
客房宿舍 Katagogeion
博物館 Museum
大劇場 Theatre
圖例 🏟競技場 🏛遺跡 🎭劇院 🏛博物館

💰單程€2.90
🌐 www.ktelargolida.gr

◎**開車**
從納普良開車前來約需30分鐘，從科林斯約1小時車程，景區外有免費停車場。

MAP ▶ P.142

埃皮道洛斯遺跡

MOOK Choice

Archaeological site and Museum of the Sanctuary of Asklepios at Epidaurus/Αρχαιολογικός χώρος Ασκληπιείου Επιδαύρου

西元前開始的醫療勝地

📞27530~22009 ⏱4~8月8:00~20:00(9~10月可能提早閉館)，11~3月8:00~17:00 🚫1/1、3/25、5/1、12/25~12/26、復活節週日 💲4~10月全票€12、半票€6；11~3月€6 🌐odysseus.culture.gr/h/1/eh155.jsp?obj_id=14361

埃皮道洛斯遺跡位於納普良東北方約30公里處，打從西元前4世紀開始，這裡就成為祭祀醫神阿斯克列皮亞斯(Asklepios)的聖地，同時也是希臘著名的醫療中心，前來當地接受治療的病患如泉水般湧入，使得當地蓬勃發展。一直到西元87年時遭羅馬東征統帥蘇拉(Sulla)將軍掠奪為止，這處遺跡已形成令人難以想像的規模，即使日後多番被海盜和哥德人洗劫與破壞，甚至在基督教傳入當地之後，這處希臘醫神的聖域在5世紀中葉，依舊是著名的醫療勝地。

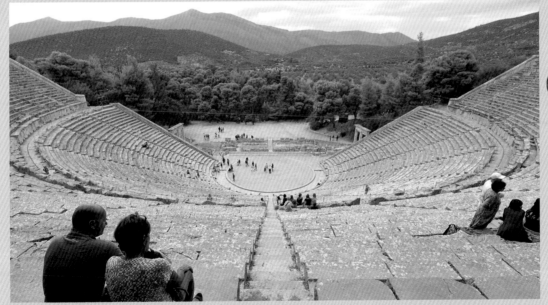

大劇場Theatre

埃皮道洛斯遺跡當中保存得最完整的，就是這座巨大的半圓形劇場，最早建造於西元前4世紀，共可容納14,000名觀眾，原本的用途是在4年一度的祭典中，表演戲劇娛樂醫神，聲響效果非常高明，站在劇場中央說話，聲音可上傳到最頂層的座位間。

現在大劇院成了每年夏天舉辦的埃皮道洛斯慶典的表演場地，不過即使在其他時間前來這裡，仍然會遇上許多團體的觀光客在劇場中央高歌合唱，非常有趣。

伯羅奔尼薩半島⋯**埃**皮道洛斯Epidavros

143

埃皮道洛斯慶典

在埃皮道洛斯遺跡上演的戲碼，主要出自希臘三大悲劇作家，他們的時代皆為西元前525年~484年的50年間，分別是艾斯奇洛斯(Aeschylus)、索佛克雷斯(Sophocles)和尤里皮底斯(Euripides)。

艾斯奇洛斯Aeschylus

90篇悲劇中有7篇留存於後世。

劇作的題材有大部分描述波斯戰爭，以激起希臘人的民族意識與忠誠，在波斯戰爭爆發後(約為西元前490年)非常受歡迎，現在看來，常有許多冗長的敘述，如果演員演得不夠誇張，氣氛會陷入沉悶。

最著名的戲碼有《普羅修斯的宿命》(Prometheus Bound)，敘述違反禁令傳授人類用火技巧的天神普羅修斯，被宙斯懲罰綁在山上，日日遭受啄心之苦，海妖伊歐眷戀他，特別前來探望，卻被宙斯之妻赫拉變成一頭備受牛蠅叮擾的牛。另外敘述發動特洛伊戰爭的邁錫尼國王阿伽門農(Agamemnon)的故事，也是他的傑出之作。

索佛克雷斯Sophocles

123篇悲劇中留下7篇。

希臘悲劇作家中最偉大的一位，創立悲劇的典範。他作品中的人物都備受命運擺布，因一時的憤怒或誤解造成不可收拾的悔恨後果，但仍然在忍辱偷生中與命運對抗，充分展現希臘悲劇的精神，不是怨天尤人，而是在不幸的事件中，人類如何展現高尚的情操，努力與逆境對抗。正因為悲劇有這種振奮人心的效果，才會成為希臘藝術中的經典。

索佛克雷斯最膾炙人口的作品是弒父娶母的《伊底帕斯》(Oedipus Rex)，和描述邁錫尼王阿伽門農在特洛伊戰爭結束歸國後，被妻子及情夫串通暗殺，其女成人後聯合被放逐的弟弟弒母的故事《愛列克塔》(Electra)。這兩齣戲被後世視為心理學上的戀母及戀父情結而備受討論。

尤里皮底斯Euripides

92篇創作中有17篇悲劇、一篇「森林之神」劇、一篇仿悲劇，共19篇劇作留存。

尤里皮底斯的作品特點是，劇終時演員扮成天神登場，向觀眾預言或警示。他與索佛克雷斯同一時期，兩人在戲劇上互較長短，尤里皮底斯擅長多彩的布景和熱鬧的音樂。著名的戲碼有描述酒神信仰的《酒神的女信徒巴克斯》(The Bacchae)，以及因愛殺弟叛國，後遭丈夫背叛，手刃兩名親生子女的《美狄亞》(Medea)等等。

博物館Museum

遺跡中保存較完整的廊柱、雕像等都存放在博物館當中。其中，可以看到許多尊醫神阿斯克列皮亞斯的雕像，手持的木杖上纏繞著巨蟒，據說巨蟒是醫神的使者，因此在古代治療疾病的方法中，有一項就是讓蛇的舌頭舔拭一下傷處！

在神話中，阿斯克列皮亞斯是太陽神阿波羅與克隆妮絲(Coronis)的兒子，聽信讒言懷疑克隆妮絲貞潔的阿波羅，將懷有身孕的克隆妮絲丟入燃燒烈焰的柴火中。阿波羅事後深感懊悔，奮力搶救孩子，並將他託付給半人半馬的Kheiron教育，而阿斯克列皮亞斯日後也成為醫藥之神。

客房宿舍Katagogeion

遺跡現場仍可看到一格一格的牆基，這是當時作為病患、朝聖者、隨行人員或是祭典時讓遠來觀眾住宿的場所。據估計，此建築大約有160間房間。

埃皮道洛斯醫療的觀念，可說是現代SPA醫療的先驅，病患會住在當地幾天甚至幾週，每天接受沐浴、催眠、按摩、草藥治療等療程。

希臘式浴場Greek Bath

約建於西元前300年，其功能和運動場一樣，是提供給參觀者和病患使用。由殘留的遺跡來看，浴場設有樓梯通到2樓。

競技場Stadium

在古希臘時期，埃皮道洛斯每4年會舉辦一次祭祀醫神的祭典，在祭典當中，也會舉行體能競賽，而地點就在競技場。這項祭典早在西元前5世紀就被古希臘抒情詩人平德爾(Pindar)所提及。場上的跑道呈長方型，長180.7公尺、寬22.06公尺。從西元前4世紀開始，在競技場兩旁設置了石椅。

醫療室Abaton

位在阿斯克列皮亞斯神廟旁邊的遺跡是從前的診療室，此處為一長70公尺、寬10公尺的窄長形建築。傳說，神職人員會在這裡與病患談話，類似現代的心理治療，然後讓病人躺在醫療室裡睡覺，在夢中與神交談，在這裡作的夢成為往後醫療的指標。

斯巴達
Sparta (Sparti)/ Σπάρτα

幾年前，好萊塢電影《300壯士：斯巴達的逆襲》，捧紅了飾演率領300名斯巴達勇士浴血奮戰的國王列奧尼達(Leonidas)的傑瑞德巴特勒(Gerard Butler)，也讓這段西元前400多年前掀起腥風血雨的波希戰役，重現於世人眼前。

斯巴達，這個以嚴苛教育著稱的城邦國家，於西元前650年崛起，它強大的軍事力量，使它在波希戰爭中扮演著希臘聯合勢力中的主要領導人，到了西元前431~西元前404年，它反而成為伯羅奔尼薩戰爭中雅典的首要敵人。一直到西元前371年，它被底比斯人(Thebes)於留克特戰役(Battle of Leuctra)中打敗後，斯巴達喪失了它在古希臘舉足輕重的地位，不過卻依舊保持獨立，直到西元前146年羅馬人統治希臘後。

昔日等同壯士代名詞的城邦國家，如今卻是一座幽靜祥和的小鎮，今日的斯巴達街道規劃整齊且路樹林立，未過度觀光化的斯巴達，商家十分友善，讓人幾乎無法和過去的歷史產生聯想，即便如此，仍是十分值得造訪。

INFO

基本資訊
地理位置：位於伯羅奔尼薩半島中部偏南方，屬於拉科尼亞地區(Laconia)。
區域號碼：(27310)

如何到達
◎長途巴士
每日從雅典有7班車前往斯巴達，平均1.5~2小時一班，車程約3.5~4小時。

斯巴達

圖例　🔴景點 ⬛廣場 🅷飯店 🚌巴士站
🏛博物館 🏺遺跡 🏟體育館 ℹ️遊客服務中心
🏛政府機關 ℹ️遊客服務中心

古斯巴達 Ancient Sparta
月亮女神聖域 Sanctuary of Artemis Orthia
市立體育館 Municipal Stadium
列奧尼達王雕像 Leonidas Statue
列奧尼達國王之墓 Leonidaeon
Menelaion Hotel
Hotel Dioscouri
舊市政廳 Old Town Hall
中央廣場 Central Square
遊客服務中心
斯巴達考古博物館 Archaeological Museum of Sparta
巴士站
橄欖油博物館 Museum of the Olive and Greek Olive Oil

🕐6:30~20:00 💲單程€19.50
KTEL Lakonia Bus Station
📍Likourgou 23 ☎27310-26441
🌐www.ktel-lakonias.gr

◎開車
從納普良開車前來需1小時40分，從摩尼瓦西亞過來需約1.5小時，從雅典開車約2.5小時。

旅遊諮詢
◎旅遊服務中心
Info Kiosk Sparti - Tourist Information
此處可免費索取地圖及洽詢巴士資訊等。
📍Leof. Likourgou 94
☎27310-25811
🕐週一至週五8:00~20:00，週六至週日9:00~17:00

編輯筆記 ✐

傳說中斯巴達人的後代？

　　住在希臘本土最南端摩尼(Mani)半島的摩尼人自稱是著名的勇士斯巴達人的後裔，在斯巴達王國衰敗後，在此地的人被統稱為摩尼人，同樣以好鬥勇狠的性格聞名，因其封閉的地理位置也一直維持自治狀態，直到19世紀中後期才因為交通工程的拓展逐漸對外開放。

　　目前雖然因為沒有古代斯巴達人的DNA可做檢驗，所以無法以科學證明，但當地人仍深信自己身上流著斯巴達人的血液並引以為豪！

MAP ▶ P.146A2

列奧尼達王雕像

Leonidas Statue/Άγαλμα Λεωνίδα

熱門拍照景點

🚶 從中央廣場步行前往約10分鐘 　🕐 24小時 　💲 免費

　　斯西達的傳奇國王列奧尼達，矗立在市立體育場前，就在Palaiologou街道的盡頭，此處也是斯巴達最熱門的拍照地點，雕像立於1968年，其上並有著希臘詩人Dionysios Solomos為三百壯士寫下的詩句。此外，希臘的國歌也是這位詩人的作品。從雕像旁的小徑繞過體育場上山，順著指標前進，即可抵達古斯巴達遺跡。

MAP ▶ P.146A2

列奧尼達國王之墓

Leonidaeon (Tomb of Leonidas)/
Λεωνιδαίο

傳說中的君主墓

🚶 從中央廣場步行前往約10分鐘 　🕐 24小時 　💲 免費

　　名字意思為「猛獅之子」的列奧尼達(Leonidas)，是斯巴達國王Anaxandridas II的兒子，被認為是赫克力士的後代，因此擁有過人的力量與勇氣。這位民族英雄兼國王最為人津津樂道的功績，就是在西元前480年時，率領300名斯巴達壯士，在溫泉關抵抗人數遠遠超過希臘聯軍的波斯軍隊，雖然最後他們全數壯烈犧牲，卻也讓雅典海軍爭取到與波斯軍隊對抗的準備時間。

　　如今在斯巴達除了可以看見聳立於體育場前方的列奧尼達青銅雕像外，在遺跡區不遠處的公園裡，還有一座可能是建於5世紀時的神殿遺跡，當地人們傳說裡面長眠著這位英雄的遺骨，也因此被稱為列奧尼達國王墓。不過沒有確切證據顯示這是列奧尼達的墓地，事實上較可信的論點，認為戰士的遺骸應該是埋於古劇場附近，此處為一座供奉阿波羅的神殿。

伯羅奔尼薩半島…
斯 巴達Sparta

古斯巴達

MOOK
Choice

Ancient Sparta／Αρχαία Σπάρτη

曇花一現強權遺址

🚶從中央廣場步行前往約20分鐘　⏱8:00~20:00　💲免費　🆔
odysseus.culture.gr/h/3/eh355.jsp?obj_id=2605

儘管曾經在古希臘軍事歷史上扮演著「共主」般的角色，盛極一時的斯巴達卻沒留下多少古蹟，如今只在市區北邊的山丘上，留下斯巴達衛城遺跡(The Acropolis of Sparta)，錯落著羅馬柱廊、市集、衛城地基、教堂及劇場遺跡等。穿梭於一片橄欖園中，起初只能看見部分石柱與基座，直到走上最高處，也就是昔日衛城的所在地，往下眺望，便能看見分布於山坡間的劇場，即使建築結構七零八落，依舊可看出昔日壯觀的景象，尤其背景中的橄欖園、民房、遠方山頂積雪的高山和藍天，勾勒出相當美的景觀。

1910年，英國考古學院最早開始在這裡進行挖掘。到了1990年代，續又展開古劇場及商舖的考古發掘工作。古斯巴達的衛城及市集，在西元前8世紀到羅馬時期，是這座城市的政治及信仰中心，並持續被使用到拜占庭時期。2世紀，希臘著名旅行作家保薩尼亞斯(Pausanias)，就曾提及在這兩處有大量的公共建築、神殿及遺跡等等。

古斯巴達最重要的遺跡之一就是位在衛城南方的劇場(Ancient Theatre)，其主要功能是作為公眾集會及慶典之用。當時劇場上沒有固定的舞台，每當有戲劇演出時，是使用木製且可移動的舞台，舞台並設有輪子，便於移動到所需要的位置。大部分從劇院發現的遺跡，都是屬於羅馬時期。

此外，在劇場還發現商舖的遺跡，年代也同樣是在羅馬時期，建築主要用磚砌成，內部再用灰泥裝飾，目的是服務前來欣賞表演的觀眾或是參加活動的人們。

斯巴達考古博物館

MOOK Choice

Archaeological Museum of Sparta/
Αρχαιολογικό Μουσείο Σπάρτης

跨世紀在地出土文物

從中央廣場步行前往約5分鐘可達 ⌂71, Osiou Nikonos Street ☎27310- 28575 ⏰冬季9:00~16:00 休週二 💲全票€2、半票€1 🌐odysseus.culture.gr/h/1/eh155.jsp?obj_id=3305

　　創立於1874年，坐落於庭園中的斯巴達考古博物館，其建築出自希臘建築師**G.Katsaros**的設計。該考古博物館中的展品，橫跨新石器時代到羅馬時期，以斯巴達和附近地區出土的文物為主，展出內容包括拉科尼亞地區(**Laconia**)的歷史文物、古樸時期到羅馬時期的雕刻以及各地搶救回來的古物，而其中最重要的展品是出土自斯巴達的羅馬馬賽克鑲嵌地板，還有提供珍貴史料的碑刻等。

　　博物館分為七大展廳，其中大部分展品是月亮女神聖域以及斯巴達衛城的文物。在月亮女神聖域中，有許多以象牙、石頭或是黏土製成的雕像或器皿，它們大多是供品或是還願的物品，反映出昔日聖域擁有大量信眾。此外，複製自木頭原件的黏土面具，則是聖域舉行儀式時所使用的器具。

　　至於展出的衛城文物，除了浮雕外，又以列奧尼達王像最為著名，是斯巴達市的象徵。另外，還展出當地昔日豪宅所使用的馬賽克鑲嵌地板，其中一幅以特洛伊戰爭中的傳說英雄阿基里斯的半身像為主題。

伯羅奔尼薩半島⋯斯 巴達Sparta

斯巴達教育

　　斯巴達之所以可以在古希臘邦國中崛起，和它封閉的軍事國家政策有關，其中嚴格的斯巴達教育功不可沒。

　　斯巴達教育著重於激勵民心且訓練身體的耐力，孩子屬於國家，出生時以葡萄酒洗身以測試幼兒是否健康，否則將會被拋棄於荒街野外。小男孩到了7歲就混居一塊，故意不給他們足夠的食物，好讓他們精通竊取食物的技巧。到了12歲時，他們必須認一位年長男子為義父，當作他們的榜樣，一滿18歲就得加入軍隊，並分成不同小組，有些還會被丟到郊區，讓他們只以一把刀想辦法生存下去。另外成年男子每10天接受一次健康檢查，過於肥胖或膚色白皙的人，會被認為怠惰而必須接受處罰，還有母親會檢查從戰場上運回的兒子遺體，以他正面或背面的刀傷數判斷是否勇敢等等。

MAP ▶ P.146A3

橄欖油博物館

MOOK Choice

Museum of the Olive and Greek Olive Oil / Μουσείο της Ελιάς και του Ελληνικού Λαδιού

展示在地農產品歷史與運用

🚶 從中央廣場步行前往約8分鐘可達　🏠 Othonos-Amalias 129　☎ 27310-89315　⏰ 3~10月15日10:00~18:00，10月16日~2月28日10:00~17:00　🚫 週二、1/1、5/1、8/15、11/26、12/25~26、復活節週日　💲 全票€3、半票€1.5　🌐 odysseus.culture.gr/h/1/eh155.jsp?obj_id=3344

　　拉科尼亞地區是希臘主要的橄欖油產區之一，博物館分為上、下兩層，上層從最早在希臘發現的橄欖樹開始介紹，展示希臘及斯巴達當地橄欖油發展的歷史、文化及製造技術等。

　　從史前時代到20世紀，橄欖油被廣泛用在食品、身體護理、照明及宗教活動等各方面，館內鉅細靡遺的展示及解說，成為斯巴達最受歡迎的博物館之一。博物館的下層及戶外展示區，以古代的橄欖油生產技術介紹為主，並展示數座大型的榨油機具。

MAP ▶ P.146B1

月亮女神聖域

Sanctuary of Artemis Orthia

斯巴達教育遺跡

🚶 從中央廣場步行前往約20分鐘　🕐 24小時　💲 免費

　　斯巴達的另一處古蹟，是位於該城東北方的月亮女神聖域，這處出現於西元前6世紀的遺跡，設有獻給阿特米斯的神殿與聖壇，此外傳說這裡也是昔日斯巴達小男孩接受鞭打耐力測驗的地方，有位古羅馬旅遊作家曾記載：為了讓女神滿意，許多年輕男子不堪過度鞭打而死於濺滿血跡的祭壇上。不過關於這段文字的真實性並不可考。

　　然而根據此地神殿遺跡上的紀錄來看，這裡崇拜的神祇，與斯巴達13歲以下小孩的教育有關。此處不但是年輕人的教育中心，同時也是舉行活動、跳舞及競賽的地方，在某些儀式中，人們還會面戴皮製或是木製的面具來進行，目前在斯巴達考古博物館可見此處出土的面具。

MAP ▶ P.146A3 **Hotel Dioscouri**

從中央廣場步行前往約6分鐘
Lycourgou 182　27310-28484

　Hotel Dioscouri位在斯巴達較高地勢區，鄰近法院及公共圖書館。擁有氣派的外觀，一進入是寬敞的大廳及接待櫃台，前台服務人員也非常友善。

　最值得推薦的，就是飯店提供的豐富希臘式自助早餐，供應當地的傳統美食，包括自製果醬、有機蜂蜜、在地乳製品及香腸等等，一定要試試。此外，房間乾淨舒適，並配有小陽台。若開車前來可將車子停在飯店旁邊的街道上。

MAP ▶ P.146A3 **Menelaion Hotel**

從中央廣場步行前往約5分鐘　91,
K. Palaiologou ave.　27310-22161
menelaion.gr

　在熱鬧大街K. Palaiologou上，聚集了斯巴達數間大型的飯店，Menelaion Hotel是其中較具規模的。飯店建於1935年，是一座新古典主義的建築。二戰期間，此處被義大利及德軍徵用，到了1944年則作為希臘抵抗軍的總部，一直到內戰結束後，此處才回到目前經營者手上。

　2010年飯店重新裝修，以提供現代化及高規格的服務，豐富的自助式早餐供應廚師現做的餐點。此外，飯店附設有游泳池、酒吧及咖啡廳等。

伯羅奔尼薩半島…**斯** 巴達Sparta

151

●米斯特拉

米斯特拉
Mystras/Μυστρά

在斯巴達西南方大約5~6公里處，有一座中世紀城市遺跡，至今仍保留昔日的面貌，靜靜的隱藏於Taygetos山、靠近古斯巴達綠意盎然的陡峭斜坡中。

米斯特拉最初是法蘭克人興建的要塞，後來成為十字軍東征中拜占庭保衛伯羅奔尼薩對抗土耳其人的主力城市。1249年時，來自希臘阿該亞(Achaia)的William II Villehardouin攻下米斯特拉，開始在當時這片無人居住的土地上興建城堡與殖民地。後來到了1261年以後，拜占庭帝國將其收復，並且由皇帝的親屬直接統治，到了14~15世紀，這裡更成為東羅馬帝國地方總督的根據地，也因此發展達到巔峰，不但貴族宮殿林立，獨具特色的教堂更是彼此「爭奇鬥艷」。

此外，這裡更是拜占庭帝國最後的學術中心，許多文人、學者定居此地，其中包括新柏拉圖主義者(Neoplatonist)兼哲學家George Gemistos Plethon，他不但將柏拉圖的思想引進西歐，同時也是帶領希臘學習西歐的先鋒之一！

INFO

基本資訊
地理位置：位於伯羅奔尼薩半島中部偏南方
區域號碼：(27310)

如何到達
◎長途巴士／計程車
從斯巴達有巴士前往米斯特拉，平日約4班，車程15~30分鐘，公車站就在旅遊服務中心附近(Leof. Likourgou 94)。最新的班次時刻請向旅遊服務中心確認。

亦可直接搭乘計程車前往。
💲巴士單程票€1.30；計程車單程約€10

◎開車
從斯巴達開車前往約需15分鐘車程。

注意事項

米斯特拉遺跡遍布整座山上，參觀大約需要半天的時間，從入口處購票後就一路是上坡路線，最好穿著一雙便於行走的好鞋。

遺跡內沒有餐廳，因此別忘了攜帶餐點及足夠的飲水，並做好防曬措施。若無足夠飲水，沿途設有飲料自動販賣機，記得自備零錢購買。洗手間位於入口的售票處旁。

Where to Explore in Mystras
賞遊米斯特拉

MAP ▶ P.152

米斯特拉遺跡

⬭ MOOK Choice

Ancient Mystras / Αρχαία Μυστράς

斯巴達沒落後順勢興起

☎ 27310-83377　⏰ 11~3月8:30~15:30，4~10月可能延長到20：00，依工作人員情形而定　休 1/1、3/25、5/1、12/25~26、復活節週日　$ 全票€12、優待票€6　🌐 odysseus.culture.gr/h/3/eh355.jsp?obj_id=2397

　沿著Taygetos山坡分布，曾經盛極一時的米斯特拉，如今是座無人居住的「廢墟」，也是一處展現拜占庭文化的「露天博物館」，在1989年時被聯合國教科文組織明訂為世界遺產。該遺跡共分為兩個部分，由山頂往山下分別為城堡和宮殿群所在的上城，以及齊聚教堂與修道院的下城。

　米斯特拉的興起和斯巴達密不可分，甚至可說「成也斯巴達、敗也斯巴達」，原因在於13世紀中葉，由於斯巴達沒落，法蘭克人於是在附近另闢城鎮與修築城堡，為它打下初步的根基。而後米斯特拉一路在拜占庭、土耳其和威尼斯人的統治下不斷發展，在17世紀時一度因為蠶絲業發達，人口居然高達40,000人。然而希臘獨立戰爭後，米斯特拉重回希臘懷抱，不過1825年的一場大火，燒毀了當地的房舍，也燒去了該鎮的重要性，1831年時，奧圖一世國王決定重建斯巴達城，於是米斯特拉從此遭到廢棄。

聖迪米特里歐斯教堂
Metropolis (Agios Dimitrios)

　聖迪米特里歐斯教堂在米斯特拉被拜占庭帝國降伏不久後興建，大約出現於13世紀中葉。不過教堂今日模樣已有別於最初設計，15世紀一位名為Matthew的主教，將其改建為擁有5座圓頂，下層為長方型會堂、上層為十字型的混合式建築。

　該教堂的濕壁畫相當值得一看，融合了多種技巧與藝術潮流，大致出現於13世紀~14世紀上半葉，該教堂獻給迪米特里歐斯，北面側廊牆壁上彩繪著這位殉道者的生平與事蹟，南面側廊敘述聖母出生、結婚等一生中重要的5個場景，另外在教堂前廳還有多幅《最後審判》的壁畫。

博物館Museum

　博物館位於聖迪米特里歐斯教堂的附屬建築中，裡頭展示著斯巴達和米斯特拉的文物，包括雕刻、青銅飾品與珠寶、手抄本和傳統服裝等等。

伯羅奔尼薩半島⋯米斯特拉Mystras

艾凡傑利斯特里亞教堂Evangelistria

這間優雅的小教堂造型類似聖索菲亞大教堂，為雙柱式十字型結構，裝飾其中的雕刻風格統一，應為最初且完整的教堂裝飾，這點在米斯特拉相當罕見，以柱子為例，上方可以看見樹葉和松果等圖案的浮雕。教堂內部的壁畫大約回溯到14~15世紀，包括高級教士St. Polykarpos的肖像。

聖德奧多羅伊教堂 Agioi Theodoroi

身為米斯特拉最古老的十字教堂，聖德奧多羅伊興建於13世紀末，是拜占庭時期重要的建築，許多貴族以及教會職員均長眠於此。教堂內的壁畫大部分受損嚴重，並且不開放參觀。

霍迪集特里亞教堂Hodegetria (Aphentiko)

霍迪集特里亞教堂和聖德奧多羅伊教堂昔日共為維諾多奇翁修道院(Monastery of Vrondochion)的一部分，該教堂結構和聖迪米特里歐斯教堂一樣，同為長方型會堂和十字教堂的混合式建築，除建築宏偉外，內部傑出的濕壁畫是它最大的特色。

壁畫年代回溯到1312~1322年間，其中部分還摻有君士坦丁堡的藝術風格，西側拱頂中的「聖母與先知」、教堂半圓形室中的高級教士肖像以及教堂前廳的「耶穌的奇蹟」等等，都相當出色。

聖尼古拉斯教堂Agios Nikolaos

在鄂圖曼土耳其帝國統治當地的後拜占庭帝國時期，拜占庭藝術發展受到限制，然而教堂卻不斷出現以容納眾多信徒需求，聖尼古拉斯教堂就是在這種情況下興建。此時期最受藝術家喜愛的壁畫主題多與殉道者有關，在該教堂中可以看見一幅眉頭緊皺且手背釘有釘子的耶穌像。

聖索菲亞大教堂Agia Sophia

和其他教堂不同，聖索菲亞大教堂坐落於上城、皇宮的上方，它是昔日的皇宮教堂，也是一座小修道院的大教堂。該教堂建築和其他米斯特拉的教堂結構也大異其趣，相較之下顯得簡樸也簡單得多，外觀是座擁有圓頂主殿、鐘樓的多角式教堂，內部空間則顯得格外狹窄且高挑。

教堂的裝飾雕刻保留情況並不好，不過還是可以在柱頭或是雙頭老鷹頭上，看見以創造者的名字縮寫設計的押花字。至於壁畫方面，聖殿上有一幅大型耶穌像，拱頂描繪耶穌升天，十字拱頂則分別敍述盛宴與耶穌受難等主題。

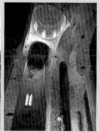

佩利伯列托斯修道院Peribleptos

背倚岩壁，從側前廳門上的押花字推測，佩利伯列托斯修道院這座小修道院應為一對貴族夫婦所建。修道院前方有兩座突出的小禮拜堂，形成非常可愛的景象

教堂內的濕壁畫充滿詩意，用色細膩且構圖精緻，無論是西側廊的「耶穌誕生」、北側廊的「浸禮」、北側的「聖母長眠」、南牆的「施洗者約翰」等等，都能感受到繪畫者的情感流動。

皇宮Palace Complex

皇宮位於上城的一座平台上，這座龐大的建築群是歷經13~15世紀不斷擴建的結果，它們以寶座廳為主，兩道側翼幾乎以直角相交，中央圍出一座可聚集群眾的廣場。可惜皇宮如今只剩下建築結構，內部不開放參觀。

潘塔娜沙修道院Pantanassa

不同於其他位於米斯特拉的教堂，潘塔娜沙修道院不但是保存狀況最好、同時也是目前仍有修女長駐的教堂，也因此參觀時必須特別注意禮儀，不要穿背心或短褲等不合宜的服裝進入。

潘塔娜沙修道院興建於1428年，它以霍迪集特里亞教堂為建築藍圖，然而在裝飾細節上卻假借哥德式樣，壁畫則模仿霍迪集特里亞教堂和佩利伯列托斯修道院。十字翼廊和上層的壁畫保存狀況極佳，至於下層17~18世紀的壁畫則受損情況比較嚴重，在西北面和南面的牆壁上描繪出自《聖母頌》(Akathist Hymn)的24個詩節(Strophe)以及許多聖人，位於教堂前廳的則多為殉道者。

聖殿的「聖母像」與其拱頂的「耶穌升天」、南側半圓形室的「耶穌誕生」以及東側廊的「進入聖城耶路撒冷」等等，都是它非常精彩的作品之一。

城堡Castle

1249年，法蘭克人在這座高600公尺的山丘上興建了首座的要塞，隨著日後統治者的擴充，形成一座曾經非常堅固的要塞。如今城堡本身徒留遺跡，能提供給遊客的是千百年不變的遼闊視野，即使下方景物早已物換星移，然而米斯特拉整個區域卻像模型般，呈現於觀賞者的眼前。

●摩尼瓦西亞

摩尼瓦西亞
Monemvasia/Μονεμβασία

和斯巴達同樣位於拉科尼亞地區(Laconia)，摩尼瓦西亞舊城(Kastro Monemvasias)像一枚小葉子，漂浮於伯羅奔尼薩東面的海岸上。這座島很小，面積甚至不到1,000平方公里，只以一條長約幾百公尺的堤道連著本島的葛菲拉(Gefyra)，葛菲拉又稱為摩尼瓦西亞新城。

島上盤踞著一座突出海平面100公尺高的小山丘，就像一頂大帽子蓋住整座島，上方聳立著中世紀要塞遺跡，整座舊城圍繞著一道厚實的城牆，也因此使它贏得「東方的直布羅陀」以及「磐石」等暱稱。事實上，摩尼瓦西亞的名稱也和城牆有關，衍生自2個希臘單字：「mone」和「emvasia」，意指「單一入口」。

由於這座小島基本上是座岩山，所以城市興建於俯瞰摩尼瓦西亞灣的東南坡，城內街道狹窄且為遷就地形部分甚至相當崎嶇，不過石頭砌成的房舍與街道、外觀略顯斑駁的建築、以及雪白的拜占庭教堂……讓這座小鎮充滿迷人的個性與風情，而深受遊客喜愛。

INFO

基本資訊
地理位置：位於伯羅奔尼薩半島南端
區域號碼：(27320)

如何到達
◎長途巴士
從雅典的Kifissos巴士站每日有2班巴士前往摩尼瓦西亞，中途都會行經斯巴達，最新的時刻表請上網

查詢。
摩尼瓦西亞巴士站就在新城前往舊城的堤道上，也就是「Malvasia Travel」旅行社前，前往雅典的車票也可在此購買。
◐雅典到摩尼瓦西亞10:30、17:15
⑤雅典到摩尼瓦西亞單程€29.60
⊕www.ktel-lakonias.gr

巴士站往返舊城交通
進到舊城的接駁車站牌位於新城(Gefyra)，就在通往摩尼瓦西亞的堤道旁邊，車資每人約€1.10，從這裡

步行前往舊城約需25分鐘的時間。

◎開車
從斯巴達開車前來約需1.5小時，可將車子停在舊城堤道的路邊，再步行前往城門進入。

◎景區交通
摩尼亞西亞舊城內不開放汽車通行，只能以徒步方式參觀。

注意事項
摩尼瓦西亞舊城遺跡遍布在整座山上，而且終點就在最高點，參觀前記得換上便於行走的鞋、做好防曬並備足飲水。一進城門的大街上林立商店及餐廳，可先用完餐後再展開參觀行程。此外，城門入口前方有階梯通到洗手間。

MAP ▶ P.156B4

城門與城牆
Gate & Fortress/Πύλη & Φρούριο

龍盤虎踞石頭城

從巴士站步行前往城門約25分鐘，也可以搭乘接駁巴士前往

6世紀時，希臘受到斯拉夫人等外族入侵，於是包括斯巴達等伯羅奔尼薩人，紛紛移居摩尼瓦西亞避難，這些人將房屋和教堂，蓋在岩山間陡峭狹窄的巷弄裡，並且興建一道非常厚實的城牆。在拜占庭時期，摩尼瓦西亞發展成為重要的海上貿易中心，到了12世紀，此處已是有著強大軍事力量的城市。

整座城市由位居山頂的城堡控制，一道從山頂向下延伸至濱海地區的城牆，以三面緊緊圍繞。如今的入口是從前的城門之一，此門雖小且看來並不起眼，但它後方延伸不斷爬升的城牆，卻令人留下深刻印象。此外，門內通道呈直角轉彎，應是基於戰略安全考量設計。

MAP ▶ P.156B3

上城

MOOK Choice

Upper Town / Άνω Πόλη

拜占庭風格猶存

👉 下城有通往上城的指標，不斷往山上爬通過上城城門就可達聖索菲亞教堂及城堡遺跡。

從下城廣場續行不遠後，會有上、下兩條岔路，往下通往聖尼古拉教堂和克里莎菲提薩教堂，另一條則往上通往上城。上城是昔日上層階級的行政中心，如今仍可見進入上城的城門、聖索菲亞教堂(Hagia Sophia)以及其他教堂、澡堂、陵墓、蓄水池、要塞等的遺址。

參觀上城的路途考驗著遊客的體力，不過一旦抵達上城，展現於眼前的是另一種欣賞摩尼瓦西亞的角度——城牆包圍的下城以湛藍海水為背景，交織出非常美麗的景觀，就連來時的Z字型步道，伴隨著兩旁的綠意和繽紛的花朵，也形成非常動人的風貌。

在昔日鼎盛時期，光是在這座岩頂就居住了超過30,000位居民。散落於四周的斷垣殘壁，多為大型建築的遺跡，而位於峭壁上的聖索菲亞教堂，是其中保存的最為完整的建築。

城堡遺址Citadel

這座城堡原是拜占庭時期的要塞，呈四方形，當時在四個角都設有高塔。從城堡東邊磚砌牆面上發現的字母，說明了城堡是建於15世紀，那時是Theodore II Palaiologos在位時期。

不過目前城堡建築嚴重毀損，只剩下一旁的火藥庫較完整。爬上這座距入口處最高且遠的景點雖然辛苦，然而在居高臨下的城堡遺址上，有著絕佳視野，可將摩尼瓦西亞新城、舊城以及連接兩地的堤道，盡收眼底。

聖索菲亞教堂
Aghia Sofia (Hodegitria)

🕐 週五至週一8:30~15:30 ✖週二至週四 ☎2732-061403

這棟拜占庭式教堂由Andronicus II Palaiologos皇帝下令興建，時間約為12世紀，大門上裝飾著孔雀雕刻，此外還點綴著大理石浮雕。該教堂在落入土耳其人手中後，牆壁漆上了石灰並當成清真寺使用；到了威尼斯統治時期，又成為天主教堂。之後隨著政權更迭，教堂也幾度改變其功能。聖索菲亞教堂的部分結構有些類似米斯特拉的教堂，南面都採雙拱門設計。此外，這間教堂屋頂和牆壁上的磁磚鑲嵌也相當漂亮。

MAP ▶ P.156B4

下城

MOOK Choice

Lower Village／Κάτω Χωρι

拜占庭遺跡遍布

🚶 從城門進入後就抵達下城

進入城門後，就已經進入下城的範圍，下城是從前的商業中心，四周是工作坊以及商人、水手們的住宅等。如今一進來的主要大街上，同樣是林立著餐廳、商店及旅館，並且門口總是裝飾得五花八門。不同於其他觀光區販售伴手禮的商店，這裡的小店很有特色，手作木製品、設計師飾品店，以及當地橄欖油和果醬等製品專賣店⋯⋯讓人忍不住每間都想進去瞧瞧。

街道通往下城的中央廣場，廣場上還立著18世紀的大砲，正對著前方的海洋。此處還有一間艾克門諾斯教堂，以及由教堂改建而成的博物館可供參觀。

拜占庭教堂是當地的特色，在威尼斯人統治時期，這座小小的舊城裡，居然擁有高達40間的教堂。沿著廣場前方的路往下走，會抵達興建於1703年的聖尼古拉教堂(Hagios Nikolaos)以及圓頂造型的克里莎菲提薩教堂(Panagia Chrysaphitissa)，沿途還會經過不少保存威尼斯風格的房舍。

考古博物館
Monemvasia Archaeological Collection

☎27320-61403 ◷8:30~15:30 休週二、1/1、5/1、12/25~26、復活節週日 ⑤全票€2、半票€1 ⊕odysseus.culture.gr/h/1/gh155.jsp?obj_id=3279

這座建築原本是一座拜占庭教堂，到了16世紀這裡改為清真寺。到了第二次威尼斯人統治時期，又從清真寺轉變成公眾建築，然而它轉變的命運並未因此停止，土耳其人在1715年又將它改回原來的功能。之後此處又陸續被當成監獄、咖啡館使用，直到1999年，才改成如今的博物館，介紹摩尼瓦西亞的歷史、文化及生活等。

艾克門諾斯教堂
Elkomenos Christos

◷3~10月10:00~15:00、16:30~19:30，冬季依人潮而定 ⑤免費

博物館的對面，坐落著摩尼瓦西亞目前仍在使用的教堂。這座建築的設立可能源自6~7世紀。教堂入口門楣上，還保存了象徵拜占庭的孔雀浮雕。教堂內的繪畫及聖物多次被偷走，其中一幅14世紀的耶穌受難畫作，歷經多年的找尋，終於在2011年又重回到教堂裡。

Kelari／Τοκελαρι

🚶 從城門進入步行兩分鐘即抵，在街道右手邊 ☎27320-61695
民宿Kellia Guesthouse／Κελλιι
☎27320-61520 ⊕keliamonemvasia.com

Kelari在希臘文中的意思是「地窖」，這間當地年輕人經營的紀念品店，從他母親即開始設店，至今已有20年之久，店內販售的商品琳瑯滿目，諸如橄欖油保養品、在地釀造的酒類、香料、蜂蜜、沐浴用品、飾品、畫作及各種口味的手工餅乾等，種類眾多，還可以免費試吃並試喝紅酒，熱心的老闆以流利英文解說自家販售的商品，結帳時還會贈送小試用品，帶給遊客驚喜。此外，家族在舊城也經營民宿。

● 奧林匹亞

奧林匹亞
Olympia/Ολυμπία

奧林匹亞是奧林匹克運動會的起源地，因此在這場至今仍每4年舉辦一次的盛會開始之前，象徵運動會精神的聖火，都是先從奧林匹亞遺跡中的赫拉神殿點燃後，再傳遞到世界各地去。

古希臘人十分崇敬他們所塑造出來的眾神，而為了討神明歡欣，就要舉行祭神慶典，慶典裡，希臘人多半同時舉辦體育競技和文藝表演。而各種酬神競技中，就屬奧林匹亞最負盛名，因為這是為眾神之王宙斯所舉行的盛會。

至於希臘神話中眾神的居所——奧林匹斯山，就是現在遺跡東邊的克羅諾斯山，因此遺跡中有祭祀各神的神殿，其中最著名的是宙斯神殿和赫拉神殿。而位於奧林匹亞市區的奧林匹亞考古博物館，則是希臘幾個重量級博物館之一，收藏了19~20世紀間於奧林匹亞遺跡中挖掘出土的雕刻、陶器等文物。

INFO

基本資訊
地理位置：位於伯羅奔尼薩半島中部偏西海岸
區域號碼：(26240)

如何到達
◎長途巴士
雅典到奧林匹亞並無直達車，需到皮爾戈斯(Pyrgos)轉乘。從雅典的Kifissos巴士站每日有8班巴士前往皮爾戈斯，車程約4小時。
從皮爾戈斯前往，班次選擇較多，平日有約12班、週末5~6班巴士前往奧林匹亞，車程約30分鐘。此外，

皮爾戈斯也有非常多巴士選擇前往希臘各城市，包括帕德拉(Patra)及Tripoli。
🔵雅典到皮爾戈斯7:30~19:00；皮爾戈斯到奧林匹亞平日6:15~21:30、週末7:30~19:30
💲雅典到皮爾戈斯單程€27.70；皮爾戈斯到奧林匹亞單程約€1~2
🌐www.ktelileias.gr

◎火車
皮爾戈斯到奧林匹亞有火車往來，但班次很少。

◎開車
從科林斯開車前往奧林匹亞約2.5小時，斯巴達前往約2小時，雅典機場前往約3.5~4小時。前往奧林匹亞會經過偏僻的路段，岔路也不少，最好備有導航系統。

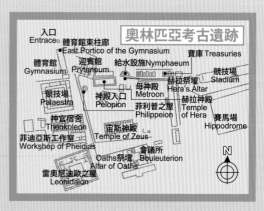

奧林匹亞考古遺跡

入口 Entrace
體育館東柱廊 East Portico of the Gymnasium
寶庫 Treasuries
體育館 Gymnasium
迎賓館 Prytaneum
給水設施 Nymphaeum
競技場 Stadium
競技場 Palaestra
神殿入口 Pelopion
母神殿 Metroon
赫拉祭壇 Hera's Altar
神宮宿舍 Theokoleon
菲利普之屋 Philippeion
赫拉神殿 Temple of Hera
賽馬場 Hippodrome
菲迪亞斯工作室 Workshop of Pheidias
宙斯神殿 Temple of Zeus
會議所 Bouleuterion
雷奧尼迪歐之屋 Leonidaion
Oaths祭壇 Altar of Oaths
N

MAP ▶ P.160B3

奧林匹亞考古遺跡
Archaeological Site of Olympia/
Αρχαιολογικός Τόπος Ολυμπίας

奧林匹克運動會發源地

🚌 從巴士站步行前往約10分鐘 ☎26240-22517 ⏰4~10月
8:00~20:00，11~3月08:30-15:30；閉館前15分鐘最後入場 🛑
1/1、3/25、5/1、12/25~26、復活節週日 💲4~10月全票
€12、優待票€6，11~3月€6；票價包含奧林匹亞考古博物館、
古代奧運歷史博物館 🌐odysseus.culture.gr/h/3/eh355.
jsp?obj_id=2358 ❶3/6、4/18、5/18、10/28、9月最後一個
週末、11~3月第一個週日免費

光從地名就能聯想
它和奧林匹克運動會
的密切關係，的確，
這裡就是西元前776
年奧林匹克運動會的
發源地，名列世界遺
產之林。

奧林匹亞的古蹟區隱身在卡拉戴奧河(Kladeos)
身後，有別於許多歷史遺址總是一片荒蕪，奧林
匹亞則多了一份田園詩意。踏進遺址，濃綠樹叢
中，一片猩紅黛白，燦花紛呈，鳥兒在枝間跳
著，唧啾有聲；斑駁的神殿列柱在草叢間或立、
或躺，連結古與今。

目前遺址裡的建築多半都已傾倒，最重要的建
築包括宙斯神殿、赫拉神殿、菲迪亞斯工作室、
競技場與賽馬場等。

體育館Gymnasiun及競技場Palaestra

一進入遺跡區，最先映入眼簾的就是大長方型建築的體
育館，長220公尺、寬120公尺，是作為練習標槍及擲鐵餅
等之用；而一旁的競技場，也是選手訓練的場地。

菲利普之屋Philippeion

這座基座呈圓形、立著一圈艾奧尼克式(Ionic)石柱的建
築物，主要是為了紀念西元前338年時馬其頓(Macedon)國
王菲利普(Philip，即亞歷山大大帝父親)在凱羅尼亞之役的
大勝利，此舉戰役中，馬其頓擊敗了雅典(Athenians)和底
比斯(Thebans)聯軍。

伯羅奔尼薩半島…奧 林匹亞Olympia

161

赫拉神殿Temple of Hera

　　這是一座出現於西元前6世紀的多利克式(Doric)神殿，也是目前遺址裡保存最完整的建築之一。顧名思義，神殿裡崇拜的是宙斯的妻子赫拉，在希臘諸多神殿中，這是歷史最悠久的多利克式神殿之一。大名鼎鼎的荷米斯懷抱酒神雕像，就是從這裡挖掘出土的文物。

赫拉祭壇Hera's Altar

　　在赫拉神殿旁有一處看不出原樣的赫拉祭壇，是點亮奧運聖火之處。1936年，柏林奧運開始了奧運聖火傳遞的

儀式。有趣的是，此處也成了遊客最喜愛模仿點燃聖火並拍照留念的地方，不過這樣的舉動常被景區管理員吹哨音制止。

競技場與賽馬場Stadium & Hippodrome

　　穿過殘存的圓拱形入口，就進入古代奧林匹克運動會舉辦的場地。競技場可容納45,000名觀眾，其中短跑跑道的起點到終點，距離120公尺長，裁判席至今依舊清晰可辨，只是當年那個摔角、搏擊、跳遠、擲標槍、賽跑的熱烈競技場面，已由每4年一度的現代奧運接手。

　　在體育場南面有面積更大的賽馬場，不過已是一片荒煙蔓草，看不出原本的面貌。

宙斯神殿
Temple of Zeus

　　奧林匹亞與宙斯密不可分，遺址裡的布局足以說明分由。整座奧林匹亞遺址的正中央，坐落著西元前5世紀興建的宙斯神殿，儘管神殿已頹圮，那些散落一地、彷如巨輪的多利克式石柱依然懾人心魄。巨大神殿裡面安放的，就是曾經名列古代世界七大奇蹟之一的宙斯神像。

　　根據文獻記載，宙斯像坐在一座厚1公尺的大理石基座上，頭幾乎要頂到天花板，高13公尺，由象牙雕成並鑲嵌著黃金；祂的右手握著一尊雙翼勝利女神像，象徵奧林匹克運動會的勝利，而左手持著金屬權杖，代表至高無上的眾神之王。只可惜神像後來被掠奪到君士坦丁堡(今天土耳其伊斯坦堡)，並毀於462年的大火中。

菲迪亞斯工作室Workshop of Pheidias

　　根據出土的雕刻工具、刻有名字的杯子，可以判斷此處是希臘偉大的雕刻家菲迪亞斯(Pheidias)工作的地方，那尊渾身裝飾黃金與象牙、名列世界七大奇蹟的宙斯像，便是在此打造完成。在5世紀時，這裡被當作教堂使用。菲迪亞斯工作室保存相當完整，還可見牆上精美的雕刻裝飾。

古代奧運歷史博物館

Museum of the History of the Olympic Games in Antiquity/Μουσείο Ιστορίας των Ολυμπιακών Αγώνων της Αρχαιότητας

千年奧運競賽探源

🚶從遺跡區步行前往不到10分鐘可抵 🏠位於考古遺址西邊 ☎26240-29119 🕐4~10月8:00~20:00，11~3月08:30-15:30；閉館前15分鐘最後入場 休1/1、3/25、5/1、12/25~26、復活節週日 $4~10月全票€12、優待票€6，11~3月€6；票價包含奧林匹亞考古遺跡、奧林匹亞考古博物館 🌐ancientolympicsmuseum.com ❗3/6、4/18、5/18、10/28、9月最後一個週末、11~3月第一個週日免費

靠近市區的古代奧運歷史博物館，展示古代奧林匹克運動會的相關資料，展覽內容豐富。這項賽事舉辦超過千年歷史，博物館除了有當地的介紹外，也展出希臘各地出土的文物，包括陶器、雕刻、青銅器及馬賽克鑲嵌壁畫等，來介紹這項賽事最初的競賽項目、發展歷史、傳統以及其他希臘類似的競賽等等。

奧林匹亞考古博物館

MOOK Choice

Archaeological Museum of Olympia/ Αρχαιολογικό Μουσείο Ολυμπίας

希臘必遊博物館之一

🚶從遺跡區步行前往約5分鐘 🏠位於考古遺址北邊200公尺 ☎26240-22742 🕐4~10月8:00~20:00，11~3月08:30-15:30；閉館前15分鐘最後入場 休1/1、3/25、5/1、12/25~26、復活節週日 $4~10月全票€12、優待票€6，11~3月€6；票價包含奧林匹亞考古遺跡、古代奧運歷史博物館 🌐ancientolympiamuseum.com ❗3/6、4/18、5/18、10/28、9月最後一個週末、11~3月第一個週日免費

奧林匹亞考古遺址的現場只剩下頹圮的建築，挖掘出土的文物，如今都收藏在考古博物館裡。總共12個展廳，陳列文物數量多且精美，記得

預留足夠時間參觀。博物館的鎮館之寶，是一尊在赫拉神殿中發線的荷米斯（Hermes of Praxiteles）的雕像，並且整座展間只陳列這尊雕像，四周總是圍滿參觀者，不難找到這件作品的所在位置。這是西元前4世紀希臘雕刻家普

拉克西特利斯的代表作，體態完美的眾神信使荷米斯，手中正懷抱著還是嬰兒的酒神戴奧尼索斯（Dionysos）。

除此之外，比較著名的展品還包括位於第二展廳一尊可能是赫拉女神的頭像，第四展廳以強搶加尼米德（Ganymede）的宙斯為故事主題的赤陶作品，以及在宙斯神殿發現，出自Paeonios之手的勝利女神像（Nike），細緻雕刻很難想像是出自西元前5世紀的工藝。

最壯觀的展品是位在博物館中間的展廳，展示從宙斯神殿挖掘出土的三角楣飾，上方浮雕描繪了希臘神話裡佩羅普斯（Pelops）和歐諾瑪奧斯（Oenomaus）之間的戰車追逐，拉庇泰人（Lapiths）與半人馬（Centaurs）之間的打鬥，以及赫克力士（Hercules）完成12件苦差的故事。

伯羅奔尼薩半島⋯奧 林匹亞Olympia

163

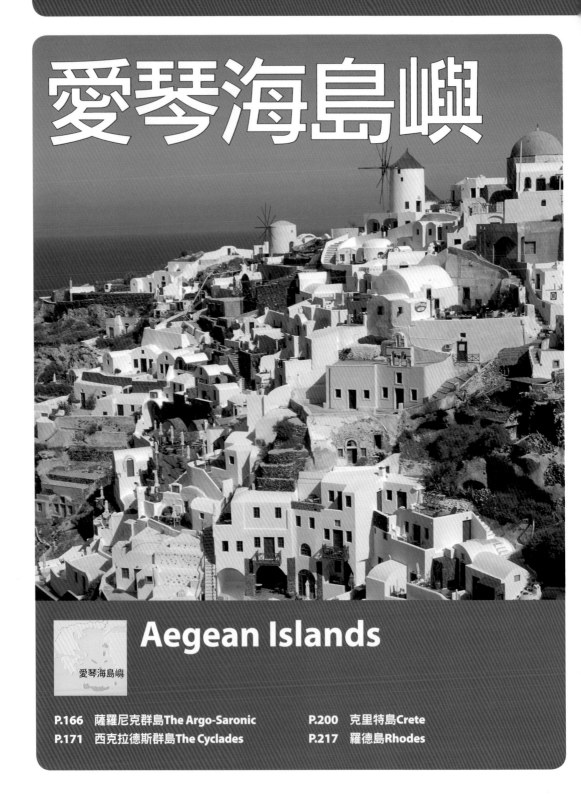

愛琴海島嶼

愛琴海島嶼

Aegean Islands

碧如洗的藍天和湛藍到無以復加的海洋，隨岩脈層疊的刷白房舍與耀眼的陽光，因步行發出悅耳鈴聲的驢子，以及和路人於巷弄間玩起躲迷藏的小貓……愛琴海上的島嶼以其獨特且悠閒的面貌，向世人展現它慵懶的魅力，因此讓遊人趨之若鶩。

位於希臘和土耳其之間的愛琴海，屬於地中海的一部分，散落其中多達近3,000座的島嶼，勾勒出異常曲折的海岸線。

這些大部分為火山花崗岩地質的島嶼，共可區分為7大群島，其中擁有米克諾斯島、聖托里尼島和狄洛斯島等人氣島嶼的西克拉德斯群島(The Cyclades)，以及最接近歐陸本土、適合從雅典展開一日遊的薩羅尼克群島(The Argo-Saronic)，是其中最具人氣的群島群；位於最南端的克里特島(Crete)自成一體系；而

位於東邊的羅德島(Rhodes)則屬於多德卡尼薩群島(Dodecanese)的一部分。

愛琴海島嶼之最Top Highlights of Aegean Islands

米克諾斯島Mykonos
米克諾斯島是愛琴海標準的度假島嶼，荷拉小鎮就像一個錯綜複雜的白色迷宮，5座風車是當地最著名的景觀，碧海藍天的沙灘更是一處處享樂天堂。(P.172)

狄洛斯島Delos
狄洛斯島是希臘神話中太陽神阿波羅出生的地方，儘管如今只剩下斷垣殘壁，然而古狄洛斯遺跡依舊見證著這座島嶼曾經盛極一時的面貌。(P.192)

聖托里尼島Santorini
聖托里尼擁有沿著懸崖興建的白色城市有全世界最美麗的夕陽、色彩詭異的沙灘等，難怪成為希臘人氣最旺的島嶼。(P.182)

克里特島Crete
克里特島不但是希臘的最大島，更是歐洲文化起源──米諾安文明的發源地，島上的克諾索斯皇宮，因為牛頭人身怪物的迷宮傳說而為人津津樂道。(P.200)

羅德島Rhodes
羅德島已經相當靠近土耳其，自古即是這一帶的海上貿易中心。它是太陽神Helios的領地，舊城區包圍著厚實的圍牆，散發著中世紀風情。(P.217)

薩羅尼克群島
The Argo-Saronic / Σαρωνικός

薩羅尼克群島

科林斯 Corinth　薩拉米那島 Salamina　雅典 Athens　皮瑞斯港 Piraeus
愛琴娜島 Aegina
波羅斯島 Poros　薩羅尼克灣 Saronic Gulf
史貝澤斯島 Spetses　伊卓島 Hydra

N

門的旅遊景點。

　　波羅斯島是屬於有錢人的度假天堂，大部分的歐洲團體旅客會住在該島另一端的度假別墅飯店，至於自助旅行者則選擇住在波羅斯城，渡輪下船附近的山坡上有幾間小旅館和民宿，每個房間視野都非常好，面對港灣，可以眺望整個波羅斯城與海岸。

　　18~19世紀之間，伊卓島的船商經營海上貿易非常成功，造就了許多億萬富翁，1821年在希臘展開的獨立運動中，伊卓島的富商們自己購買武器，武裝整座島以對抗入侵的軍隊。而在經歷獨立戰爭之後，伊卓島的名氣直升，成為觀光勝地。

　　雅典的布拉卡區有不少旅行社推出愛琴娜島、波羅斯島和伊卓島的一日遊行程，可同時造訪這3座薩羅尼克群島的小島。

薩羅尼克群島由愛琴娜島、伊卓島和波羅斯島等島嶼構成。愛琴娜島一直是眾所注目的島嶼，傳說中，它是愛拈花惹草的宙斯藏匿情婦愛琴娜的地方，因而得此名。在歷史上，它的位置得天獨厚、掌控薩羅尼克灣，很早以前就發展成一個貿易頻繁的島嶼，富庶的程度甚至超過雅典。在愛琴娜全盛時期建造的艾菲亞神殿，使這座小島成為薩羅尼克群島中最熱

愛琴海島嶼⋯薩 羅尼克群島The Argo-Saronic

MAP ▶ P.166B1

愛琴娜島

MOOK Choice

Aegina (Égina)/Αίγινα

距雅典最近的度假島

🚢 從皮瑞斯每天都有數班渡輪前往愛琴娜島,船程約75分鐘,除渡輪外每天也有多班水翼船前往愛琴娜島,船程只需40分鐘。愛琴娜島碼頭前方有巴士站,可搭乘巴士前往艾菲亞神殿
🌐 www.aeginagreece.com

位於皮瑞斯港西南方約20公里處的愛琴娜島,由於地近雅典,航程不到1小時,因此成為雅典附近體驗海島風情的最佳去處。

在歷史上,愛琴娜島有著舉足輕重的地位。早在4,000年前就有人定居島上,而由於其掌控薩羅尼克灣的地理位置,因而在西元前7世紀左右發展成為航海貿易重鎮,富庶的程度甚至超過雅典,當時這裡還是全歐洲第一個自行鑄造銀幣的地方,後來還成為整個希臘世界通行的貨幣。

遊覽愛琴娜島,從雅典搭船會停靠在島的東部愛琴娜鎮上,碼頭附近的巴士站就有班車前往艾菲亞神殿,若想在鎮上遊逛,碼頭邊就有馬車等著載遊客到大街小巷裡繞繞,當然也可以步行的方式,穿梭於這座迷人的小鎮。

至於碼頭周遭,則是愛琴娜島上氣氛最活絡的地方,港口泊滿了大大小小的船隻,不時還能見著剛要出發或回航的漁船,也有從雅典載著滿滿一船蔬果的船隻停靠港邊,向島上居民販售。此外港邊的Kanzantzaki路上林立著販售當地特產

💡 **粉紅色的開心果**

愛琴娜島上的開心果品種「Kilarati」被認為是品質最好的開心果,果仁為綠色但外觀卻是粉紅色調,好吃以外還賞心悅目,來到島上沒吃些就太可惜了,如果恰巧在9月到訪愛琴娜島還有機會遇上當地的「開心果節(Aegina Fistiki Fest)」!

開心果以及杏仁等相關製品的紀念品店,成排的餐廳與咖啡館更是迎接在此度假的人們,享受慵懶的用餐時光。

艾菲亞神殿Temple of Aphaia (Afea)

🚌🚶巴士：從港口往古愛琴娜考古遺跡的方向走，會先抵達公車總站，從這裡可搭乘巴士前往艾菲亞神殿(往Agia Marina方向)，車程約30分鐘，巴士班次大多配合船班，因此最好抵達愛琴娜鎮時先搭乘巴士前往艾菲亞神殿，尤其是淡季前往愛琴娜島時，巴士班次非常少 🚕計程車：從愛琴娜鎮搭乘前往單程約€12 🏠位於愛琴娜鎮以東12公里處 ☎22970-32398 🕐11~3月10:30-16:30，4~8月8:00~20:00(9~10月可能提早閉館) ❌11~3月週一、1/1、3/25、5/1、12/25~26、復活節週日 💲全票€6、半票€3 🆄odysseus.culture.gr/h/3/eh355.jsp?obj_id=2354

在愛琴娜島的全盛時期，島上興建了一座艾菲亞神殿，從西元前490年至今，神殿規模大致維持良好，也是全希臘目前僅存最完整的多利克式建築之一。一直以來，這座佇立於愛琴娜島西北部山區的神殿，都被認為祭祀雅典娜女神，直到1901年德國的考古學家在這裡發現了關於艾菲亞女神的敘述，才確認這座神殿的身分。

艾菲亞是克里特島的女神，祂逃離米諾斯國王的魔掌後不幸跌入海中，被某些漁夫救起後帶到了愛琴娜島。神殿擁有動人的景觀，將雅典、蘇尼翁和伯羅奔尼薩盡收眼底，一旁的迷你博物館展出神殿建築與歷史，以及從中救出的雕像與裝飾。

神殿的等腰三角形之謎

有人發現愛琴娜島上的艾菲亞神殿與蘇尼翁的海神殿、雅典的海菲斯塔斯神殿，以及巴特農神殿、艾菲亞神殿與德爾菲的阿波羅神殿竟可以在地圖上構成一個等腰三角形！這讓學者們把神殿與天體行星聯想在一起，懷疑古希臘人建造神殿是為了找到與地球相對應的行星，雖然這種學說並沒有實證，但也讓這些神殿增添一番神秘的想像空間

古愛琴娜考古遺跡與博物館
Archaeological Museum of Aegina

🚌從港口往西北方走，步行約10分鐘可達 🏠Patriarchou Grigoriou E 1 ☎22970-22248 🕐11~3月10:30-17:30，4~10月10:00-17:30 ❌11~3月週二及週四、4~10月週二、1/1、3/25、5/1、12/25~26、復活節週日 💲全票€4、半票€2 🆄odysseus.culture.gr/h/1/eh155.jsp?obj_id=3255

港口往西北方走，有一座迷人的小沙灘，許多不想前往愛琴娜島東岸熱門度假區瑪莉娜(Agia Marina)的人，也可以在此曬太陽和戲水，它的景色優美，隱藏於綠色植物中，更以古愛琴娜考古遺跡為背景。

古愛琴娜考古遺跡突出於一座稱為Kolona的海岬上，Kolona的名稱來自於「圓柱」(Column)，以那根從碼頭就能看見的孤單石柱為名，它是昔日當地位於至高處的阿波羅神殿的遺跡，這座出現於西元前5世紀的建築，如今只剩下部分地基讓人追憶。入口旁有一間小型的博物館，裡頭展出從遺跡中發現的文物，其中包括青銅器中期受米諾安文明影響的陶器等等。

魚市Fish Market

🚌從港口步行約10分鐘可達

儘管面積不大，充其量只是條加蓋屋頂的小巷，不過攤位上陳列的海鮮非常新鮮，都是當日捕獲的漁產，不但當地人到此選購，連在島上度假的遊客也常買些魚蝦回去烹調。

在魚市的後方橫互著一條小巷子，短短的幾百公尺擠了好幾家餐廳，儘管比不上Kanzantzaki路上的餐廳或咖啡館氣派，但是這裡的食物保證價格合理且美味，也算是對願意多走幾步路而沒有被港邊餐廳迷惑的遊客最佳的獎賞。這些餐廳每到用餐時間總是座無虛席，無論是碳烤、水煮或是油炸，無論是魚、蝦、章魚或花枝，由於食材新鮮因此即使以最簡單的方式烹調，都讓人口水直流，此外價格更比雅典便宜約三分之一，到這裡大啖海鮮準沒錯。

MAP ▶ P.166B2

波羅斯島
Poros (Póros)/Πόρος

希臘富商鐘愛之島

🚢 依季節不同，從皮瑞斯每天都有渡輪前往波羅斯島(夏季約10班、冬季約5班)，船程約2小時25分鐘，除渡輪外也有水翼船前往波羅斯島，船程只需1小時。波羅斯碼頭靠近波羅斯城，可以步行方式漫遊其中 🌐 visitporos.com

由於鄰近歐陸，薩羅尼克群島一直都是雅典人週末度假的好去處，其中波羅斯以它平靜的港灣和依山勢而建的山城小鎮，特別受希臘富商的青睞，這些有錢人通常搭乘自己的帆船航行於薩羅尼克灣，然後停泊在波羅斯島的港口，享受一個寧靜的週末。

波羅斯島上除了位於山丘上的波羅斯塔之外，並沒有其他特別引人注目的地標，然而層層疊疊的紅色磚瓦屋頂，以及從山丘上俯瞰港灣的黃昏景色，卻讓人迷戀不已，如果能夠找到一間視野極佳的房間住上一晚，絕對忘不了這裡的浪漫。

Zoodohos Pigi修道院

🚌 在碼頭搭乘前往Monastiri海灘的巴士，從海灘步行約12分鐘可達；巴士班次不多，最好一下車就先確定回程班次時間 🏛 Moni Zoodochou Pigis Kalavrias ⏰ 日出~13:30、16:30~日落

Zoodohos Pigi修道院是這座島上的觀光景點，其名意為「生命之泉」，修道院裡有拜占庭時期遺留下來的壁畫，進入修道院時，記得要披上門口掛著的黑袍以示敬意。

169

MAP ▶ P.166B2

伊卓島

Hydra/Ύδρα

希臘富商建設的無車島

🅟 從皮瑞斯每天都有數班水翼船前往伊卓島，船程約1~2小時。伊卓島碼頭位於該島的中心伊卓城，可以步行方式漫遊其中 🆄 www.hydra.gr

伊卓島

往波羅斯島、愛琴娜島、皮瑞斯港↗
to Poros, Aegina & Piraeus

伊卓海灣
Gulf of Hydra

曼卓基海灣
Mandraki Bay　Moni Zourvas

曼卓基Mandraki
伊卓Hydra　Moni Agios Triadas
卡米尼Kamini　Moni Agios Nikolaos
Vlyhos　Moni Agias Matronis
Moni Efpraxias　皮哥斯山 Mt. Pyrgos
Molos　愛羅斯山Mt. Eros
Molos Bay　Cape Rigas
Agios Mamas　米爾敦海
Episkopi　Mirtoon Sea

Agios Nikolaos Bay　圖例 ✚教堂 ▲山

18~19世紀之間，伊卓島的船商經營海上貿易非常成功，造就了許多億萬富翁。現在依舊可以看到許多沿山坡而建的大型宅邸，它們全都是屬於伊卓島富商們的財產，整個伊卓城也因為富商們的投資建設而顯得富裕繁榮。這些富商們不只在經濟上具有影響力，面臨戰爭之時，也對國家非常有貢獻。1821年，在希臘展開的獨立運動中，伊卓島的富商們自行斥資購買武器，武裝整座島嶼以對抗入侵的軍隊，甚至還有武裝船艦，主動出擊。這些英勇的事蹟直到現在還常存希臘人口中，成為津津樂道的話題，而經歷獨立戰爭之後，伊卓島的名氣直升，成為觀光勝地。

伊卓島是個沒有車子的小島，交通運輸全靠驢子，成為它最迷人的特色。許多國外藝術家、作家、導演都喜歡住在這裡尋求靈感，當渡輪一開進半圓形的港灣時，你立刻就能明白為何這些藝文創作者會愛上這裡！

伊卓城沿著陡峭的山勢而建，山丘形成一個環抱港灣的圓弧，一棟棟白色的建築緊貼圓弧內側層層疊疊，在房子的分布範圍以外，只剩下裸露的山頭。有趣的是，「Hydra」這個名字的本來

意思是「水」，也就是說伊卓島應該是個多水的島嶼，但是氣候改變之後，現在的伊卓島連一片綠地都沒有了，水和食物完全依賴外地供應。

伊卓島上有許多民宿、小旅館，價錢與雅典布拉卡區的旅館差不多，但是環境、視野、氣氛卻都是雅典所無法比擬的，如果你到希臘的目的，不是為了尋訪古代遺跡而是沾染一些浪漫，建議你直接從雅典前往伊卓島住上幾天。

鐘塔、大教堂及拜占庭博物館Clock Tower, Cathedral Church & Byzantine Museum

☎ 22980-54071 ⏰ 博物館4~11月10:00~17:00 ✖ 週一

鐘塔是伊卓城最具代表的建築物，從船上遠遠地就能看見它美麗的姿態，略呈粉紅色的岩石雕刻成鏤空的造型，顯得十分優雅，從伊卓城任何一個地方都可以看到它，儼然成為本城的精神象徵。穿過鐘塔之後，便是伊卓島的主教座堂。

一旁位於2樓的拜占庭博物館，格局非常小，展出的東西也不多，以宗教繪畫聖像(Icons)和一些教主的華麗服飾、頭冠、寶座為主。

西克拉德斯群島
The Cyclades / Κυκλάδες

許多人對於西克拉德斯群島這個名稱或許並不熟悉，然而提到米克諾斯島或聖托里尼島，許多關於愛琴海的意象：藍白相間的圓頂小教堂、懸崖峭壁上的白色山城、像迷宮一樣彎彎曲曲穿梭在房子之間的石板小路……便出現於眾人的腦海中，而這兩座希臘最具人氣的島嶼，便是屬於西克拉德斯群島。

位於愛琴海中央，像灑落在海面上的明珠般耀眼的西克拉德斯群島，其希臘文名稱原意為「輪」，形容該群島由39個島嶼圍繞而成的形狀；至於位於這個輪形中央的，就是希臘神話中阿波羅的誕生地——狄洛斯島；位於附近的納克索斯島，則是酒神戴奧尼索斯傳說中的出生地，它是西克拉德斯群島中最大的一座島嶼，島上仍有許多保存當地風貌的小鎮值得探索。

至於米克諾斯島則是希臘島嶼中最觀光化且海島之旅必經的景點，洋溢著夢幻的氣氛；而又稱

西克拉德斯群島

狄洛斯島
Delos

雅典
Athens

提諾斯島
Tinos

米克諾斯島
Mykonos

帕羅斯島
Paros

納克索斯島
Naxos

聖托里尼島
Santorini

米洛斯島
Milos

N

為提拉島(Thíra)的聖托里尼島，其文明因火山噴發而消失，因此成為傳說中的「亞特蘭提斯」。

MAP ▶ P.171B2

米克諾斯島

Mykonos (Mýkonos)/Μύκονος

純白風車與鵜鶘之島

✈️🚌 **◎飛機**：從雅典搭乘飛機前往米克諾斯島約需40分鐘，旺季每天約有2~4班；米克諾斯的機場沒有巴士前往，只能搭乘計程車或透過旅館安排接機服務。**◎渡輪**：皮瑞斯港有渡輪前往米克諾斯島，船程約5小時；除渡輪外，夏天另有水翼船（Speedboat）前往米克諾斯島，船程只需3小時；從Rafina港也有渡輪及水翼船前往米克諾斯島，船程各為2.5小時及2小時。時刻表及票價請見渡輪官網。**◎島上交通**：米克諾斯島的碼頭有新港（New Port）和舊港（Old Port）之分，從皮瑞斯往返的大郵多半停泊在新港，距離荷拉（Hora/Chora）北方約3公里，有巴士前往鎮區，單程票價€1.60，搭計程車約€10；往返聖托里尼、納克索斯等島的快艇多半停泊在舊港，位於曼托廣場（Manto Square）的北方，步行約10分鐘可達。新港和舊港之間也有海上巴士，單程票價€2，行程約12分鐘（www.mykonos-seabus.gr）。🌐mykonos.gr/en

每到夏天，米克諾斯島就會湧進成千上萬的遊客：富商、嬉皮、同性戀、藝術家……這些人可能在海灘租一間房子，一住就是數星期，但是無論在島上哪個地方停留，荷拉小鎮是大家絕對不會錯過的地方。

在荷拉散步是一種絕妙的享受。曲折狹窄的巷弄，就像一個錯綜複雜的白色迷宮，藍色屋頂窗櫺點綴其間，不時見到模樣可愛的貓咪、操著大嗓門閒聊的主婦、穿著工作服正重新為房子粉刷的男子，一派海島特有的閒情；更有趣的是不時會遇見天外飛來的鵜鶘，在街上大搖大擺，無所畏懼的神情讓人肅然起敬，但還是忍不住跟在牠後頭努力捕捉牠可愛的身影。

米克諾斯島是愛琴海標準的度假島嶼，島上5座風車是當地最著名的景觀，也是遊客最愛拍照的留戀之地，千萬別錯過！

讓米克諾斯成為全希臘最炙手可熱的觀光勝地、物價最高的度假島嶼，海灘絕對功不可沒。在米克諾斯，有許許多多的海灣，自成一格的空間，再加上陽光、海水，讓這一座座海灣成了一處處享

樂天堂，更有許多愛好自然、不喜歡束縛的人，在此褪去身上的衣物，恣意享受陽光的照射，「天體海灘」之名不逕而走，不僅帶來更多的同好，也吸引想一窺究竟的好奇遊客。

米克諾斯島

↑往皮瑞斯港

Fanari

N

●Panarmos
Agios Stefanos●
Ormos Tourlos● ●Fetlia
荷拉Hora● ●Ano Mera
Megali Ammos● ●Kalafatis
普拉迪歐斯亞斯海灘 ●Agia Anna
Platys Gialos Beach ●Kalo Livadi
Kapari● ●Elia
Ornos● ●Agrari
Ai giannis Psarou● 超級天堂海灘
Paraga● Super Paradise
天堂海灘
Paradise Beach
圖例●海灘

↓往狄洛斯島、聖托里尼

米克諾斯島市區

N

舊港 ●觀光警察
Old Port
Harmony Boutique Hotel H ↑往新港
往北邊海灘的巴士站
●EOT及電信局
考古博物館
Archaeological Museum

●往狄洛斯島的乘船處

波尼風車及農業博物館
Boni's Windmill and the
Agricultural Museum

民俗博物館 魚市
Folklore Museum Fish Market ●曼托廣場
Akti Kambani Manto Sq.
市政廳
帕拉波波提亞尼教堂 ●曼托飯店Hotel Manto
Paraportiani Church
Kastro's
Restaurant-Bar Kalogera
小威尼斯 蓮娜的家
Little Venice Lena's House
天主教堂 ✝天主教堂
愛琴海事博物館 ●Matina Hotel
Aegean Maritime Museum Enoplon Dinameon
風車群 ●露天劇場
Windmills

圖例
H飯店 ●景點
●碼頭 ●巴士站
●劇場 博物館
✝教堂 ●乘船處
●政府機構 ●餐廳

●往南邊海灘
的巴士站

↓往Ostraco Suites

荷拉行人徒步區Pedestrian Precinct in Hora (Chora)

MOOK Choice

🔎荷拉有兩個主要巴士站，北側的巴士站位於考古博物館附近，主要前往北部各區海灘；南部的巴士站(Fabrika station)位於行人徒步區南端的Agiou Louka路上，往返於新港之間的巴士就是停靠在這裡，前往南方的區域如天堂海灘、普拉迪歐斯亞斯海灘等的車子都由巴士南站出發。巴士相關資訊請見mykonosbus.com

　深受遊客喜愛的米克諾斯島，其人口最集中的荷拉小鎮就像一個錯綜複雜的白色迷宮，為了不讓自己在彎彎曲曲的小巷中迷路，有一條散步路線一定要認識。

　首先是曼托廣場(Manto Square)，這是鎮上較為空曠的地方，白天偶爾會有1、2輛計程車等著載客，然而每到深夜卻總是大排長龍，狂歡後的觀光客等著搭車返回旅館。

　曼托廣場旁的Matogianni是當地的主要道路之一，由此左轉開始進入白色迷宮探險，不過最好在路口處先確認路名，以免走錯了。Matogianni兩旁坐落著許多咖啡館，販賣紀念品的商店也不少，可以慢慢走逛；Matogianni走到底後右轉，就是另一條熱鬧的主要街道Enoplon Dinameon，沿途有許多酒吧、餐廳和珠寶店，入夜後整條巷子被照得燈火通明，島上大部分的觀光客幾乎都聚集於此，非常熱鬧擁擠，震耳欲聾的音樂常讓人吃不消。

　Enoplon Dinameon走到底，右轉後會接到另一條主要道路Mitropoleos，從Mitropoleos的左邊巷子走出去，就可以通到小威尼斯(Little Venice)；從小威尼斯後方的小路直走，繞過帕拉波爾提亞教堂和民俗博物館，就接回港灣旁的Akti Kambani路，直走即可回到起點的曼托廣場。

Akti Kambani路
Ακτή Καμπάνη

🔵 就位於曼托廣場旁

　　Akti Kambani面對著港口、延展成一條圓弧形的道路，最南端有座小巧可愛的聖尼可拉斯教堂(St. Nikolas Church)，成為遊客拍攝紀念照的熱門場景。這條路上林立著銀行、販賣船票的旅行社、咖啡館以及餐廳，而正因為面海，無論觀光客或當地人都非常喜歡坐在路邊的露天咖啡座裡聊天、觀看往來的路人或發呆。

　　從清晨到深夜，這條弧狀道路呈現截然不同的風貌：早上9點以前，出海捕魚的漁船都已靠岸，你會看到許多頭戴水手帽、留著鬍渣的漁夫們，坐在露天座位上吃早餐、喝咖啡或酒，對他們來說，這個時間是一天工作剛結束、開始享受生活的時刻。

　　接近中午，當地人都回家睡午覺，外地來的遊客逐漸多了起來，露天座位上擠滿了戴著墨鏡、穿著時髦清涼、低頭拼命寫名信片的團體旅客。

　　下午太陽照得正凶的時候，Akti Kambani顯得最為空閒，只有迷失在交錯縱橫巷子間的旅人偶而從某條路口走出，一臉恍然大悟後，又從另一個路口鑽回迷宮去。黃昏時分，港灣又恢復生氣，以超大音量的音樂，宣告米克諾斯島的夜生活即將展開。

MOOK Choice

超低調的LV專賣店

　　以咖啡色調及複雜花紋為品牌主視覺的LV，專賣店在米克諾斯島也只能入境隨俗的漆成純白色搭配黑色店名，不仔細看還沒發覺這是原本在都市裡櫥窗設計總是花枝招展的LV呢！難怪有人戲稱這大概是全球最低調的LV店面了！

波尼風車Boni's Windmill

🔵 從曼托廣場旁順著階梯，步行前往約5分鐘　🏠Ano Mili

　　坐落於小山丘上的波尼風車，是觀賞米克諾斯全景最好的地方，從這兒俯望，可以看到一幢幢白色的房子高低錯落著，以遠方的湛藍大海為背景，藍與白的組合，就是米克諾斯予人最鮮明的印象。

　　這裡因為地形的關係，風非常強勁，這也是它何以存在的重要原因。欣賞美景之餘，自己也要注意站穩腳步，以免被風吹跌落。

不粉刷牆壁竟然是犯法的？！

　　西克拉德斯群島以白色建築物聞名，因為在豔陽高照的島嶼上白牆不僅可以反射陽光讓屋內涼爽，也有防霉的作用，當地政府甚至規定居民們每年都必須粉刷一次牆壁以保持乾淨的白色調，而現在看到穿插出現的藍色或黃色窗框、大門等，則是居民們為了不讓房屋看起來太單調才刻意漆上不同顏色來點綴，也多虧了當地居民卓越的美感才形成現在遊客們熱愛的小島風情畫！

民俗博物館Folklore Museum

🚶 從曼托廣場步行前往約6分鐘　🏠 帕拉波爾提亞尼教堂北側　☎ 22890-22591　🕐 4~10月16:30~20:30　🚫 週日　💲 免費，可自由捐獻

　　民俗博物館原本是一位船長的家，興建於18世紀，館內展出米克諾斯島民傳統的生活型態，包括廚房、臥室、客廳等，都按照原樣呈現。

　　客廳展示的家具當中，有許多是船長從外國買回來的舶來品，包括雕工精美的櫃子、裝飾著許多珠寶的鏡子等，靠牆的一張長沙發則是米克諾斯島傳統的家具，而牆上掛滿了陶瓷盤子，大部分是羅德島的特產，顯示當時與羅德島的交通非常頻繁。

　　臥室裡除了展示當時的床鋪、女士們的衣服之外，還有一張嬰兒床，可以發現當地人的起居室、餐廳等家人共用的空間非常寬敞，而臥室卻擁擠而狹窄，這些建築格局完全展現了米克諾斯島民的生活型態和習慣。

　　有趣的是，在客廳與餐廳之間的走道上掛著幾幅刺繡，圖案不是美麗的花樣而是希臘字母！原來在昔日女人不能上學的年代，婦女們都是藉由刺繡來習字，牆上掛的就是島上少女們的功課。

　　除了館內展示精采之外，該建築本身也很有學問，它位於港口南側突出海面的一塊岬角上，風勢特別強勁、海上視野也分外遼闊，不但可以隨時監視接近港口的任何船隻，還可以藉由風向的轉變預知天候是否適合出海，只有船長才會選擇定居於環境如此特殊的位置。民俗博物館雖然小，卻是認識米克諾斯島生活原貌的最好教材！

帕拉波爾提亞尼教堂Paraportianí Church

🚶 從曼托廣場步行前往約8分鐘　🏠Ag. Anargiron

　　米克諾斯島上的教堂眾多，以這座教堂最為知名。純白色的教堂襯托著港灣美景，呈現一片祥和的氣氛，彷彿還停留在中世紀的寧靜當中，也讓住在這裡的生活顯得更加愜意。天氣晴朗時，隨手一拍，就是一張明信片般的美景照片。

　　教堂不規則的外觀幾乎沒有稜角，圓潤的線條加上純白色調，像極了融化的奶油或是一團棉花糖，因此遊客們也幫它取了「奶油教堂」或是「棉花糖教堂」這樣俏皮的小名。

風車群Windmills

🚶 從曼托廣場步行前往約10~15分鐘

MOOK Choice

　　米克諾斯島由於海風強勁，打從許久前開始，島上居民就有建造風車用以磨麥的習慣，雖然隨著現代化以及觀光事業的發達，大多數風車都已停止運轉，但島上仍然可以看見許多風車。尤其是在小威尼斯南側，5座風車一字排開，白色的圓形建築覆上稻草屋頂，構成明信片上最討喜的畫面。黃昏是這裡最熱鬧的時刻，許多遊人聚集於此，就為了等待落日自風車前方落入海面的景色。

小威尼斯Little Venice

🚶 從曼托廣場步行前往約10分鐘

MOOK Choice

荷拉西側的弧形海灣，一幢幢房舍直接臨海而建，一家家酒吧、舞廳紛紛將座位搬到面海的戶外，整條道路都被酒吧的客人塞滿，由於這樣的景象好似義大利水都威尼斯，因此暱稱為「小威尼斯」，其風光經常出現於名信片上，儼然成為米克諾斯的地標。

沿著灣岸，一間間餐廳比鄰而居，狹窄的走道串連其中，一旁是海，一旁就是熱情招攬生意的餐廳老闆，許多觀光客都抵擋不了在這裡一邊賞海景一邊品佳餚的誘惑，尤其是黃昏時分，一盞盞燈火沿著灣岸亮起，更增添浪漫氣息。

愛琴海海事博物館Aegean Maritime Museum

🚶 從曼托廣場步行前往約5~8分鐘　🏠10 Enoplon Dinameon　📞22890-22700　⏱4~10月10:30~13:00、18:30~21:00　💲全票€4、半票€2　🌐aegean-maritime-museum.gr/en

在蓮娜的家旁有一座愛琴海海事博物館，展出許多從愛琴海域收集來的珍貴寶物，包括各種航海道具、模型，其中最令人神往的就是古航海地圖和各種船隻的模型，讓人得以藉此想像史前時代愛琴海商船往來的熱鬧景象。

蓮娜的家Lena's House

🚶 從曼托廣場步行前往約5~8分鐘　🏠10 Enoplon Dinameon　📞22890-22390　⏱4~10月18:30~21:30　💲€2

蓮娜的家是保存了19世紀米克諾斯島上中產階級家庭的模樣，一進門是正方形的客廳，靠牆有一座長型的傳統沙發，沙發上的刺繡、蕾絲都是當地著名的手工藝術，靠裡側有臥室、廚房等等，空間非常狹窄。除了參觀那些精緻的家具、擺飾之外，整個房間的格局、天花板的形式、家具的功能等完全呈現傳統生活型態，你可以想像在這間房子裡人們怎麼過生活，這才是最吸引人的地方。

魚市Fish Market

📍 從曼托廣場步行前往約2分鐘　🏠Akti Kambani

　　位於Akti Kambani路的中央，每天早上9點以前，漁船靠岸之後，就在這裡拍賣當天新鮮的漁獲，搶先來購買的大多是餐廳的廚師們，將一些大而肥美的章魚、鯛魚、烏賊等先挑走之後，接著才是當地居民前來採買一天三餐的食材。聚集在魚市周圍的都是當地人，觀光客經過整晚的嬉鬧宿醉之後還沒醒來，這時候來魚市逛逛，最能感受米克諾斯島純樸真實的一面！不過如果當天漁獲質量不佳，也有可能休市。

　　而有趣的是，米克諾斯島上的明星——鵜鶘也會準時報到，貼在漁夫的身邊撒嬌要新鮮的魚吃，當地人不但習慣牠們的存在，也非常疼惜地請他們吃小魚。

米克諾斯島的「港口檢察長」

　　可愛的白鵜鶘之所以變成島上寵兒，據說是在1955年有位漁夫把一隻受傷掉落島上的白鵜鶘救起醫治，沒想到白鵜鶘康復後就賴在島上不肯走了，因為他長相討喜受到當地居民寵愛，大家還給他取了名字「Petros」，就此變成島上明星，在當初這隻Petros去世後，已經習慣有白鵜鶘陪伴的當地人陸續接獲捐贈給米克諾斯島的白鵜鶘。

曼托飯店Hotel Manto

📍 從曼托廣場步行前往約1分鐘。　🏠Dimitris Koukas, 1 Evagelistrias Str.　☎22890-22330　🌐www.manto-mykonos.gr

　　Hotel Manto位在荷拉的行人徒步區裡，就在曼托廣場不遠處，離海邊只有50公尺，不但逛街、購物、找美食等皆方便，很多景點都在步行5~10分鐘可達的距離，對外交通也很便利，是住在米克諾斯頗理想的據點。

　　Hotel Manto其實是經營已超過40年的老字號，新近經過大規模整修後，內部空間寬敞明亮，電視、空調、冰箱、免費無線上網等現代化設備一應俱全，早餐還有主人現榨的柳橙汁，以及希臘式酸奶，兼具飯店的舒適和民宿的溫馨感。

考古博物館Archaeological Museum

🚶 從曼托廣場步行前往約8分鐘　📞22890-22325　💲全票€4，半票€2　🌐odysseus.culture.gr/h/1/eh155.jsp?obj_id=3301
❗目前不對外開放，請留意官網公告

　位於舊港口附近的考古博物館，是一棟百年歷史的新古典風格建築，內部則展示從米克諾斯島及鄰近的瑞尼亞島

(Rheneia)挖掘出土的古代文物。館內空間劃分成5區，6~7世紀的陶器、珠寶與墓石等，在在顯現西克拉德斯群島文明的特色，館內最引人矚目的藏品，是位於展廳中央的巨壺，這只壺上的浮雕描繪著特洛伊戰爭的場景，值得細細欣賞。

Kastro's Restaurant-Bar

MOOK Choice

🚶 從曼托廣場步行前往約8分鐘　📍1 Ag. Anargiron, Little Venice　📞22890-23072　🕐10:00~1:00，冬季休業　🌐www.kastrosmykonos.com

　Kastro's就位在帕拉波爾提亞尼教堂旁，是小威尼斯最北端的一家餐廳兼酒吧，其實營業超過40年的它也是當地相當知名的同性戀酒吧，工作人員包括廚師、服務生等清一色都是男性，集合不同世代的帥哥、不同領域的專業人士。

　Kastro's緊靠著海岸而建，內部裝潢簡潔、高雅，餐點走法式風格，價格雖然比附近相鄰的餐廳略高些，但是烹調相當精緻，口味頗受讚賞，可說物超所值。最棒的是靠窗的座位正好可遙望風車群的方向，如果黃昏時分坐在窗邊，便有機會捕捉到米克諾斯島上最美的落日。

Harmony Hotel

從曼托廣場步行前往約5分鐘　☎22890-28980　www. harmonyhotel.gr

舊港碼頭上方、石板道路旁，純白的方形房舍與淺藍色的窗櫺，總是立刻吸引人們的目光。

Harmony Hotel是米克諾斯最臨近碼頭的精品飯店，從進入大廳開始，就能夠感受到來自原木色系的溫暖色調，再加上朦朧的暖色光線，巧妙地裝飾在空間細部的貝殼與細砂等，讓籠罩著悠閒氣氛的度假空間裡，多了溫馨的氛圍。這些製造溫馨的元素，也同樣在客房、餐廳、吧台裡展現。

飯店的房間裡有著藤編座椅，同樣和其他原木調家具相呼應，營造出輕鬆溫馨的閒適氣氛。拉開落地長窗簾，便可在小巧的陽台上享受陽光的洗禮、遠眺他方風景。有時，還有不小心闖進的白色貓咪，好奇地歪著頭、睜大眼睛，呈現米克諾斯島上最迷人的巷內生活風景。

在以時尚風格妝點的Lounge Bar裡，輕柔的樂聲中，細細品啜美酒，而望向窗外，正可欣賞到米克諾斯的小鎮風景以及令人難忘的夕照，入夜後，沿著海灣點起的盞盞燈火，更顯璀璨。

Ostraco Suites

從曼托廣場步行前往約25分鐘，搭計程車約5分鐘　🏠Drafaki　☎22890-23396　ostraco.gr

坐落於距市區700公尺的山丘上，Ostraco Suite在地理位置上就已隔絕了過多的喧囂。繽紛的花草妝點著各個角落，所有建築是統一色調的白，陽台上方以木板和稻草搭起遮陽棚，不論是色調或材質，都散發自然的清新氣息。客房內部則又呈現另一種設計風格，淺色木質地板、白色紗幔罩著的白色睡床，以及同樣為白色的沙發，延續了清爽的基調，而明亮桃紅條紋的座椅與橘紅色的靠墊，或者造型簡約但用色強烈的現代風格洗手台等，卻又讓人眼睛為之一亮，為整體空間增添活潑的因子。

在飯店最高處，還有兩座小巧的白色小教堂，這座擁有上百年歷史的家族教堂，雖沒有氣派華美的裝飾，但神聖中帶著溫馨的氣氛，卻讓這裡成了不少新人舉辦婚禮的場所。Ostraco Suites也提供婚禮規劃服務，在教士見證下、溫馨動人的氛圍中，新人許下一生的承諾。

天堂海灘Paradise Beach (Kalamopodi)

🔹 從荷拉的巴士南站搭乘巴士，車程約6公里。從普拉迪斯亞羅斯海灘有快艇往返。

這是米克諾斯最負盛名的一座海灘，連綿的沙灘上，一張張的躺椅、遮陽傘，還有一間間的酒吧，總有許許多多的遊人到此進行日光浴，尤其在午後傍晚，酒吧裡傳出節奏強烈的音樂，人們忍不住跟著跳起舞來，氣氛更加熱絡。

超級天堂海灘
Super Paradise Beach
(Plintri)

🔹 從荷拉的巴士南站搭乘巴士，車程約7.4公里。從普拉迪斯亞羅斯海灘有快艇往返。

在Paradise Beach名氣響亮、吸引眾多遊客之後，一些偏愛清靜的遊客於是另覓地點，發現了這個規模較小卻更清新的海灘。也由於地理位置僻靜，深受同志們的喜愛。

普拉迪斯亞羅斯海灘Platys Gialos Beach

🔹 從荷拉的巴士南站搭乘巴士，車程約6公里，有快艇往返天堂海灘和超級天堂海灘。

位於米克諾斯南側的普拉迪斯亞羅斯海灘，是眾多高級度假飯店的所在地，林立於海灘旁的是一棟棟的飯店，飯店前的沙灘上，排放著躺椅、陽傘，更有服務生穿梭其間端送飲料茶水，如果累了，也可以當場按摩抒壓。

MAP ▶ P.171B2

聖托里尼島

Santorini (Thíra)/Σαντορίνη (Θήρα)

紅土懸崖上的圓頂白屋

✈◎飛機：從雅典搭乘飛機前往聖托里尼島約需50分鐘，夏季航班非常多；聖托里尼島的機場位於卡馬利海灘以北約3公里處，可搭乘巴士或計程車前往費拉等各區。◎渡輪：從皮瑞斯可搭渡輪前往聖托里尼島，由於並非直達，船程約需8小時；夏季也可搭乘水翼船，船程則約4.5小時。另外克里特島每天也有船班前往聖托里尼，直航船約需1.5小時；從米克諾斯島搭乘水翼船經納克索斯島前往，船程約2.5小時。一般渡輪都停靠在聖托里尼島的阿提歐斯港(Athinios Port)，此港位於費拉(Fira)南方4公里處，有配合船班的巴士前往費拉市區。❶聖托里尼島上並沒有官方的旅遊服務中心，看到任何「i」的標誌都是旅行社自己掛的，主要還是吸引遊客上門由他們代訂飯店、交通工具或安排旅遊行程，可以比較幾家再做決定。

聖托里尼島是愛琴海上人氣和米克諾斯島並駕齊驅的旅遊勝地，但相較之下，聖托里尼島地域更廣闊、環境安靜悠閒，擁有沙灘、古蹟、白色山城等多樣貌的旅遊景點，魅力更勝米克諾斯島。

聖托里尼沿著懸崖興建的白色城市，從海上看彷彿山頂的積雪一般美麗，悠閒的氣氛、溫暖的人情味、隨處可見的創意、甜美的自家製葡萄酒……實在讓人想在聖托里尼多住幾晚；而島上也有許多隨懸崖地勢起伏而建的階梯式度假旅館，讓人長期租賃。

除此之外，位於島嶼北邊的伊亞，可以欣賞到號稱全世界最美麗的夕陽；西邊的火山島嶼，則

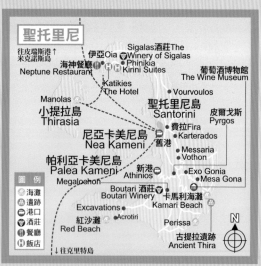

聖托里尼

往皮瑞斯港↑
米克諾斯島
海神餐廳
Neptune Restaurant
伊亞Oia
Sigalas酒莊The
Winery of Sigalas
Phinikia
Kirini Suites
葡萄酒博物館
The Wine Museum
Katikies
The Hotel
Vourvoulos
Manolas
聖托里尼島
Santorini
皮爾戈斯
Pyrgos
小提拉島
Thirasia
尼亞卡美尼島
Nea Kameni
費拉Fira
Karterados
舊港
Messaria
Vothon
帕利亞卡美尼島
Palea Kameni
新港
Exo Gonia
Mesa Gona
Athinios
Megalochori
圖例
🏖 海灘
🏛 遺跡
⚓ 港口
🍷 酒莊
🍴 餐廳
H 飯店
Boutari 酒莊
Boutari Winery
Excavations
卡馬利海灘
Kamari Beach
紅沙灘
Red Beach
Acrotiri
Perissa
古提拉遺跡
Ancient Thira
N
↓往克里特島

擁有火星表面般凹凸不一的惡地形；東岸擁有度假海灘，南邊還有傳說中消失的亞特蘭提斯——阿克羅提尼遺跡，如此豐富多樣的景觀，讓遊覽聖托里尼島更見趣味！

費拉

↑to Firostefari, Imerovigli & Oia

N

天主教堂
Catholic Cathedral

Megaro Ghyzi博物館
Megaro Ghyzi Museum　Zafora

纜車入口
Cable Car Entrance　青年旅館Youth Hostel

考古博物館
Archeological
Museum　Kastro　OTE電信局

Bar33

舊港
Old Port　驢子終點站

警察局Police Station

尼可拉斯餐廳Nikolas

Hotel Loucas

PlaThcotokopoulouteia　阿法信用銀行&美國運通
Alpha Credit Bank ATM
&American Express

國家銀行
National Bank of
Greece & ATM

東正教大聖堂
Orthodox Metropolitan
Cathedral　公車站
Bus Station

史前費拉博物館
Museum of Prehistoric Thira

醫院
Hospital

郵局
Post Office

圖 例
- 🏛博物館　✚醫院　Ⓗ飯店
- ✳警察局　⑪餐廳　☂郵局
- 🚌巴士站　$銀行　✝教堂

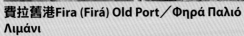

費拉舊港Fira (Firá) Old Port／Φηρά Παλιό Λιμάνι

🚌從阿提尼歐斯港口或機場均可搭乘巴士前往費拉。費拉的巴士總站位於鬧區附近，從巴士總站步行約10分鐘可達舊港階梯步道的上端。巴士相關資訊請見ktel-santorini.gr/index.php/en $阿提尼歐斯港口巴士單程€2.30，車程約25分鐘；機場巴士單程€1.60，車程約10分鐘；但是班次都很少。

費拉是聖托里尼島的首府，整座白色城市位於海岸懸崖頂端，從海上看好像山頭的殘雪。酒吧、餐廳、商店都集中於此，是整個島上最熱鬧的城鎮，散步其間，還可發現不少裝飾精巧的可愛房舍。

在纜車啟用前，從舊港口至費拉唯一的通道，就是這條以石板砌成的階梯步道，全程約有600階，你可以用自己的雙腳走完這條路，或者選擇騎坐驢子。

為了方便運送貨物，當地居民習慣以驢子負載重物甚至代步。對觀光客來說，騎乘驢子則是一種有趣的體驗，大約15分鐘的路程，坐在驢背上隨著驢子的步伐而搖搖晃晃，充滿了刺激。穿梭其間，要有心理準備：這是一條很有「味道」的通路，並且小心腳下驢子所產出的「黃金」。

東正教大聖堂Orthodox Metropolitan Cathedral

🚶 從巴士總站步行約5分鐘可達

費拉最鮮明的兩個地標，就是東正教大聖堂與纜車站。這座純白色的教堂建於1827年，外觀成排的拱廊頗具摩爾風，還有一座鐘塔，1956年曾經因為大地震遭受損害，不過很快又修建好了。

大聖堂內部裝潢得金碧輝煌，壁畫、從屋頂垂掛下來的大型吊燈等，將整座教堂妝點得氣派華麗。這裡也是當地人舉行婚禮的主要場所，通常在進入教堂舉行儀式之前，新郎、新娘和神父會繞行街道一圈，接受眾人的祝福，隊伍由最前方的手風琴、小提琴、吉他等樂師帶領，新人後面則跟著雙方的家屬親戚，一長排浩浩蕩蕩的隊伍熱鬧遊街之後，才走進教堂。在藍天、白屋的背景襯托下，聖托里尼的婚禮顯得非常浪漫。

廣場前的視野非常開闊，可以眺望愛琴海及尼亞卡美尼(Nea Kameni)、提拉西亞(Thirasia，又稱小提拉島)兩座火山島，是聖托里尼除了伊亞外另一處等待夕陽的好地方。教堂一旁是氣派的亞特蘭提斯飯店，崖壁下方更是無數個度假飯店、咖啡廳，有階梯步道可通往懸崖下方。這一帶的飯店難免搶手又比較貴，即使無緣入住，偶爾在這裡散步徘徊也很過癮。

纜車Cable Car

🚶 從巴士總站步行約12分鐘可達　🕐 6:30、6:45以及7:00~21:00，每20分鐘一班；冬季班次減少，中午休息，每30分一班，並且提早結束，營運時間隨月份變動，最新時刻表請上網查詢　💲 單程全票€6、半票€3；行李需加€3　🌐 scc.gr

費拉的舊城區沿著崖壁發展，沿途的觀景點很多，除了南側大聖堂前廣場、中部階梯步道的上方外，還有北側的纜車站一帶。

位於費拉鎮中心北端的纜車站，是通往舊港口最主要的管道。纜車沿著陡峭的崖壁而建，從費拉到港口，短短3分鐘，300公尺的海拔落差，透過纜車的窗子可以感受陡降的過程及景觀的變化。

天主教堂Cathedral of St. John the Baptist

從巴士總站步行約15分鐘可達

　　聖托里尼島上居民的主要信仰是東正教，但仍有一部分人信奉天主教，教徒約500人；島上大大小小的東正教或天主教堂超過300座，但是並非每座都隨時開放歡迎入內。位於纜車站後方的這座天主教堂，以施洗者聖約翰為名，是當地教徒的信仰中心，隨時對外開放。每週日10:00是望彌撒時間。

　　這座巴洛克式教堂，亮眼的色彩和華麗的鐘塔，遠遠就吸引人們的目光。它在1956年的一場大地震中有受損，但很快又修建完成。

沒喝上一瓶「驢子啤酒」就落伍了！

　　各式各樣的小型啤酒廠在希臘很盛行，在聖托里尼中部地區也有間特色啤酒廠——聖托里尼啤酒廠(Santorini Brewing Company)，生產的驢子啤酒只有在島上才喝得到，雖然有許多不同口味，但在餐廳中比較常見的是yellow donkey和red donkey，crazy donkey和white donkey則較為少見，驢子啤酒雖然是島上特產卻不是每間餐廳都找的到，看到千萬別忘了買一瓶試試！如果真的找不到也別灰心，島上商店還有販賣各式有關驢子啤酒的紀念品，不妨買件印著「crazy donkey」的T恤過癮吧！

Santorini Brewing Company / Ζυθοποιΐα Σαντορινησ

Mesa Gonia Santorini isl Greece ☎22860-30268 ●夏季
週一～週五12:00~17:00 www. santorinibrewingcompany.gr

Zafora

從巴士總站步行約12分鐘可達　☎22860-23203
10:00~19:00 zafora-restaurant.business.site

　　這家Zafora咖啡廳兼餐廳，地址就直接寫「纜車站旁」，它的確佔據了纜車站旁很不錯的角度，兩層樓的寬敞空間，戶外座位固然搶手，即使是室內座位，也可以透過大片玻璃窗盡情欣賞纜車上上下下、兩座火山島與愛琴海交織的美景。由於景色很棒，所以曾經有不少希臘或國際電影在此取景。

　　Zafora主要提供希臘式料理和一些簡單的輕食，餐點口味普通，主要還是以景觀取勝；也可以只點飲料。如果客滿或是找不到滿意的座位，也可以考慮相鄰的Kastro，兩家咖啡廳的條件差不多。

火山島地質之旅Volcano Tour

可向飯店或各旅行社報名行程，然後依照約定時間自行到舊港等候登船出發。依旅行社及淡、旺季而有不同選擇，基本的火山行程自上午出發，約需3小時，每人約€25，包括參觀火山並在海底溫泉游泳，記得自備泳衣。www.mysantorini.com

聖托里尼島自古以來就不斷遭受地震、火山噴發等影響，造成島上文明的衰落與興起，也造成陸地下沉與新興島嶼浮起。

位於聖托里尼島西邊的幾座小島，就是火山活動的傑作，而這些地震的源頭，就是位於聖托里尼島旁邊的海上火山——尼亞卡美尼島(Nea Kameni)。

聖托里尼島上各旅行社都可報名遊覽火山島的行程，半日遊先從舊港乘船至尼亞卡美尼島，然後登島近距離欣賞火山地質景觀。這座島是海底火山的頂端，目前的輪廓起源於西元前1630年的一場火山爆發，之後又陸續爆發了8次之多，上一次噴發在1950年。岩漿不斷噴出、堆積、噴出、堆積，形成這塊愛琴海上最年輕的土地。開闢好的步道上，可看到4、5處火山口，分別形成於不同年份，有的火山口還可看到地熱在隱約蒸騰。

返回船上，再前往距離不遠的帕利亞卡美尼島(Palea Kameni)，它在尼亞卡美尼火山第三次噴發時即已大致成型。這個島不上岸，但是它周圍的海水因為地熱而冒出海底溫泉，喜歡游泳的人別忘了帶上泳衣，從船上躍入海中游個痛快。

古提拉遺跡Ancient Thira／Αρχαία Θήρα

可先從費拉搭巴士抵達卡馬利海灘，再向沙灘附近的旅行社報名搭乘迷你巴士前往；從卡馬利海灘步行爬山約需1小時左右。卡馬利海灘背面的山丘上。22860-25405。8:30~15:30 週三 全票€6、半票€3 odysseus.culture.gr/h/3/eh355.jsp?obj_id=2454

位於卡馬利海灘上方約370公尺高的山頭，1960年代由德國考古學家所發掘的古提拉遺跡，見證了聖托里尼曾有的輝煌過往。早在9世紀時，多利安人(Dorians)在此定居，此後古提拉歷經希臘、羅馬和拜占庭等帝國的統治，以及火山爆發，目前仍留下不少遺跡，足見其在考古上的重要地位。

沿著步道走訪遺跡，由殘存的地基對照文字說明，想像昔日的樣貌，諸如浴池、神殿、民宅、市集、戲院等，可見當時這個聚落的繁華盛況。

也由於居高臨下，從古提拉遺跡可以盡覽卡馬利海灘以及鄰近村落的全景，因此也有不少當地人會驅車至此賞景。

消失的亞特蘭提斯
The Lost Atlantis

亞特蘭提斯因為出現於希臘哲人柏拉圖的對話錄中，而受到注目。聖托里尼島可以說是一個備受地震、火山噴發之苦的島嶼，位於南邊的阿克羅提尼城

(Akrotiri)就是因為火山噴發，使得整座城市遭到掩埋。當它再度出現在世人的眼前時，大家開始傳說這座城市，就是傳說中消失的亞特蘭提斯。

整座遺跡在1967年時被發現，一直到現在仍持續進行挖掘工作，因為火山灰的保護，整座城

市保存得相當完整，特別的是：完全沒有發現居民的痕跡！根據推測，在阿克羅提尼遭滅頂之前，居民早就預料災難即將來臨，而提前計劃性地遷移，所以我們現在發現的阿克羅提尼，其實早就是空城一座。

卡馬利海灘Kamari Beach／Καμαρι

🚌 從費拉可搭乘巴士前往，車程約10分鐘

卡馬利海灘是聖托里尼島東面最受歡迎的度假海灘，由火山爆發所遺留的黑色卵石，形成綿延的黑卵海石灘，也成為卡馬利的獨特景致。

來到卡馬利海灘，成排的Bar、餐廳，不時播放著輕快的音樂；姿態悠閒的旅客有的曬著日光浴、有的玩水，讓整個海灘散發著輕鬆愉悅的氣息。尤其在下午時分，遊客大批湧入，更顯熱鬧。

卡馬利海灘也有不少旅店，讓遊客可以盡情享受濱海的樂趣，若想體驗異於費拉、伊亞的懸崖住宿風情，這裡會是不錯的選擇。

紅沙灘Red Beach／Παραλία Κόκκινη Άμμος

🚌 從費拉可搭乘巴士前往阿克羅提尼，車程約25分鐘

聖托里尼島南端的阿克羅提尼旁，有一片景致迷人、與世隔絕的美麗海灘。從公車總站沿著海灘走，約10分鐘可以看到一座小巧的白色教堂，坐落於紅色岩壁前方，再往前走，就能看見一大片的紅色裸岩，由此俯望，放眼所及盡是紅色山壁包圍著成片的沙灘。

要到紅沙灘，還得爬過這片裸岩，往下走到海邊才行，但一切的辛苦是值得的。正因為岩壁的阻絕，這裡的沙灘顯得格外幽靜，雖然也有海灘椅與遮陽傘，但沒有酒吧的震耳音樂，再加上這裡的沙因為富含鐵質而呈現紅色的色彩，在陽光照射下顯得格外亮眼，種種因素使得紅沙灘大受歡迎。

近年來紅沙灘的山壁不時崩塌，所幸沒有造成傷亡。其實紅沙灘周圍有貼上警告標誌，飯店也被要求不鼓勵遊客前往，但還是很多人為了一睹紅沙灘的風采而冒險前往。這裡雖然景色奇特迷人，想去的人一定要再三注意腳下和周圍的安全。

葡萄酒博物館The Wine Museum

MOOK Choice

🚌 從費拉可搭乘往卡馬利海灘的巴士，在Koutsoyannopoulos站下車　🏠 Vothonas Santorini, 84700　📞 22860-31322　🕐 4~10月9:00~19:00(週日10:00起)；11~3月9:00~17:00(週日10:00起)　🚫 1/1、12/25、復活節週日　💲 每人€20起，含個人語音導覽及葡萄酒試飲　🔗 www.winemuseum.gr

位在從費拉往卡馬利海灘的必經途中的葡萄酒博物館，隸屬於由Koutsogiannopoulos家族經營的Volcan Wines酒莊，由酒莊獨資經營，興建歷時21年才完成，家族釀酒史已傳承至第四代，裡面所展出的工具、容器、機械等，都是家族真實使用過的珍藏。

這個博物館建於深約8公尺的天然地下洞穴之中，長達300公尺，循序展示著聖托里尼從1660年開始釀酒，早期葡萄種植者的生活方式、釀造葡萄酒的器與過程、到今天的釀酒過程的歷史演變。參觀過後，遊客可到品酒櫃台品嘗葡萄酒酒，喜歡的當然也可以現場買回家。

Boutari酒莊

🚌 從費拉可搭乘往Akotiri的巴士，在Megalochori站下車　📞22860-81011　🕙10:00~18:00　休週日　🌐www.boutariwinerysantorini.gr

　　Boutari是聖托里尼島上頗具規模的大酒莊，成立於1988年，也是第一個現代酒莊，為了推廣聖托里尼的葡萄酒，Boutari以一座圓頂建物當作多媒體廳，透過15分鐘的影片介紹，幫助遊客認識這裡的各種特色佳釀。

　　Boutari在全國共有7家酒莊，在聖托里尼島上的這家位於Pyrgos附近的小村莊Megalochori，該酒商也是數一數二的葡萄酒出口商，在全世界35個國家中都能買到Boutari的葡萄酒。

聖托里尼的葡萄酒

　　聖托里尼島是希臘著名的葡萄酒產區，由於火山土壤能幫助涵養水分，提供葡萄充足的養分，再加上適中的溫度，這裡葡萄生長良好且甜度高，也成為島上的主要作物。

　　但這裡的葡萄園與一般在法國等酒鄉所見的不同，看不到成片的綠色葡萄園，而是以葡萄藤編成籃子，讓葡萄在籃子的保護下得以保持其濕度，從遠處望去，只見一叢叢綠色的葡萄葉，成為此地特殊的景觀。

　　聖托里尼所生產的葡萄酒中，以甜度極高的琥珀色Vinsanto最為知名，適合於餐後搭配甜點或起司，而島上也有酒莊對外開放參觀與品酒。

　　由於聖托里尼島上不使用地址，自己找路相當辛苦，不妨乾脆參加旅行社包裝的品酒之旅，一次可以拜訪好幾個酒莊，方便省事。

Vedema Resort

🚗 從費拉開車約12分鐘可達　📞22860-81796　🌐www.vedema.gr

　　擁有59間客房，每間客房都像是件藝術品；還有獨立的Villa，每棟均設備戶外按摩池，其中4棟另設私人泳池，隱密性高，因此也常成為名人入住的首選，蘇珊莎蘭登、提姆羅賓斯、奧利佛史東等好萊塢明星與名模海蒂克隆姆等，都曾在此下榻，其中安潔莉娜裘莉也曾在拍攝電影「古墓奇兵」續集時，在此住了20天。

　　由於Vedema所在的Megalochori村落，以栽植葡萄釀酒為多，不僅在飯店內就能欣賞葡萄園的景致，飯店本身就興建於一座400年歷史的酒莊內。位於昔日酒莊建築的Vinsanto餐廳，以黑火山石砌成的洞穴建築，更增添靜謐深沉的氣氛，而深色的木質傢俱、從屋頂垂掛而下的蠟燭與紅緞帶，在在使這裡成為最具情調的用餐體驗。飯店內還有一座酒窖，在它常態性舉辦的品酒活動中，可以試飲多種不同的聖托里尼本地酒，搭配各色起司與餅乾，也是這裡相當吸引人的一環。

　　度假村少不了的游泳池、按摩池，Vedema當然也有，此外這裡的Spa設施位於聖托里尼特有的岩洞建築內，由專業的美容師進行臉部、頭部或身體等療程，是別處沒有的經驗！

　　雖然所在的村落並不濱海，但Vedema仍有其私人沙灘，飯店提供專車接送，讓住客們可以在這處無外人打擾的潔淨海灘盡情享受，甚至還可安排遊艇或風帆等水上活動，讓海島假期更加多元豐富。

MOOK Choice

伊亞Oia (Oía)／Oía

🚌 從費拉可搭乘巴士前往，車程約20分鐘。
下車後，再朝著青年旅館看板的方向走，即可進入繁華的行人徒步區。不過前來看夕陽的遊客非常多，再加上沒有排隊的引導，而且車班有限，要擠上看完夕陽後的回程巴士要有心理準備。

位於聖托里尼島北端的伊亞，是島上名氣僅次費拉的小鎮。

伊亞最著名的，就是它的落日海景，號稱擁有全世界最美的夕陽，每到黃昏時分，大批遊客湧進伊亞小鎮，全是為了「日落愛琴海」的美麗景致而來。在這裡捕捉到的鏡頭，往往成了希臘的代表畫面。

除黃昏時分外，伊亞是個悠閒的小鎮，一幢幢穿鑿岩壁而成的岩洞小屋，依傍著山勢層疊分布，沿著曲折蜿蜒的階梯散步其間，最能感受到伊亞小鎮的獨特風情。

伊亞最熱鬧的行人徒步區地形和費拉類似，東西橫向呈長條形分布，咖啡廳、紀念品店、餐廳、畫廊、飯店等此起彼落，其間還錯落著大大小小的教堂和幾座風車，每個角落都能發現不同的風景可欣賞。

教你3座藍頂教堂一次入鏡！

聖托里尼島給大家的印象就是白牆藍頂的教堂，各國遊客也不會錯過前往伊亞的這處經典打卡聖地，這個拍照點有名到在Google Map直接輸入「Blue dome photo」就可以找到，角度恰好可以一次入鏡3座藍頂教堂，如果到現場不知道哪裡是最佳取景位置，跟著長長的排隊人潮就對了，絕對不會錯過！

海神餐廳Neptune Restaurant

🚶 從伊亞主廣場步行1分鐘即達　📞22860-71294　
11:00~23:00　🌐kingneptune-restaurant.gr

伊亞行人徒步區裡餐廳繁多，這家Neptune Restaurant就坐落於主廣場旁，相當顯眼，也佔據很棒的地理位置，而餐廳位於2樓，可以廣闊的視野俯瞰伊亞的濱海美景。

Neptune Restaurant從1956年創業至今，歷史相當悠久，主要以提供海鮮、希臘傳統料理為主，服務與價格皆合宜。

Sigalas酒莊

🚗 從費拉開車約15分鐘可達　📞22860-71644　
11:00~20:00　🌐sigalas-wine.com

1991年成立的Sigalas酒莊，位於伊亞下方的Baxes地區中的一座小村落裡，老闆不僅致力於傳統釀酒方式的維繫，同時也有不少創新的構想，像是從事有機葡萄的種植，甚至還實驗性地發展將葡萄架高的種植方式，都讓Sigalas這個小酒廠獲得不少佳評，其所生產的Santorini也在國際上屢次獲獎。

開　車　不　喝　酒　，　喝　酒　不　開　車

Kirini Suites

🚗 從費拉開車約13分鐘可達　☎ 22860-71214　🌐 www.katikies. com/kirinisantorini

坐落於伊亞小鎮的南緣，依著崖壁而建，一幢幢白色小屋層疊錯落。位於崖壁最高處的大廳接待處，是幢小巧可愛的白色小屋，內部空間採用聖托里尼最具特色的岩洞建築型式，以圓弧的屋頂與柔和的光線，營造出溫馨舒適的氣氛。

游泳池就闢建於崖壁的平台上，泳池後方的空間是「岩洞餐廳（White Cave Restaurant）」，同樣以聖托里尼傳統岩洞建築為設計概念，在此用早餐，除了泳池在眼前往懸崖邊際延伸的畫面，還可以無礙地收攬伊亞村落的全景，一棟棟以白色為主調的小屋，沿著崖壁而高低錯落著，是這兒的絕美景致。夕陽時分，當天色漸漸昏暗，岩洞餐廳內點起一盞盞的燭光，前景是燈光映照下的泳池，遠景是村落的點點燈光，偶爾遠方還有船隻緩緩移動，最是迷人。

除此之外，每間住宿小屋都有獨立的陽台，坐擁海景，情侶或夫妻總愛在此共賞風景，而蜜月套房更是最受情侶青睞，陽台上有個按摩池，可以一邊看海、一邊享受按摩浴的暢快，室內空間則以清爽明亮的色調，營造無壓力的舒適感；臥室之外，還有一間室內的按摩浴池，在暈黃燈光的映襯下，更顯浪漫。

Katikies The Hotel

🚗 從費拉開車約15分鐘可達　☎ 22860-72382　🌐 www.katikies.com/ katikieshotelsantorini

伊亞小鎮最知名的精品飯店，屬於The Leading Hotels of the World的一員，和Kirini Suites出自同樣的設計與管理，因此在許多方面頗有相似之處，不過腹地較大，提供更多設施，光是泳池就有3座，最受歡迎的當然是那座延伸至平台前緣的泳池，似乎泳池盡頭就是大海；岩洞泳池則是以岩洞遮蔽了陽光，水溫得以維持在怡人的清涼；最底層還有一座按摩池，池畔雖無酒吧，但只消輕輕一按服務鈕，就會有專人前來服務。

Katikies的所有房間都擁有面海的私人陽台，而房間的設計則多以白色為牆面基調，並結合岩洞建築樣式，特別的是，這裡的家具別具古典歐風，木質書桌、古老鋼琴、銅鑄的燈飾等，都為客房增添了些許雅致情調。在入住的同時，飯店人員就會交付一個裝有早餐菜單的信封，住客可以前一晚或當天早上點餐，由服務人員於指定時間送到住客的陽台，享用不受外界打擾的豐盛早餐。

Katikies的餐廳設在擁有絕佳展望的小平台上，在燭光的襯托下下提供最羅曼蒂克的用餐環境；泳池畔與岩洞裡，在夜晚也都成了燭光搖曳的浪漫餐廳。

度假旅館推薦

在費拉以北，沿著懸崖邊散步約1小時可以到達另一個小城Imerovigli，這裡主要的建築都是沿海岸懸崖而建的階梯式度假飯店，強調每個房間都面海，擁有非常浪漫的景觀，有些房間還是聖托里尼島傳統的穴居室房間，鑿入懸崖壁的洞穴塗上白漆、繪上壁畫，就成為一處冬暖夏涼的居住環境。下榻於此的客人通常都會住上幾個星期甚至幾個月，儘管住宿價格不算便宜，但其住宿環境絕對不是費拉的旅館所能比得上的。

On the Rocks
☎ 22860-23889　🌐 www.onrocks.net

Altana Heritage Suites
☎ 22860-23204　🌐 www.altana.gr

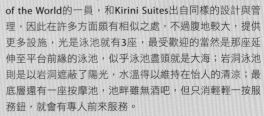

MAP ▶ P.171B2

狄洛斯島

Delos／Δήλος

阿波羅誕生之島

🚉從米克諾斯島Akti Kambani路上、聖尼可拉斯教堂旁的碼頭，每天有數班渡輪前往狄洛斯島，船程約30分鐘。旺季時還有導遊導覽的套裝行程。狄洛斯島碼頭就位於阿波羅聖域等遺跡區附近，可以步行的方式前往 🕐船程時刻依季節而變動，冬季船班減少，最新船班時刻請上網查詢www.delostours.gr 💲從米克諾斯來回船票每人€22

狄洛斯島是希臘神話中太陽神阿波羅出生的地方。根據考古學家推測，狄洛斯島最早有人居住的時間要追溯到西元前2000年，但是直到西元前700年左右，才因為成為一處朝聖地而獲得發展。

大約在西元前540年，雅典人掌管愛琴海上的霸權，狄洛斯島也成為一個不可褻瀆的聖地。雅典人不但在島上建立起阿波羅神廟，還將位於神廟前方視野所及之地的墳墓遷移，並且強制驅逐狄洛斯人，理由是為了淨化聖地。一直到羅馬在愛琴海上的勢力超過雅典人之後，狄洛斯島才得以解放，轉而成為海上的自由貿易中心，義大利、埃及、中亞等地的商隊都曾在這座島嶼上留下足跡。

古狄洛斯遺跡
Remains of Ancient Delos

🛥就位於碼頭附近，可以步行的方式參觀 ☎22890-22259 ⏰4~10月8:00~20:00，11~3月8:00~15:00 ⛔1/1、3/25、5/1、12/25~26、復活節週日 💰全票€12、半票€6 🌐odysseus.culture.gr/h/3/eh355.jsp?obj_id=2371 ❗目前關閉維修中，開放日期請見官網公告

儘管如今只剩下斷垣殘壁，然而古狄洛斯遺跡依舊見證著這座位於米克洛斯島西方不過幾公里的小島，曾經盛極一時的面貌。古狄洛斯位於該島的西面海岸平地上，往南朝金索斯山延伸，由於是一處聖地，因此除了阿波羅誕生的聖湖外，還包括赫拉、Isis、戴奧尼索斯等希臘神祇的神廟，以及裝飾著美麗馬賽克鑲嵌的酒神之屋和海豚之屋等等，相當值得一探。

阿波羅聖域 Sanctuary of Apollo

從入口往西邊走，是一大片阿波羅聖域的遺跡，有阿波羅神廟、納克索斯人神殿、雅典人神殿、酒神廟(兩個巨大男性性器官像)等等，傳說中的狄洛斯金庫也位於這一片遺跡當中。雅典人統治愛琴海霸權時期，建議愛琴海各島嶼捐獻金錢建造神殿，並提議將錢存放在聖地狄洛斯島的金庫當中，可惜雅典人最後將金庫移往雅典，並將所有錢花在雅典衛城的興建上。

獅子像 Terrace of the Lions

狄洛斯島最著名的地標就是5隻張大嘴的獅子像，這些外層包著大理石的獅子像，推斷是在西元前7世紀由納克索斯人(Naxians)建造的，原先應該至少有16頭，坐落於狄洛斯島的主要道路旁，突顯阿波羅聖地的威嚴。現在在威尼斯還保存著一隻無頭的獅子像，就是從當地搬運過去的。

阿波羅神的誕生

太陽神阿波羅與月亮女神阿特米斯(Artemis)這一對雙胞胎，是萬神之父宙斯與外遇對象列托(Leto)所生的孩子，正是因為如此不正常的關係，讓阿波羅兄妹的出生與狄洛斯島息息相關。

熟悉希臘神話的人都知道，宙斯的妻子赫拉是個善妒的女人，偏偏宙斯又愛四處拈花惹草，因此衍生許多故事。列托在生下阿波羅兄妹之前，就有預言說她的孩子會擁有超越眾神的才能與美貌，而就在列托發現自己懷了宙斯的孩子正感到欣喜的時候，赫拉知道了這個消息而大怒，下令不准有任何一塊土地讓列托產下她的孩子！

宙斯知道這件事後，就從海底提起一塊漂島，將它固定在海面上，作為列托生產孩子的地方，也就是今日的狄洛斯島，島上橢圓形的聖湖，據說就是阿波羅和阿特米斯出生的地方。

酒神之屋 House of Dionysos

從入口往東走，在前往劇場的路上，有許多裝飾華麗的房舍，這些建築是昔日有錢人的住宅，大部分為單層結構，比較大一點的才有兩層以上，建材以石塊為主，也有以磚砌起構成的建築，牆壁塗上一層石灰，有些還會漆上鮮豔的色彩。進入大門之後，通常都會有一個院子，院子的地板上還殘留美麗的馬賽克圖樣，訴說著神話和海洋故事。

考古博物館 Archaeological Museum

館內展出各種雕像、壁畫、馬賽克鑲嵌畫、珠寶金飾等，都是從島上各遺跡中收集而來的。有趣的是，從這些展覽品中可以看出各地的風格，包括邁錫尼文明的象牙雕刻品、雅典人像、羅馬大理石像等。

海豚之屋House of the Dolphins

經過劇場之後，沿著道路往金索斯山的方向前進，還有一群室內裝飾保持完整的建築，其中保存最好的就是海豚之屋。如今所有房舍的名稱，其實都源自於建築的裝飾圖案或雕像，而它們原本的功能大部分是有錢人的住宅或商店，以海豚之屋為例，就是因為在一進門的庭院地板上，有非常美麗的海豚馬賽克圖案而得名。

海豚之屋的中庭有內外兩層石柱，四周是以石塊砌成的牆壁，牆壁外層應該還塗有一層石灰，以紅漆畫上美麗的壁畫，不過大部分都已脫落。從中庭有幾道門可以通往內室，門的結構非常壯觀，是由整塊大理石(至少2公尺長)疊起。海豚之屋是狄洛斯島房舍建築的代表，其他還有附近的面具之屋(House of the Masks)，也有非常精采的馬賽克鑲嵌畫值得欣賞。

金索斯山頂Mount Kýnthos

金索斯山是狄洛斯島上最高的一座山，海拔110公尺，爬到山頂約30分鐘，山頂視野極佳，可以眺望整座古狄洛斯遺跡和遠處的米克諾斯島。如果你要攀登金索斯山，最好注意時間，如果因為爬山而趕不上船就麻煩了。

劇場Theater

這座劇場依山勢而建，疊起層層的座位，建造時間推測為西元前3世紀左右。座位面向西方的海洋，可以想像從前夜間看戲之前，還能先觀賞夕陽西沉的美景，劇場的後方有一些格局比較小的房間，推測當作客房使用。

劇場前方有一座地下水槽，拱形的橫梁仍然穩固完整，從此遺跡可以看出早在西元以前，狄洛斯島就已經擁有非常優良的儲水、水管系統工程。

MAP ▶ P.171B2

納克索斯島

Naxos (Náxos)/Νάξος

拜倫詩中的夢幻島

✈️◎飛機：從雅典搭乘飛機前往納克索斯島約1小時，每天約有4班，依季節而定。納克索斯島的機場位於島嶼西側，由此搭乘計程車前往荷拉約5分鐘。　◎渡輪：從皮瑞斯每天都有渡輪前往納克索斯島，船程約5.5~6小時，除渡輪外每天也有水翼船前往納克索斯島，船程約需3.5~4小時；從米克諾斯島搭水翼船前往，船程約20分鐘；從聖托里尼島搭水翼船前往，船程約75分鐘。納克索斯島碼頭位於荷拉(Chora)，可從這裡步行進入鎮中心或搭乘巴士前往各地

🌐www.naxos.gr/en

納克索斯島

納克索斯島是西克拉德斯群島中面積最大的島嶼，同時也是最豐饒的農產地。面積約428平方公里、形狀就像個馬鈴薯的納克索斯，島上最主要的農作也以馬鈴薯為大宗，肥沃的土壤，也滋養生長著橄欖、櫻桃、香櫞、無花果與葡萄等作物。盤踞於島的中央，高約1,004公尺的宙斯山(Mt. Zeus)是島上的最高峰，也是整個西克拉德斯群島中最高的山脈。

相較於米克諾斯和聖托里尼等島嶼，納克索斯島的觀光客明顯地少了許多，再加上島上大多還維持著以農漁為業的傳統生活風貌，悠閒沉靜的氣氛也吸引了一些想遠離喧囂的旅人來訪，英國詩人拜倫就曾稱此地為「夢幻之島」(Dream Island)。除了雄踞於碼頭北方小島的阿波羅神殿、市區高處的中世紀城堡區，他們更將腳步往島的東側延伸，這裡的幾座山間村落，都以傳統的農村樣貌吸引旅人停駐，其中又以依舊維持中世紀古鎮樣貌的艾皮朗塞斯，最是迷人。

荷拉舊城 Old Town of Chora

納克索斯島的渡輪碼頭正位於荷拉,步行約5分鐘即可抵達舊城入口

納克索斯島上最大的城鎮,就是位於西側的荷拉。在希臘語裡,「荷拉(Xώρα)」就是「村落」的意思,所以米克諾斯人口最多的地方也叫「荷拉」,而Hora和Chora的發音其實相同,為了方便外國人區別,納克索斯多半採用Chora,一般也稱為納克索斯鎮(Náxos Town)。

碼頭除了是搭載遊人的觀光客船停靠處,也泊滿了當地居民的漁船,沿著碼頭散步,不時能看見往來的漁船、整理漁網的漁民,呈現最真實的漁村氣息。

碼頭旁的道路Protopapadaki上,餐廳、紀念品店一家挨著一家,是全島觀光氣息最濃厚的地方;拐進巷子,就進入有如迷宮般的舊城,曲折的上坡路通往中世紀的舊城堡(Kástro),這是薩努度(Sanudo)家族1207年定都納克索斯時,所興建的城堡。這座雄踞高處的建築,共有7座塔樓,在當時可謂頗具規模,除了因地勢優越而擔負著防禦功能外,也有數座威尼斯式屋宅坐落此區,走訪其間,在石砌的牆面上,不難發現各個家族的家徽。

由城堡區北端的通道往下走,是一處由彎彎曲曲的巷弄、拱形的廊道、一幢幢屋宅所構成的Bourgos聚落區,在中世紀時,信仰天主教的威尼斯貴族、商人們居住在高處的城堡區,而城堡下方則是信仰希臘正教的老百姓生活的聚落。

在Bourgos遊逛,是來到納克索斯絕不能錯

過的體驗,因為每個拐彎,就有新的視覺樂趣,一會兒是瞪大眼睛對著你瞧的貓咪,一會兒是妝點得繽紛精巧的小花圃,一會兒是幽暗的拱廊通道,一會兒又是頗具特色的小咖啡店……風情萬千且各異其趣。

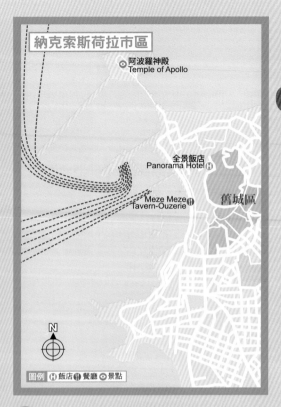

納克索斯荷拉市區

◎阿波羅神殿
Temple of Apollo

全景飯店
Panorama Hotel Ⓗ

Meze Meze
Tavern-Ouzerie Ⓣ

舊城區

N

圖例 Ⓗ飯店 Ⓣ餐廳 ◎景點

阿波羅神殿Temple of Apollo

MOOK Choice

🚶從渡輪碼頭步行約5分鐘 🕐24小時 💲免費

　　阿波羅神殿是納克索斯的地標，聳立於荷拉港口北側的山丘上，巨大的大理石門，是一項偉大建築計劃的僅存殘跡。西元前552年，殘暴的統治者萊格達米斯(Lygdamis)下令建造一座全國最大的神殿，獻給太陽神阿波羅，神殿的方向也就正對著太陽神誕生的狄洛斯島，而神殿規模則有59公尺長、28公尺寬，並擁有成排對稱的柱廊。當時，神殿所在的位置是一座獨立於納克索斯島外的小島，但在興建神殿的工程中，為了方便建材的運送，在萊格達米斯的命令下，以人力修築了一條長長的堤防與本島連接。

　　不過，隨著萊格達米斯專制政權的衰落，這座神殿也遲

納克索斯島道地烈酒「Kitron」！

　　Kitron是以島上特產的香櫞(Citron)蒸餾而成，香櫞跟檸檬類似但香氣更勝，製造出此種帶有獨特檸香的水果酒，可單喝也可作為雞尾酒調味。

　　目前納克索斯島上還有兩間至今沿用傳統手法釀酒的百年酒廠，分別是Vallindras及Promponas，其中Vallindras設有博物館開放給遊客參觀及試酒，而Promponas在市區則有門市專賣店可供遊客選購。

分辨Kitron小訣竅

綠色：酒精濃度最低且味道最甜

黃色：所有Kitron中最烈的

透明：酒精濃度和甜度適中(給第一次喝的人)

遲無法完工，時至今日，僅存孤獨屹立的石門與散落的大理石基，見證萊格達米斯的勃勃野心。

　　每至黃昏時分，有不少旅人便迎著海風、沿著堤防來到這座小丘，為的是等待紅通通的夕陽落下、鑲嵌在大理石門中的獨特畫面。

全景飯店Panorama Hotel

從渡輪碼頭步行約10分鐘 Apollonos & Dionysou, Naxos Chora 22850-24404 panoramanaxos.gr

　　Panorama Hotel是位於舊城裡的一家小巧的飯店，房間每間都布置得舒適溫馨，電視、空調、冰箱、吹風機等一應俱全，整體氣氛更接近民宿。而且誠如它的名字「全景」，它的所在位置距離城堡不遠，是舊城裡的制高點之一，270度擁抱港口景觀，其餘的角度就是城堡和山景了，部分客房從窗口就可直接眺望到阿波羅神殿；頂樓是坐擁港口和舊城最棒的地方。

　　訂房確認後，飯店會主動寫信聯絡，確定好你的抵達時間並派人前往碼頭接待，甚至幫忙提行李登上又長又陡的階梯道路；稍事休息後，還會請房客喝迎賓的香櫞酒。

Meze Meze Tavern

從渡輪碼頭步行約8分鐘 Protopapadaki, Naxos Chora 22850-26401 12:00~24:00 www.facebook.com/mezemezenaxos

　　濱海道路Protopapadaki無疑是納克索斯島上最熱鬧的地方，想找飯店、餐廳、紀念品店，到這裡來準沒錯。

　　「Meze」這個字源自土耳其語，是「津津有味」的意思，在地中海這一帶也衍生有「開胃菜」的用法；這家名為Meze Meze的餐廳，主要提供西克拉德斯群島當地的風味料理，尤其海鮮像是烤海鮮、墨魚鑲蕃茄、烤沙丁魚、蒜香淡菜、菲塔乳酪烹海鮮等，頗受歡迎，無論口味、服務和價格都很合宜，尤其戶外座位區是欣賞海景的好地方，值得一試。

西方戲劇的起源——希臘悲劇

希臘悲劇的源起與祭祀酒神有很密切的關係。酒神崇拜盛行於希臘民間，約在西元前6世紀前後，希臘各城邦開始舉行酒神祭典，不同於其他神聖莊嚴的典禮儀式，酒神祭典效法的是酒神的行跡，信眾瘋狂放縱地狂歡、醉酒，希臘悲劇的雛形便從其中誕生了。

最早是一些舞者在祭典裡扮演半羊半人的牧神時，即興表演詩歌和舞蹈，演變到後期，加入演員扮演故事中不同的角色，與舞者們互相應對台詞。慢慢地，演出的規模越來越完整，正式的希臘悲劇是由一個合唱團，以及3名扮演多重角色、甚至反串女人的男演員組成，為希臘最具代表性的一項藝術形態。在酒神祭典裡演出悲劇，自此成為希臘的傳統。

經由雅典每年的劇作競賽，不但發現許多偉大的悲劇作家，更因此流傳下大批的優秀劇本，希臘悲劇題材多以希臘神話為主，同時受到西元前490年前後波斯戰爭的影響，戰爭中各種悲壯場面也都寫進了劇作之中，英雄事蹟、謀殺、鉤心鬥角、嫉妒、復仇、人倫悲劇等都是當時熱門的戲碼。

西元前5世紀，希臘文明大放光彩，但光輝僅限於希臘的版圖之內，直到亞歷山大大帝時代，他一路東征西討，除了在各地建造亞歷山卓城，也不忘興建起大型的圓形劇場，目的就是要在各地上演希臘著名悲劇家的作品，希臘文化——尤其是戲劇這種生動、簡單的藝術形態，才擴散到各地。

艾皮朗塞斯Apiranthos／Απείρανθος

🚌巴士站位於碼頭旁的廣場上，有班車前往艾皮朗塞斯，車程約1小時，但班次不多，可先查看辦公室門口公布的巴士班次表 📍納克索斯島東側

納克索斯全島共有41座大小村鎮，其中最具風情的，就屬艾皮朗塞斯。位居山間的艾皮朗塞斯，早期是島上的主要礦產地，金剛砂石塊砌成的屋舍，以石板小徑、階梯串連其間。

從荷拉搭車抵達艾皮朗塞斯，巴士站沿著白色教堂的後方，即村落所在。轉角處的樹蔭下，幾張桌椅，是當地白髮阿伯聚會處，早晨點一杯希臘咖啡，閒話家常。

沿大理石階往上走，一間間屋舍依坡層疊而建，大多為白色外牆，搭配著藍的、綠的、黃的大門，其中間或有早期的石頭，留有石砌的拱廊，白髮老翁拄著拐杖緩行而過，有時還有小販帶著小毛驢，馱著貨物沿街叫賣。

艾皮朗塞斯四周是傳統的農村，綠意環抱的山谷間，闢成一畦畦梯田，種植馬鈴薯等作物，春夏兩季，走在公路上，少有車聲、人聲，只聽見鳥叫蟲鳴和牛鈴聲，還有隨風飄來的花香，呈現寫意的風情。

克里特島
Crete / Κρήτη

面積廣達8,300平方公里，位於希臘南端的克里特島，是這個海島國家境內最大的島嶼，它不但是歐洲最古老文化米諾斯文明的發源地，同時也是希臘著名作家尼可斯·卡贊札基斯(Nikos Kazantzakis)的出生地，卡贊札基斯創作的小說《希臘左巴》(Zorba the Greek)，因1964年翻拍成同名電影而在聞名國際，他筆下的人物左巴，生動地展現了克里特人鮮明的性格。

來到克里特島，印象最深刻的不是海灘，反而是綿延的山脈、一望無際的葡萄園和橄欖園，乘著慢慢搖晃的公車深入山裡的小城，又是另一種自由且暢快的島嶼旅行經驗！

伊拉克里翁是克里特島的商業中心，號稱是全希臘最富有的都市，1971年取代哈尼亞成為克里特島的行政中心。到伊拉克里翁來的遊客，主要都是為了參觀克諾索斯宮殿遺跡。哈尼亞僅次於伊拉克里翁，是克里特島的第二大都市，全市最有魅力的地方，就是在舊港灣一帶留下來的威尼斯式建築，環抱著半圓形的威尼斯港，許多保存下來的老式建築，如今改建成餐廳、民宿。雷西姆農位於兩大城之間陸上交通的中間點，雖然也是島上堂堂第三大城，卻充滿了濱海小鎮的閒適風情。

INFO

基本資訊
地理位置：地中海北部、希臘國土的最南端。
人口：約65萬名居民，其中第一大城伊拉克里翁有15萬人。
面積：8,336平方公里
區域號碼：(28~)

如何到達
◎飛機

克里特島有兩座國際機場，主機場位於伊拉克里翁，在哈尼亞則有一座較小的機場。從雅典飛往兩座機場均約1小時，前往伊拉克里翁的班機較多。
機場往返市區交通
伊拉克里翁機場位於市區東方約4公里處，可搭乘1號巴士前往市區，車程約20分鐘。另外也可在機場外搭乘計程車，計程車約需€16。
哈尼亞機場距離市區約14公里，可搭巴士€2.30或計程車約€30進市區。
伊拉克里翁機場Heraklion International Airport "Nikos Kazantzakis"
🌐 www.heraklion-airport.gr/en
伊拉克里翁巴士

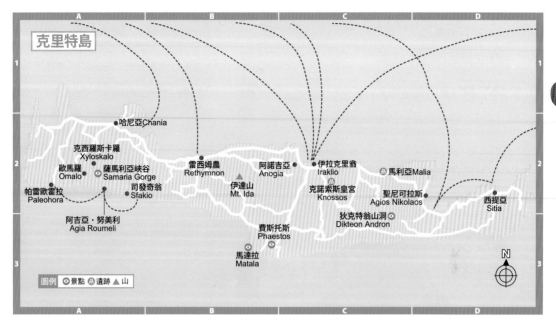

astiko-irakleiou.gr/en
哈尼亞機場Chania Airport
www.chq-airport.gr/en
哈尼亞巴士
www.e-ktel.com/en

◎**渡輪**

從雅典的皮瑞斯每天都有渡輪前往克里特島，無論是前往伊拉克里翁或哈尼亞的船，航程均約需9~10小時。而聖托里尼島每天也有約3班渡輪前往伊拉克里翁，船程約2~3小時多，速度愈快，船資也愈高。

港口往返市區交通

伊拉克里翁的港口位於市中心鬧區的東北方，距離約1.5公里，可以步行方式前往，或搭乘計程車。

至於皮瑞斯前往哈尼亞的渡輪，抵達距離市區約7公里的Souda港，可搭乘巴士前往哈尼亞，車程約15分鐘。

島內長途巴士

克里特島上人口主要集中在北岸，由於島上沒有火車，陸上交通相當倚賴長途巴士(KTEL)。從西到東4大主要城市(哈尼亞、雷西姆農、伊拉克里翁、聖尼可拉斯)之間，每天都有密集的班次往返，然後從這4大城市又有其它支線巴士往返一些鄰近的小村鎮。

◎**巴士站往返市區交通**

伊拉克里翁有兩個長途巴士站：往返哈尼亞、雷西姆農、聖尼可拉斯(Agios Nikolaos)等地的巴士停靠在A巴士總站，位於港口對面，距離鬧區約1.5公里，步行10~15分鐘可達；往返Anogia、費斯托(Phesto)等小城的巴士停靠在B巴士總站，距離鬧區較遠，步行約20分鐘可至。

A巴士總站
Efessou 63, Iraklio
28102-45020
www.ktelherlas.gr

B巴士總站
13, Machis Kritis 7, Iraklio
28102-55965
www.ktelherlas.gr

哈尼亞的長途巴士站位於市中心鬧區的南方，步行約5~10分鐘可達。
Kidonias & Parth. Kelaidi Chania 73100
28210-93052
e-ktel.com

雷西姆農的長途巴士站位於市中心鬧區的西方。
Kefalogiannidon str. Rethymno 74100
28310-22212
e-ktel.com

MAP ▶ P.201C2

伊拉克里翁

Heraklion (Iráklion)/Ηράκλειον

希臘最大島的第一大城

ⓤ www.heraklion.gr

　　伊拉克里翁是克里特島的首府，也是島上人口最多的城市。該市最著名的景點，就是位於5公里外的克諾索斯宮殿遺跡，裡頭傳說囚禁牛頭人身怪物米諾特(Minotaur)的大迷宮，曾經出現於世界七大奇蹟的記載中，然而直到1990年時，才因英國考古學家亞瑟・伊文斯(Sir Arthur Evans)的發現，得以解開這個史前古希臘文明之謎。該遺跡大量出土的文物，不但證實了米諾安文明的存在，也讓大迷宮的傳說增添了幾分真實性。如今，大部分保存完好的古文物、壁畫都收藏在伊拉克里翁的考古博物館裡，同時參觀兩個地方，才能對克里特島上，影響愛琴海發展的米諾安文明有更深的認識。

　　由於遊客前往伊拉克里翁大多為參觀克諾索斯宮殿，因此市區反而比較不受觀光的影響，仍然維持一般的生活方式，因此在這裡更能體會到克里特島人日常的真實生活。走一趟1866街，當地人的生活百態盡流動其中。

伊拉克里翁

庫勒斯要塞Koules Fortress

🚶 從A巴士總站步行前往約11分鐘　☎ 2810-243559　🕐 8:30~15:30，夏季較晚關閉　🚫 週二、1/1、3/25、12/25~26　💲 全票€4、半票€2　🌐 koules.efah.gr

　克里特島的歷史可追溯至新石器時代，又分別在米諾安文明、拜占庭、威尼斯等時期發光發熱。

　位於現今港口西側的庫勒斯要塞，最初建於13世紀末，當時統治地中海域的威尼斯人有鑑於這個地點戰略位置重要，所以在當時的伊拉克里翁港口建了一座堡壘與城牆。之後幾經地震、人為拆除、重建，現在所看到的建築是1523年存至今，厚達9公尺的外牆、3公尺的內牆則於1540年前逐步修築完成，也成為這個城市最顯著的象徵性地標。

　這個要塞有3個入口，上方都有聖馬可翼獅的大理石浮雕，亦即當年威尼斯威權的標幟，主要大門在西側。堡壘有兩層樓，共26間廳室，樓下是儲藏室和關犯人的地方；樓上北側有燈塔，也有磨坊、壁爐、禮拜堂等。17世紀後期被土耳其人攻下，所以庫勒斯是它的土耳其名。

203

獅子廣場Lions Square

🚌 從A巴士總站步行前往約10分鐘　🏠 Eleftheriou Venizelou

這個廣場正式的名稱其實是Eleftheriou Venizelou，是一位希臘總理的姓名，但因為廣場上的莫若西尼噴水池(Morosini Fountain)頗享盛名，這座噴水池是在1629年由威尼斯的名設計師莫若西尼(Francesco Morosini)所建的，而扛著噴泉的獅子更是14世紀的石雕作品，所以被理所當然地喚作獅子廣場。

獅子廣場可說是伊拉克里翁最熱鬧的地區，面對著同樣由莫若西尼所設計興建的市政廳，向北通往威尼斯要塞、向南可達1866街，四周咖啡廳、餐廳、商店林立，還有一條Dedalou精品購物街，以及建於第10世紀的聖提托斯教堂(St. Titos)等，觀光客所需的一切，幾乎都可在附近找到。

獅子不會游泳
怎麼會成為噴泉主角？

通常噴泉雕塑都以神話人物或是海中生物如海豚等作為裝飾，但這座噴泉其實是威尼斯共和國統治時期重要的水利設施，工程師們特地將遠在15公里外乾淨的山泉引進城市中，於此噴泉處提供給市民使用，為強調統治者高超的水利技術及宣揚國威，故將威尼斯共和國的國徽——獅子當作這座噴泉的主要角色。

聖米納斯教堂Agios Minas

🚌 從A巴士總站步行前往約15分鐘　🏠 Agiou Mina 25　💲 免費

聖米納斯是伊拉克里翁的守護神，位於市中心西南隅的聖米納斯教堂是這座城市的主教堂，建於1862~1895年間。教堂建築呈十字架結構，中央有一圓頂，再等距離向四方延伸；天花板布滿色彩鮮豔的宗教畫，是當地16世紀的名畫家Michael Damaskenos的傑作。

陽光透過彩繪玻璃照射進來，在各處形成美麗的光影，是島上規模最大、也最美麗的教堂。在它的西側，還有一間更古老的小教堂，內部保存著18世紀的華麗木雕。

伊拉克里翁考古博物館
Heraklion Archeological Museum

🚌 從A巴士總站步行前往約10分鐘　🏠Xanthoudidou & Hatzidaki str., 1 (位於艾拉弗瑟瑞亞廣場北面)　☎2810-279000　🕐4~10月 8:00~20:00、11月8:00~17:00、12月8:30~15:30；每週二10:00 起開放入場　🚫1/1、3/25、5/1、12/25~26日等重要節日休館； 部分節日縮短開放時間，詳可上官網查詢　💲4~10月全票€12、半 票€6，11~3月€6；含克諾索斯皇宮套票€20，線上購票請至www. etickets.tap.gr　🌐heraklionmuseum.gr

　這座博物館最珍貴之處，在於能欣賞到世界最古老的米 諾安文明的展品。館內分二十幾個展示室，象形文字 陶板、公牛頭酒器、持蛇女神像 以及黃金蜜蜂垂飾，都是該博物 館不可錯過的珍寶。

黃金蜜蜂墜飾

　博物館陳列許多非常漂 亮且精緻的珠寶飾品，其 中有許多以黃金雕刻打造 而成，說明了米諾安王國 是個工藝技術非常高超的 國家，製造大量精緻的飾 品，促進海上貿易。

　這個黃金蜜蜂墜飾是最 經典的代表作，蜜蜂身軀 上細膩的紋路，連現代 的金屬工藝都望塵莫及， 製造年代約可回溯到西元 前17世紀。

公牛頭酒器
Bull's Head Rhyton

　這尊公牛頭酒器由20公 分高的黑色石頭雕刻而 成，兩隻牛角以黃金打 造，形成一個很漂亮的彎 曲弧度，其中最精采的， 是位於牛頭上的眼睛鑲嵌 著水晶，讓整座酒器顯得 栩栩如生，推斷是西元前 16世紀的作品。

　公牛角的標記，在克諾索 斯遺跡裡四處可見，是米諾 安文明最明顯的象徵，同時 也為牛頭人身怪物的神話 多添了一筆神秘色彩。

象形文字陶板Phaistos Disc

　這個圓形陶板上方雕刻 的到底是不是一種古老的 文字？至今仍然是個謎。 大約是西元前17世紀的產 物，但是陶板的發現，還 是令考古學家非常興奮， 因為如果證實刻文為一種 文字的話，人類書寫的歷 史又可再往前推進一步。

持蛇女神像Snake Goddess

　持蛇女神像出土於克諾 索斯遺跡，由於雕刻非常 精細，成為考古博物館中 最精采的展覽品之一，根 據推測大約出現於西元前 16世紀。在米諾安文明的 記載中，蛇象徵生殖和繁 衍，因此這座雕像可能與 繁衍子孫有關。

1866市場／中央市場Heraklion Central Market

🚌 從A巴士總站步行前往約12分鐘　🏠1866 Str.　🕐各店家不一

　　因位於1866街上，因此伊拉克里翁中央市場也被稱作1866市場，這裡是伊拉克里翁最有生活味的地方，街上商店大部分是販賣一般生活所需的蔬菜水果、各式各樣的香料、橄欖油、堅果等，還有陶製器皿、T恤等在地特色的紀念品。

　　此外還有一些乳酪專賣店，供應各式各樣的乳酪，有些盛裝於大陶盆的家庭製優格稱斤賣，酸味十足，配上蜂蜜，就是一道非常可口的點心。逛街、採購之餘，不妨在1866街的咖啡館或酒館坐下來，點一杯Ouzo酒，靜心體會當地人的生活百態。

Ligo Krasi, Ligo Thalassa／Λίγο Κράσι Λίγο Θάλασσα

🚌 從A巴士總站步行前往約8分鐘　🏠Lohagou Marineli Ioanni & Mitsotaki Square 18 Agglon　☎2810-300501　🕐9:00~1:00
🌐www.ligokrasiligothalassa.gr

　　就在威尼斯港口(Venetian Port)對面街角的Ligo Krasi, Ligo Thalassa，是一家非常道地的克里特風情濱海小酒館，2006年開業至今，以提供克里特式傳統料理和海鮮聞名。雖然店看起來有些老舊，又沒什麼裝潢，但是隨時都高朋滿座，不只觀光客慕名而來，當地人更多，用餐氣氛輕鬆，價格也平易近人。

　　最貼心的是，每桌用餐之後，都會免費招待島上特產的餐後酒Raki，和一種油炸的甜點，非常能溫暖遊客的心。在此用餐，還能欣賞威尼斯港的海景，網路上評價頗高。

Politia Grill／Πολιτεία Πολιτεία

🚶從A巴士總站步行前往約10分鐘　🏠98 Kallergon Square　🕐週日至週四10:30~4:00，週五至週六11:30~7:00

位於獅子廣場上人來人往的街道上，這家餐廳完全沒有英文標識、服務人員英語也不太容易溝通，不過若是在這一帶逛累了倒是很適合坐下來喝杯飲料，欣賞廣場前的人來人往。

體驗Anogia的山城人情味

Anogia位於伊拉克里翁以西約60公里的地方，南倚克里特島最高峰伊達山(Mt. Ida，海拔2,456公尺)。該城以手工編織地毯最為有名，整個村落街道上都是婦女擺設的手工地毯與蕾絲工藝品，不過因為交通較不方便，所以沒有太多觀光客前往。如果想去Anogia，要到伊拉克里翁西邊的B巴士總站(Bus Station B)，搭乘前往Anogia的巴士，出發前最好先確認回程公車時間，以免錯過就回不來了。

Veneto 1860

🚶從A巴士總站步行前往約5分鐘　🏠9 Epimenidou Str.　📞2810-223686　🕐12:00~1:00　🌐www.facebook.com/Veneto1860BarRestaurant

這家位在介於港口和鬧區之間小巷裡的餐館兼咖啡廳，餐廳位於一幢新古典式建築的二樓，有室內和戶外兩大用餐區，內部裝潢布置得相當典雅，而戶外剛好可以眺望威尼斯港帆檣雲集和庫勒斯要塞的景致，視野很不錯。

餐點走傳統中融合創意路線，口味與視覺效果兼備，又有背景音樂緩緩流瀉，氣氛頗浪漫。整體環境雖然高雅，但價格並沒有比其它餐廳貴，在伊拉克里翁想要享受精緻的一餐，不妨到Veneto來。

Hotel Athinaikon

🚶從A巴士總站步行前往約10分鐘　🏠Ethnikis Antistaseos 89　📞2810-228526　🌐www.athinaikon-hotel.gr/index.html

這家飯店位在市區東邊的外圍，是幢現代化的樓房，被評定為二星級。雖然不在鬧區之內，但是離鬧區、市區巴士站、渡輪碼頭、長途巴士總站等都在步行可達的距離之內，算是方便的據點，而且價格又便宜，包含早餐淡季約€43即可入住，住宿預算不多的人可以考慮。

MAP ▶ P.201C2

克諾索斯皇宮

Knossos / Κνωσός

歐洲文明的起源地之一

🚍 從伊拉克里翁搭乘前往克諾索斯的2號巴士，車程約20分鐘，平均每20分鐘一班車 ☎ 2810-231940 ◷ 11~3月8:30~17:00，4~8月8:00~20:00，9月8:00~19:00，10月8:00~18:00 ◷ 1/1、3/25、5/1、12/25~26、復活節週日 💲 全票€15、半票€8；含伊拉克里翁考古博物館套票€20，線上購票請至www.etickets.tap.gr ⚓ odysseus.culture.gr/h/3/eh355.jsp?obj_id=2369

希臘神話中，一直都有關於米諾安王國、米諾斯和迷宮等傳說，其中最著名的，要屬牛頭人身怪物米諾特和大迷宮的故事：因為破壞與海神波賽頓的約定的米諾安王米諾斯，為了不讓妻子所產下的牛頭人身怪物危害人民，只好建造一座大迷宮，讓怪物困在其中，並以每年7男7女當作獻祭。

後來，一位雅典的英雄西塞斯(Theseus)自願前來除害，殺死這個傳說中的怪物。但牛頭人身的傳說，卻因為克諾索斯大量挖掘出來的牛頭符號而更加繪聲繪影；另外，傳說中的克里特島的大型迷宮，在世界七大奇蹟的記載中也有提到。

自從克諾索斯遺跡發現複雜的宮殿、多樓層的房間之後，這個大迷宮建築也更讓人相信曾經存在。不過由於過去很長一段時間，一直沒有相關證據可以證明，使得這些故事僅能以神話視之。終於在1900年時，因英國考古學家亞瑟・伊文斯(Sir Arthur Evans)發現了克諾索斯遺跡，並持續挖掘出大量古物，才填補了這段歷史上的空白。它不但證實米諾安文明的存在，同時也因為出現於遺跡中的複雜大型宮殿和多層房間，讓大迷宮多了幾分真實性。現在在克諾索斯遺跡的入口處，還可以看到一座亞瑟・伊文斯的雕像，用來紀念這位學者對於古希臘史前歷史的貢獻。

皇后房間Queen's Megaron

　　從結構上可以發現，克諾索斯的宮殿以石塊與木材混合建成，在門中間的壁面上裝飾著非常美麗的花紋。皇后房間裡的海豚壁畫，可能是整座遺跡中最迷人的一部份，淺藍色的海豚，周圍還有各色魚群一起游泳，栩栩如生的景觀，顯示當時生活環境的講究。

列隊壁畫走廊
Corridor of the Procession Fresco

　　從西側入口進入遺跡，可以看見一道彩繪壁畫的走廊，稱為列隊壁畫走廊，壁畫上描繪捧著陶壺的青年，排成一列往前行進，因為這條走廊可以通往宮殿中庭，推測是記載奉獻禮品給國王的盛況。

　　而他們獻禮的對象，可能就是中庭南邊另一個壁畫中所描繪的百合王子(Prince of Lilies)。現在整面牆都已刮下重新修復，展示於伊拉克里翁的考古博物館中。

王道Royal Road

　　這個位於北側入口的大坡道，推測是貨物進出的門，牆上的壁畫又是另一個精采之作，一幅戲牛圖，顯示3名男女與一頭公牛互相角力，似乎在表演特技。其他還有青鳥等色彩非常優雅的壁畫，目前同樣都存放於伊拉克里翁的考古博物館中。

倉庫Magazines

經過正面玄關入口之後繼續往前走，會看到左手邊有一排溝形的建築遺跡，這裡就是倉庫，可以看見在小間的倉庫儲存室中放置著一些陶罐，可能是用來儲存油、小麥種子、古物等，在東門附近更有兩只巨大的陶瓶，瓶上立體的紋飾非常美麗，這一類陶罐在考古博物館中還有更多，顯示當時的米諾安王國人口非常眾多。

雙斧標誌與迷宮之謎

在希臘神話中，由於米諾斯國王是天神宙斯和腓尼基公主歐羅巴的兒子，所以手握著象徵人間與神世雙重權利的「雙斧」，而在克諾索斯皇宮的大廳即有雙斧標誌，因此學者們普遍認為這就是傳說中米諾斯國王的雙斧皇宮，而希臘語稱雙斧為「λάβρυ」(lábrus)，其與迷宮「Λαβύρινθο」(labúrinthos)一詞十分相似，因此考古學者推斷傳說中用來困住怪物的大迷宮(labyrinth)其實是用來表示「雙斧屋」，也就是米諾斯王宮。

皇后浴室Queen's Bathroom

參觀重點之一，因為從這裡可以看到克諾索斯宮殿建築的雛形，尤其是柱子，上面粗下面細的設計可能是為了顧及視覺上的平衡。柱子塗上鮮紅色漆，頂端以黑色裝飾。在考古博物館裡還可以看到雕刻精美的浴缸。

主階梯Grand Staircase

通往下層的房間，這裡顯示出克諾索斯宮殿複雜的建築，據估計，整個宮殿有1,200間以上的房間，這裡所看到的，就是容納許多房間的樓層，現在看來只有4層，但原本應該更多，而且令人吃驚的是，這些房間經過設計，因而擁有極佳的採光，如今還能看到牆上的盾形壁畫，但原本色澤應該更加鮮豔豐富。

雷西姆農
舊威尼斯港
Old Venetian Port

雷西姆農要塞
The Fortress of
Fortezza Rethymnon

舊城區

Eleytheriou Venizelou
Arkadiou

巴士站
←往哈尼亞

圖例 城堡 巴士站   往伊拉克里翁→

MAP ▶ P.201B2

雷西姆農

Rethymno/Ρέθυμνο

小家碧玉第三大港都

從伊拉克里翁的A巴士總站搭長途巴士，車程約1.5小時，單程票價€7.60，訂票網址www.ktelherlas.gr；從哈尼亞搭長途巴士，車程約1小時15分鐘，單程票價€6.20，訂票網址www.e-ktel.com

　雷西姆農的地理位置，正好介於伊拉克里翁和哈尼亞兩大城市之間，很適合路過時中途停下來，感受一下有別於兩大城市的另一種風情。

　雷西姆農的歷史可以追溯至4,500年前，不同角落則可找到一些拜占庭教堂與修道院、威尼斯時期留下的迷人遺跡。但是在威尼斯人入侵前，這裡還未形成城市的規模；威尼斯人在這裡建造防禦工事，開始修築城牆。雖然17世紀落入土耳其人手中，教堂被改建成清真寺、房屋上層增加了往外延伸的木質陽台等，產生了混血風格。不過城市的規模與面貌大致形成於威尼斯時期。

　雷西姆農雖然號稱克里特島的第三大城，不過人口只有30,000左右，加上背山面海環境優雅、觀光客又不多，整體感覺就是個非常怡人的「小鎮」。漫步舊城區，不必刻意尋找什麼景點，光是信步閒晃、欣賞不同時代留下的建築遺跡就很有趣。靠近海邊的Eleytheriou Venizelou和與它平行的Arkadiou，是舊城裡最熱鬧的兩條街，找美食、紀念品都會有收穫。

雷西姆農要塞The Fortress of Fortezza Rethymno

🚌 從長途巴士總站步行前往約15分鐘　🏠The hill of Paleokastro
🕐11~3月9:00~16:30，4~10月08:30~15:00　🌐odysseus.culture.gr/h/3/eh355.jsp?obj_id=15421

雷西姆農要塞位於城市的西北隅，是這個城市最引人矚目的景點。15世紀時的海上強權威尼斯人打算把雷西姆農作為伊拉克里翁和哈尼亞之間的中繼站，所以開始興建港口，促成雷西姆農日漸繁榮，也愈來愈需要新的城牆加以防衛。

16世紀初葉，土耳其人進犯克里特島，當時的舊城牆並不堅強，1571年還是被敵人征服摧毀。1573年，目前的雷西姆農要塞開始動工，1580年才修築完成。

不過，威尼斯人建造這座堡壘並非為了當地人，而是以庇護威尼斯人為首要考量，所以城牆內幾乎都是一些公共設施，包括好幾座天主教堂，沒有居住的地方，萬一敵人入侵，絕大部分居民還是被擋在城牆外。

雷西姆農於1646年落入鄂圖曼土耳其人手中，他們將教堂改成清真寺，也在東側和南側增建了一些住所。幾世紀以來經歷戰爭紛擾，城牆內僅剩廢墟，還能看到當年威尼斯人所建時的大致規模。城牆上居高臨下，眺望港景視野很迷人。

舊威尼斯港Old Venetian Port

🚌 從長途巴士總站步行前往約10分鐘

穿越舊城，來到愛琴海邊，濱海的Eleytheriou Venizelou平直寬闊，大道上綠樹成蔭，還有不少與大自然巧妙結合的裝置藝術，視覺上很有法國蔚藍海岸尼斯、坎城般的慵懶氣息。

順著西邊燈塔的方向走去，就走進風平浪靜的舊威尼斯港。港口目前海鮮餐廳林立，每一家都會把當天最棒的漁獲展示在店頭，遊客可以坐下來喝杯飲料、或是現挑海鮮請大廚烹調，準備享受一番海鮮大餐，以及悠閒的度假風情。

MAP ▶ P.201A2

哈尼亞

Chania/Χάνια

克里特島上的浪漫威尼斯

🚌 從伊拉克里翁前往哈尼亞車程約2小時45分鐘，單程票價€13.80，訂票網址www.ktelherlas.gr；從雷西姆農前往哈尼亞車程約1小時15分鐘，單程票價€6.20，訂票網址www.e-ktel.com ⓦwww.chania.gr

哈尼亞是克里特島上最具有威尼斯風情的一座都市，尤其是在舊港灣一帶，許多老式建築環繞著近乎圓形的港灣，保存下來後如今紛紛改建成餐廳和民宿。

漫步舊城，就有如一趟當地的歷史回顧。石板路的街道上有市政廳、東正教堂、米諾安文明時期的遺址、多座天主教堂和威尼斯時期的修道院等。不妨爬上舊城牆的斷壁殘垣，有很不錯的展望視野；或拜訪考古博物館、民俗博物館等，對當地文化有更深入的認識。

整個城市的氣氛配合哈尼亞人緩慢的生活節奏，顯得非常悠閒。分布於小巷子裡的多家手工藝店和藝術家工作室，足足可以讓人逛上一整天，加上皮件街上可以買到手工製作的皮衣、皮包、皮拖鞋等皮件，以及一旁大型室內市立市場販賣的各種克里特島特產，從橄欖、蜂蜜到香料應有盡有，選擇豐富，讓哈尼亞成為克里特島的購物天堂。

威尼斯港Venetian Port

🚌 從長途巴士總站步行約10分鐘　🏠 Akti Topazi Str.、Akti Enoseos Str.、Akti Kountourioti

MOOK Choice

舊城的最北端，就是氣氛浪漫的威尼斯港，港邊散落著17世紀中葉的Kioutsouk Hasan清真寺(Mosque of Kioutsouk Hasan)、軍火庫、船廠等，以及無數的餐廳、紀念品店、路邊攤。當1913年12月1日克里特正式加入希臘時，希臘國旗就開始在最西邊的費卡斯城堡(Firkas Castle)上飄揚，城堡裡目前是克里特海事博物館(Maritime Museum of Crete)的所在地。

還有一海相隔的威尼斯燈塔(Venetian Lighthouse)於16世紀末由威尼斯人所建，到了1830年代又由埃及人重建，石砌的它底座呈8角型、中央為16個角、最上層則呈圓柱型，塔高於海平面26公尺，燈光可以投射達7公里外。別看它近在眼前，其實這是一個很有包容力的灣澳，從港口這端漫步到燈塔那端，單程就要20~30分鐘，如果打算沿途慢慢欣賞、慢慢體會，應該要預留至少1.5個小時，比較能樂在旅途中。

威尼斯港(Venetian Port)階梯旁不時會有販賣現撈海綿的小販，這裡的海綿根據種類跟重量計價，越大當然就越貴，這種純天然的海味可是擄獲不少遊人的心呢！

明明是希臘，卻到處都叫「威尼斯」？

威尼斯共和國從7世紀開始便是地中海強權，愛琴海區域的沿岸及島嶼都是他們海外貿易的殖民據點。他們於1212年正式統治克里特島，400多年的統治期間，克里特島的經濟及文化快速發展，而且威尼斯人喜愛在殖民地大興土木，因此克里特島上到處皆有威尼斯式建築或堡壘，當然也就以威尼斯命名，到今日成為吸引遊人們的特殊風景！

市立市場Municipal Market

🚌 從長途巴士總站步行約8分鐘；從威尼斯港步行前往約6分鐘　🏠 Gianari Str.　🕐 週一至週六8:00~13:30，週二、週四和週五17:00~20:00　⚠ 閉館維修中

哈尼亞最吸引人的地方之一，就是這個呈十字形的大型室內市場。整棟建築興建於1913年，半透明的屋頂可以透入自然光，裡面有大約70家商鋪，所有當地的特產幾乎都可以在這裡找到。

從主要道路Gianari的入口進去，兩邊先看到一些傳統的醃漬物專賣店、乳酪專賣店等生活基本食品，這些都是當地人最常光顧的地方，接下來，就開始一整排賣蜂蜜的商店，過了十字交叉點之後，幾乎整排都是供應香料、蜂蜜、橄欖製品、酒等克里特島的特產，當然，此區也常被觀光客擠得水洩不通。

香料、橄欖、蜂蜜是不能錯過的特產，品質非常優良而且價錢出乎意料地比雅典更便宜。如果你不嫌重的話，還可以帶瓶Ouzo酒或島上特產的Raki烈酒回去。

Skridlof路(Σχρυδλωφ)

從長途巴士總站步行約5分鐘；從威尼斯港步行前往約3分鐘 Skridlof Str. 各店家不一

又稱為皮件街(Leather Street)的Skridlof路，顧名思義，整條街當然是以整排的皮件商店著稱，而這裡自然也是哈尼亞觀光購物的重點。可惜的是，街上有許多店家掛出來的都是工廠量產的皮件，設計不如雅典特別，不過花時間在店裡慢慢尋找，也能發現不錯的東西。以種類來區分，商品主要是男生的皮夾克、男女用皮包、皮夾等等，有些皮夾上刻有米諾安宮殿遺跡的繪畫，是這裡比較特別的商品。

Nea Chora海灘

從長途巴士總站步行約15分鐘 Akti Papanikoli

在克里特島上，哈尼亞向來以金黃色的沙灘、剔透的碧海聞名，在它的轄區裡海岸總長將近10公里，知名海灘達11個之多。觀光客不難發現這裡的海灘都管理得相當井然有序，遮陽傘、日光浴椅、淋浴設備乃至於周邊的水上活動、餐廳、咖啡廳等設施齊全，品質也都不錯。

Nea Chora海灘規模不大，是距離哈尼亞市區最近、最方便的海灘，從市區順著海邊的Akti Papanikoli街向西走就可走到，如果懶得在交通上大費周章，就近在此即可躍入愛琴海。海灘的旁邊還有一個風帆教學中心，經常可看到小朋友們在灣澳裡練習掌控風帆，碧海藍天下點點白帆，煞是好看。

215

Amphora Restaurant

🚌 從長途巴士總站步行約10分鐘　🏠 20, 2nd Passage of Theotokopoulou str, Old Venetian Harbor　☎ 28210-93224　🌐 12:00~24:00　🌐 www.amphora.gr

環繞威尼斯港的餐廳相當多，其中有多家都標榜TripAdvisor認可推薦，但選擇時還是教人有點難以下決斷。

這家Amphora餐廳就位於Amphora飯店的樓下，同樣有獲得TripAdvisor推薦，主廚擅長各式各樣的克里特家常菜，像是橄欖油拌野菜、節瓜肉丸等，都是店裏的招牌；海鮮品質也很新鮮，而且飯後還會招待Raki酒和酸乳甜點，是口味、價位和服務各方面都令人感到滿意的餐廳，連當地人都賞光。此外，它坐擁威尼斯港頗舒適的賞景角度，黃昏的時候先坐下來喝杯飲料、等待夕陽，之後再享用一頓豐盛的晚餐，為一天畫下美麗的句點。

薩馬利亞峽谷縱走

薩馬利亞峽谷(Samaria Gorge)狹窄而高聳的地形，不但氣勢磅礴，長度更綿延了18公里，號稱擁有歐洲最長的峽谷景觀，是克里特島西邊最熱門的觀光景點。峽谷中間通行的路徑寬度從最窄的3公尺到最寬的150公尺，而兩旁的山壁卻高達500公尺，走在中間抬頭看，就是所謂的一線天景觀。

在這麼狹長的地形裡，原本還有人居住，不過就在峽谷列為國家公園之後，居民全部被遷出，只留下荒廢的村落，其中薩馬利亞村(Samaria)位於距離峽谷入口處約6公里遠的地方，現在還保存一座紀念當初發現峽谷者的教堂。

從薩瑪利亞村繼續往前走，地形越來越狹窄，直到標示12公里處的「鐵門」(Iron Gate)，寬度大約只有3.5公尺，非常壯觀！通常峽谷健行之旅到此結束。

哈尼亞當地有許多旅行社推出當天往返薩馬利亞峽谷的旅遊行程，你可以選擇到薩馬利亞村折返、較輕鬆的半日遊，或是直達鐵門、較艱困的一日遊行程。

艾琳飯店Hotel Irene

🚌 從長途巴士總站步行約10分鐘　🏠 9 Michail Apostolidou　☎ 28210-91500　🌐 www.irene-hotel.gr

Hotel Irene雖然不在舊城裡，但就位在西側城牆外，從長途巴士總站出來很容易跟著它的指示標尋找到正確位置，從這裡前往舊城、海邊也都在5~10分鐘的步行距離內，附近還有家樂福超市，是頗方便又經濟實惠的住宿據點。

Hotel Irene外表看起來像公寓住家，22間客房分布在6個樓層裡，內部空間相當寬敞，4樓以上的房裡都可隱約望見海洋，電視、空調、免費無線上網等皆齊備。此外，它有一家附屬的旅行社，想參加旅遊行程可以直接向櫃檯報名，省時省事。

羅德島
Rhodes (Ródos) /
Ρόδος

羅德島是希臘愛琴海諸島中位於最東邊的島嶼，屬於多德卡尼薩群島(The Dodecanese)中的一員。「多德卡尼薩」在希臘文中的意思是「12座島」，但事實上多德卡尼薩群島旗下擁有的島嶼超過12座，此名稱由來源自於第二次世界大戰前，其中12座聯手對抗土耳其統治的島嶼，它們帶領其他島嶼重回希臘的懷抱。

島上最具規模的城市羅德市，最早的建城歷史可回追溯到西元前408年，但經過幾度地震、戰爭的破壞，現在所呈現的羅德舊城風貌，主要是14世紀時，由聖約翰騎士軍團所建。在城牆包圍的舊城中，可以看見昔日的騎士團長宮殿。

羅德島另一處熱門景點林多斯(Líndhos)，昔日的古城如今因綿延的海岸線美景，成為度假勝地。至於蝴蝶谷(Petaloudes)，在官方未特意推廣的情況下，至今依舊保持神祕的面貌，每年6~9月蝴蝶紛飛的景觀，異常美麗。

INFO

基本資訊

地理位置：愛琴海最東邊
人口：約11萬名居民
面積：1401平方公里
區域號碼：(2241~)

如何到達

◎飛機

羅德島的機場位居羅德市西南方14公里處，每天從雅典約有約7班飛機前往，航程約1小時。

機場往返市區交通

從羅德島的機場可搭乘每半小時1班的巴士前往市區，車程約30分鐘，或是可搭乘計程車前往。

◎渡輪

從皮瑞斯每天有2班渡輪前往羅德島，依季節而有不同，航程約需18小時。另外，克里特島的伊拉克里翁每週也有船班前往羅德島，淡季船班非常少，有時每週只有一班，排行程需特別注意，船程約需11小時。

碼頭往返市區交通

羅德島港口位於羅德市的舊城區，由此步行方式前往市區各大景點都相當方便。

羅德市旅遊局旅遊服務中
Municipality of Rhodes Department of Tourism

🌐www.rhodes.gr
新市場New Market／Nea Agora
🏠3 Averof Str. ☎22410-35240
🕐週一至週五7:00~15:00
騎士軍團街Street of the Knights
🏠Great Alexander Square & Street of The Knights
☎22410-74313 🕐週一至週五7:00~15:00
港口
🏠Tourist Port of Rhodes ☎22410-75316
🕐週一至週五7:00~15:00

MAP ▶ P.217B1

羅德市

Rhodes (Town)/Ρόδος

歐亞要衝太陽神之島

歷史悠久的羅德市不僅是羅德島上最主要的城市，同時也是多德卡尼薩群島的首邑，然而真正讓它聲名大噪的，是那曾被列為古代七大奇景之一的太陽神像。傳說西元前305年時，當地居民為了慶祝戰役勝利，因而將所有青銅器混合9公噸的銀，塑造了一座高達34公尺的太陽神像，聳立於港邊，儘管巨像後來歷經一場劇烈的地震而斷裂，不過關於其傳說至今仍舊令人津津樂道。

羅德市舊城是島上的必訪景點之一，石塊築起的城牆，最寬達12公尺，整個將舊城包圍起來，所有人必須通過城門才能進入舊城區，充分展現戰時的防禦功能。舊城內的街道狹窄曲折，房舍呈現中世紀的古典風格，裡頭坐落著回教清真寺、拜占庭教堂、猶太人教堂等不同的文化痕跡，呈現最豐富的樣貌，反映羅德島被許多不同

民族統治過的歷史，也因此該城區於1988年被登錄為世界遺產。

希波克拉底廣場Plateia Hippocrates

🔵 位於羅德港邊，從碼頭步行約10分鐘

希波克拉底廣場位於當地最熱鬧的一條街——Sokratous路上，往往是觀光客逛累了之後的休息場所，同時也是羅德舊城中最明顯的一個地標。廣場中央有一座噴泉Castellania Fountain，常常有鴿子圍在這裡喝水，周圍有許多露天咖啡座和餐廳，每天都坐滿了觀光客，餐廳服務生總是熱情地招呼路過的遊人，廣場一角的階梯則是免費的休息之地，經常可見來自各國的年輕人聚集於此。

從希波克拉底廣場出發，有一條經典的散步路線，可以概括認識舊城的各種風貌：從廣場南邊的一條小巷子Pithagora路走進去，會來到一個與希波克拉底廣場截然不同、安靜且古老的世界，在兩旁更狹窄的巷弄裡，坐落著多家當地人經常前往的餐廳；沿著Pithagora路繼續往前走，直到快到路底之前轉接Omirou路，這條路上有許多便宜的民宿可供選擇。

繼續往下走，巷子越來越複雜，仔細尋找右邊一條Agiou Fanouriou路，這條路比前兩條還要狹窄，卻是最能代表舊城特色的地方，此路沿途分布多家小商店和旅館，由此一直走，就可以回到最熱鬧的Sokratous路。

熟悉這條散步路線可以讓人穿梭於巷弄中較不容易迷路，但真正的樂趣，是按圖索驥地鑽入每條大路小巷，裡頭隱藏了更多的驚喜。

羅德島太陽神巨像

傳說在西元前305年的時候，羅德島居民為了慶祝他們在對抗迪米土司(Demetrius)之役大勝，將所有青銅武器熔掉，再加上9噸的銀，鑄成了一座高34公尺高的Helios太陽神像，這個浩大的工程由愛琴海著名建築師卡雷斯(Chares)負責，前後共花了12年的時間，才在西元前280年完成。

巨像站立於港口，手舉火把、頭上還戴著象徵太陽光輝的頭冠，進出港口的船隻都必須從神像張開的雙腳下通過。然而這尊太陽神像只聳立了56年，西元前224年的一場大地震，讓巨像從西側斷裂，並倒向前方的陸地，成為古代七大奇景中壽命最短的一個。當時的埃及國王托勒密三世(Ptolemy III)曾想出資修復，但羅德島居民深怕觸怒太陽神，遲遲不敢動工，神像因此躺在港口邊長達800年。直到7世紀，阿拉伯軍隊占領了羅德島，神像殘骸才被阿拉伯商人運走。

如今遊客來到羅德島，港口的船隻往來頻繁，卻再也看不到那尊巨像，不過當年巨像究竟豎立於何處至今仍有爭議，羅德島舊城前的港口是說法之一。

埃佛良馬蹄隆廣場Plateia Evreon Martyron

🔵 位於羅德港邊，從碼頭步行約8分鐘

在希波克拉底噴泉廣場附近的埃佛良馬蹄隆廣場，是另一個熱鬧的地標，中央立著3隻海馬雕像，是它最具代表性的標記。這座廣場又稱為猶太廣場，因為從這裡往南延伸的區域，大部分是昔日猶太人居住的地方。在第二次世界大戰期間，許多居住在羅德島上的猶太人都被送往波蘭的奧斯威辛集中營，因此現在此區中央設一個紀念碑，用以紀念戰爭中犧牲的猶太人。

在住宅區中，還有一座猶太會堂(Synagogue)，是附近居民做禮拜的地方，教堂內牆壁呈淡藍色，沒有華麗的壁畫裝飾，顯得簡約樸素。猶太人區裡有幾家民宿，建築非常古老但房間都非常乾淨，大多是家族經營的，非常親切而有家庭的味道。

新城 New Town

🚶 從希波克拉底廣場步行前往約10~15分鐘

　　新城大部分是現代化的市街，比較沒有什麼特別之處，但仍有幾個地方值得一看，其中曼卓基港口(Mandraki Harbour)有羅德市的象徵——一對雌雄鹿的青銅雕像矗立在港灣邊，護衛著進出的船隻，這裡是欣賞夕陽最適宜的地點。

　　在曼卓基港口附近，有一棟圍成一圈的建築稱為新市場(New Market)，圓圈內外都有不錯的餐廳和商店。曼卓基港口南側，有一段城牆一直延伸到海邊，形成金黃與蔚藍對照的景觀，也是遊客拍照的名景之一；再往南直到海城門(Marine Gate)附近，有許多賣海綿的小攤，這些羅德島特有、品質優良的天然海綿，千萬不要錯過！

　　舊城西側與南側有一條沿著城牆的森林步道，可以眺望城牆壯觀的姿態。

羅德考古博物館
Archaeological Museum of Rhodes

🚶 從希波克拉底廣場步行前往約4分鐘　🏠Plateia Megalou Alexandrou　📞22413-65200　🕐08:30~20:00　💲全票€6、優待票€3；含考古博物館、騎士團長宮殿等之舊城景點套票全票€10　🚫1/1、3/25、5/1、12/25~26、復活節週日　🌐odysseus.culture.gr/h/1/eh155.jsp?obj_id=3312

　　羅德考古博物館設立於15世紀的騎士軍團醫院舊址上，整座建築本身就是一件非常美麗的展示品。在它展出的眾多古物當中，又以羅德島美神艾芙洛迪特(Aphrodite of Rhodes)的大理石雕像最為知名，該作品完成於西元前1世紀。在下一間展示廳中，則收藏另一座西元前4世紀雕刻的達拉西亞美神艾芙洛迪特(Aphrodite of Thalassia)像。希臘神話中的艾芙洛迪特，到了羅馬世界就變成眾所周知的維納斯，這兩座美神像都是敘述美神剛從海裡浮出的模樣，她們蹲跪在岸邊，雙手捧著柔軟的秀髮讓太陽曬乾，栩栩如生非常動人。

　　除美神雕像外，考古博物館裡還收藏著一尊太陽神Helios的頭像，該雕像在騎士團長宮殿旁、太陽神廟遺跡中發現。大量彩繪陶器也是考古博物館的重要收藏之一，它們年代大多回溯到西元前9到西元前5世紀之間。

土耳其澡堂Turkish Bath

🚶 從希波克拉底廣場步行前往約4分鐘 🚇Platia Arionos

這座興建於18世紀的土耳其浴澡堂，是希臘境內難得一見的建築。羅德島上的土耳其浴傳統，源自於鄂圖曼土耳其帝國統治期間。土耳其浴衍生自蒸氣浴，洗浴者首先在一間稱為暖房(Warm Room)的房間裡放鬆，接著在潑灑冷水到自己身上之前，先前往更熱的熱房(Hot Room)，然後洗淨全身並接受按摩，最後再到冷卻房(Cooling Room)中休息一段時間，如此才算完成整段洗浴過程。

騎士軍團街Odos Ippoton (Street of the Knights)

🚶 連接港口和騎士團長宮殿

羅德島在歷史上曾經被許多外來政權統治過，其中統治最久的就是聖約翰騎士軍團(The Knights of St John)，自1309年起共213年。聖約翰騎士軍團最早是在11世紀由羅馬的教會招集，在阿馬菲(Amalfi)成立，前往聖地耶路撒冷保衛朝聖者，軍團的任務原本應該是到達聖地之後轉為幫助窮人和病患的義工，但是後來軍事武裝越來越強，而且屢次介入異教徒的戰爭，最後因威脅當地政權而被驅逐出境，最後落腳於羅德島，成為護衛天主教勢力的最前線。但是在1552年時，回教蘇丹蘇里曼派20萬大軍，將羅德城裡的600名騎士、1,000位商人及6,000名居民屠殺殆盡，羅德島從此劃入鄂圖曼土耳其帝國的版圖。

騎士軍團街是羅德舊城裡另一個迷人的景點，從騎士團長宮殿一路通往港口，兩邊林立著石塊興建的房舍，在14世紀的時候當作各國騎士的集會室，每棟建築門上都鑲嵌著大理石家徽，用以區別國籍。在敵人入侵的時候，騎士們就會在中央的石板大道上集合，準備出擊。

從建築上的家徽來辨認，當時有法國、義大利、西班牙、英國等騎士在此駐紮，但按照歷史敘述，應該還有德國的騎士軍團才完整，只是現在找不到相關遺址。整條街上的建築在20世紀初由義大利人重建過，現在大部分的房間都當作羅德市公家機關的辦公室使用。

騎士團長宮殿Palace of the Grand Masters

MOOK Choice

🚶 從希波克拉底廣場步行前往約5分鐘 🏠Odos Ippoton ☎22413-65270 🕐8:30~20:00 💲全票€8、半票€4；含考古博物館、騎士團長宮殿等之舊城景點套票全票€10 🚫1/1、3/25、5/1、12/25~26、復活節週日 🌐odysseus.culture.gr/h/1/eh155.jsp?obj_id=6301

騎士團長宮殿是羅德舊城裡最吸引人的景點之一，一間間華麗的房間大廳，若要仔細欣賞，得花上1小時左右的時間才夠。

事實上，今日的宮殿建造歷史並不長久，1856年時，昔日的宮殿在某次彈藥走火的爆炸意外中全毀，現在看到的建築是後來義大利人重建的結果，室內的馬賽克鑲嵌地磚，許多都是從附近的柯斯島(Kos)遺跡中搬過來的。這座富麗堂皇的宮殿，原本用來當作莫索里尼和艾曼紐三世國王的別墅，現在則以博物館之姿對外開放。其中，梅杜莎廳(Medusa Chamber)、虎廳(Tiger Chamber)、海神廳(Thyrsus Chamber)、海豚廳(Dolphin Chamber)、九位女神廳(Chamber With The Nine Muses)等，都有非常精采的馬賽克地磚，至於圓柱大廳(Chamber With Colonnades)則以氣派的裝潢讓人印象深刻。

The Savvy Traveler
聰明旅行家

簽證辦理

　　台灣遊客前往希臘觀光，無需辦理申根簽證，只要持有效護照即可出入申根公約國，6個月內最多可停留90天。有效護照的定義為，預計離開申根區時最少還有3個月的效期。

　　儘管開放免簽證待遇，卻不代表遊客可無條件入境，入境申根國家所需查驗的相關文件包括：旅館訂房確認紀錄與付款證明、親友邀請函、旅遊行程表及回程機票，以及足夠維持旅歐期間生活費之財力證明，例如現金、旅行支票、信用卡，或邀請方資助之證明文件等，建議預先備妥並隨身攜帶。

旅遊諮詢

希臘國家觀光局
The Greek National Tourism Organization (GNTO)

🌐 www.visitgreece.gr

希臘國家文化體育部
Ministry of Culture & Sports

🌐 www.culture.gov.gr/en/SitePages/default.aspx

希臘博物館、考古遺址

🌐 odysseus.culture.gr

駐希臘台北經濟文化辦事處
Taipei Economic and Cultural Office

📍 57 Marathonodromon Ave. 15452 Paleo Psychico, Athens
☎ 210 –6776750
🕐 週一至週五9:00~17:00
🌐 www.roc-taiwan.org/gr/index.html

基本資訊

正式國名

　　希臘共和國(Hellenic Republic／Ελληνική Δημοκρατία)

面積

　　約131,957平方公里

人口

　　約1,068萬人

首都

　　雅典(Athens)

宗教

　　希臘東正教(Greek Eastern Orthodoxy)

種族

　　由阿凱亞人(Achaean)、愛奧尼亞人、伊奧利亞人以及多利安人等部族，融合成最早的古希臘人。後來又因受羅馬、東羅馬和鄂圖曼土耳其等帝國的統治，使得當地居民血統中，混合了斯拉夫人、阿爾巴尼亞人以及土耳其人等民族，也因此除東正教外，境內也有少數信奉天主教和伊斯蘭教的希臘人。

語言

　　希臘文(Greek)

飛航資訊

　　希臘算是台灣的熱門旅遊目的地，不過前往當地都需要轉機，如搭土耳其航空需在伊斯坦堡轉機1次，其他航空公司則需要轉機2次以上才可抵達。

航空公司	訂位電話	網址
泰國航空	(02)8772-5111	www.thaiairways.com/zh_TW/index.page
阿聯酋航空	(02)7745-0420	www.emirates.com
德國漢莎航空	(02)2325-8861	www.lufthansa.com.tw
荷蘭皇家航空	(02)7707-4701	www.klm.com
瑞士航空	(02)2325-8861	www.swiss.com/xx/en/homepage
卡達航空	(02)8161-3458	www.qatarairways.com/tw

當地旅遊

時差

　　冬季比台灣慢6小時，夏令時間(自3月之後的最後一個星期日，到10月最後一個星期日)比台灣慢5小時。

貨幣及匯率

貨幣單位為歐元(€)，匯率約為歐元：台幣＝1:33(2023年6月)。

匯兌

在台灣可直接兌換歐元，可洽各銀行是否有歐元現鈔或旅行支票，或者攜帶美金旅行支票或美金，到當地銀行兌換。大部分飯店與商店接受信用卡。

電壓

220伏特(台灣為110伏特)，雙孔圓型或三孔插座。

打電話

由台灣打電話到希臘：002＋30＋城市區域號碼(雅典為210)＋電話號碼。從希臘撥國際電話回台灣：00＋886＋區域碼(台北為2)＋電話號碼。若是在希臘當地撥打電話一定要加上各地區碼，也就是直接撥打書中每個景點／餐廳上的電話號碼，總計10碼。

網路

在希臘，網路的使用相當普遍，各飯店、餐廳幾乎都有提供免費的無限上網，只要在消費時，向店家詢問上網密碼即可。此外，當地售有可上網及打電話的預付卡，價格也非常實惠可多加利用。

小費

雖然大部分飯店、酒吧已收取服務費，但習慣上還是會給一點小費。較正式的餐廳約為帳單金額的5~10%，如果帳單上沒有包含服務費，則小費金額約為帳單金額的10~15%。另外，飯店及遊輪上幫忙提行李的服務人員，或使用到客房服務(Room Service)以及客房清潔人員，則給€1。計程車則不需另給小費。

營業時間

除了時差之外，希臘的生活起居時間與台灣有些不同，這點會牽涉到銀行換錢、參觀景點、逛街購物等問題。

在希臘，銀行對外營業時間在週一至週五8:00~14:00，週末、假日不營業。商店營業時間變動很大，除雅典鬧區的大型商店或國際品牌可能整日營業外，許多商店經常在中午休息約2~3小時，他們的營業時間一般為9:00~14:00、17:00~20:00。而有些商店可能週一和週六(有時還有週三或週四)只營業於9:00~15:00之間，其他日子從9:00營業至20:30，週日公休。

至於景點方面，基本上一些重量級的遺跡如雅典衛城、邁錫尼遺跡、埃皮道洛斯遺跡等，除了特定重大

節日公休外，幾乎每天開放，不過冬季時開放時間很短，大約是8:30~15:00之間，因此如果想從雅典展開一日遊的旅客，可能得搭非常早的巴士前往，才來得及於景點休息前看完，夏季的景點開放時間則約在8:00~20:00之間，並且需注意開放時間時有變動。

免稅購物

只要不是歐盟國家的人民，在攜帶免稅品離境時，都可以享有退稅優惠。凡在有「Tax Free」標誌的地方(也可詢問店家)購物，且同家商店消費金額超過€50以上，便可請商家開立退稅單據，退稅手續須在3個月內到海關辦妥手續。

購物時記得要向售貨員索取退稅單，這張單子由售貨員幫你填寫。出關時，將所買貨物交給海關檢查，海關在退稅單上蓋印後即可在機場或邊境的退稅處領取稅款。蓋有海關印章的退稅支票，可以在機場內的銀行兌換成現金。

注意事項

希臘治安普遍不錯，人民也很和善，不過跟其他歐洲國家一樣，愈是熱門的觀光大城愈容易引來小偷犯案，在當地需特別注意的就是雅典地鐵。無論是搭手扶梯或是在車廂內都要特別小心，當地小偷常是團體行動，在車廂內可能由一人攀談，其他人負責把你擠得動彈不得後下手偷竊；若是搭手扶梯時，則要特別小心背在身後的包包。此外，進到地鐵時錢財也盡量不要露白。

語言文字

在希臘常常會遇到只有希臘文標示的狀況，可以對照以下表格，用羅馬拼音拼出正確的發音。

字母對照表

大寫	小寫	對應羅馬字
Α	α	a
Β	β	v
Γ	γ	gh/y
Δ	δ	dh
Ε	ε	e
Ζ	ζ	z
Η	η	i
Θ	θ	th
Ι	ι	i
Κ	κ	k
Λ	λ	l
Μ	μ	m

大寫	小寫	對應羅馬字
Ν	ν	n
Ξ	ξ	x
Ο	ο	o
Π	π	p
Ρ	ρ	r
Σ	σ	s
Τ	τ	t
Υ	υ	i
Φ	φ	f
Χ	χ	kh
Ψ	ψ	ps
Ω	ω	o

希臘Greece   MOOK NEWAction no.75

作者
趙思語・墨刻編輯部

攝影
墨刻攝影組

主編
趙思語・陳亭妃

美術設計
李英娟・駱如蘭 (特約)

地圖繪製
Nina (特約)・墨刻編輯部

出版公司
墨刻出版股份有限公司
地址：台北市104民生東路二段141號9樓
電話：886-2-2500-7008
傳真：886-2-2500-7796
E-mail：mook_service@cph.com.tw
讀者服務：readerservice@cph.com.tw
墨刻官網：www.mook.com.tw

發行公司
英屬蓋曼群島商家庭傳媒股份有限公司城邦分公司
地址：台北市104民生東路二段141號2樓
電話：886-2-2500-7718　886-2-2500-7719
傳真：886-2-2500-1990　886-2-2500-1991
城邦讀書花園：www.cite.com.tw
劃撥：19863813
戶名：書虫股份有限公司

香港發行所
城邦(香港)出版集團有限公司
地址：香港灣仔駱克道193號東超商業中心1樓
電話：852-2508-6231
傳真：852-2578-9337

馬新發行所
城邦(馬新)出版集團 Cite (M) Sdn Bhd
地址：41, Jalan Radin Anum, Bandar Baru Sri Petaling,
57000 Kuala Lumpur, Malaysia.
電話：(603)90563833
傳真：(603)90576622
E-mail：services@cite.my

製版・印刷
藝樺設計有限公司・漾格科技股份有限公司

經銷商
聯合發行股份有限公司（電話：886-2-29178022）
誠品股份有限公司
金世盟實業股份有限公司

城邦書號
KV3075

定價
480元

ISBN
978-986-289-886-4・978-986-289-887-1(EPUB)
2023年6月初版

首席執行長　Chief Executive Officer
何飛鵬　Feipong Ho

生活旅遊事業總經理暨墨刻出版社長　PCH Group President & Mook
Managing Director
李淑霞　Kelly Lee

總編輯　Editor in Chief
汪雨菁　Eugenia Uang

資深主編　Senior Managing Editor
呂宛霖　Donna Lu

編輯　Editor
趙思語・唐德容・陳楷琪・王藝霏
Yuyu Chew, Tejung Tang, Cathy Chen, Yi Fei Wang

資深美術設計主任　Senior Chief Designer
羅婕云　Jie-Yun Luo

資深美術設計　Senior Designer
李英娟　Rebecca Lee

影音企劃執行　Digital Planning Executive
邱茗晨　Mingchen Chiu

業務經理　Advertising Manager
詹顏嘉　Jessie Jan

業務副理　Associate Advertising Manager
劉玫玟　Karen Liu

業務專員　Advertising Specialist
程麒　Teresa Cheng

行銷企畫經理　Marketing Manager
呂妙君　Cloud Lu

行銷企劃專員　Marketing Specialist
許立心　Sandra Hsu

業務行政專員　Marketing & Advertising Specialist
呂瑜珊　Cindy Lu

印務部經理　Printing Dept. Manager
王竟為　Jing Wei Wan

國家圖書館出版品預行編目資料

希臘/趙思語, 墨刻編輯部作. -- 初版. -- 臺北市 : 墨刻出版股份有限
公司出版 : 英屬蓋曼群島商家庭傳媒股份有限公司城邦分公司發行,
2023.06
224面 ;16.8×23公分. -- (New action ; 75)
ISBN 978-986-289-886-4(平裝)
1.CST: 旅遊 2.CST: 希臘
749.59　　　　　　　　　　　　　112008039